Grund- und Aufbauwortschatz Italienisch

bearbeitet von Paolo Giovannelli

Ernst Klett Stuttgart

1. Auflage   1^7 ^{6} ^{5} | 1983 82

Das Klettbuch 52361 ist gegenüber dem Klettbuch 5236, 2. Auflage,
(ISBN 3-12-523600-2) um das Register erweitert worden. Grund-
und Aufbauwortschatz der Klettbücher 52361 und 5236 ent-
sprechen sich.
© Ernst Klett Verlag, Stuttgart 1977.
Druck: M. Dörler, Aichwald 1. Printed in Germany.
ISBN 3-12-523610-X

Inhalt

4

VI. Gesellschaft

VII. Ordnung

VIII. Staatliche Ordnung

IX. Wirtschaft

Vorwort/Gebrauchsanweisung

Der allgemeine Wortschatz der italienischen Sprache besteht aus über hunderttausend Wörtern, der gebräuchliche Wortschatz aus etwa 50 000 Wörtern. Nicht einmal der Durchschnittsitaliener beherrscht diese, und es ist selbstverständlich, daß kein Ausländer je diesen Reichtum bewältigen kann. Zum Glück entscheidet über Sprech- und Sprachkenntnis nicht allein die Fülle der bekannten Wörter, sondern ihre Häufigkeit bei mündlichem und schriftlichem Gebrauch, die *Worthäufigkeit*. Man hat die gesprochene und geschriebene Sprache untersucht und hat dabei folgendes herausgefunden:

Die *Strukturwörter*, eine kleine Gruppe von 75 Wörtern, machen rund die Hälfte eines jeden Normaltextes mittlerer Schwierigkeit aus; die 10 häufigsten von diesen Wörtern allein rund 25%. Diese Wörter kennt jeder, der sich ein wenig mit der Sprache beschäftigt hat. Wer nur sie kennt, kann freilich nichts damit anfangen.

Der *Grundwortschatz* umfaßt dagegen etwa 2000 Wörter und Redewendungen. Mit seiner Hilfe kann man einen normalen, d. h. nicht technisch spezialisierten Text zu etwa 85% erfassen und ein Alltagsgespräch führen.

Der *Aufbauwortschatz* umfaßt nach der Häufigkeit weitere 2 500 Wörter und Redewendungen. Mit seiner Hilfe kann man weitere 10% eines normalen Textes, also insgesamt 90—95%, verstehen. Wer Grund- und Aufbauwortschatz aktiv und passiv beherrscht, kann sich jederzeit mündlich und schriftlich geläufig ausdrücken.
Es ist nicht sinnvoll, den Wortschatz einer Sprache noch weiter systematisch aufzugliedern. Eine dritte Gruppe von weiteren 2000—2500 Wörtern würde bei der Lektüre eines Normaltextes nur zu einem Gewinn von etwa 2% führen.

Wer also den Grund- und Aufbauwortschatz beherrscht, wie er in diesem Buch dargeboten wird, kennt den wichtigsten Teil des italienischen Wortschatzes. Wie aber gelangt man zur Beherrschung eines solchen Vokabulars? Jeder Sportler weiß, daß man Höchstleistungen nur durch ständiges Training erreichen kann. Das gilt auch für die Erlernung von Sprachen. Das menschliche Gedächtnis ist ein Wunderwerk, das man systematisch schulen und weiterentwickeln kann. Dabei gilt: Wer täglich nur 15 Minuten regelmäßig arbeitet, wird viel mehr lernen als derjenige, der nur einmal in der Woche, etwa am Wochenende, zwei Stunden an diese Arbeit wendet.
Das erste Gebot heißt also: Regelmäßigkeit. Das zweite, ebenso wichtige Gebot heißt: Ausdauer. Wer seine regelmäßige Arbeit

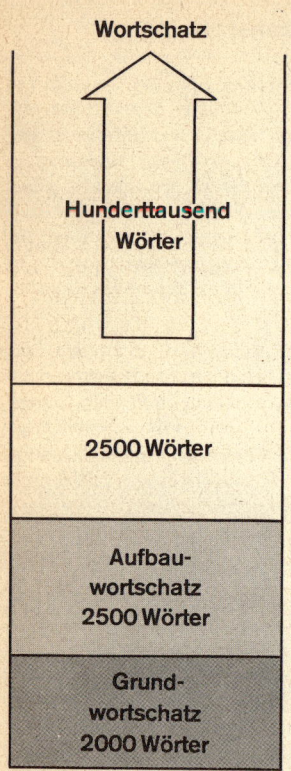

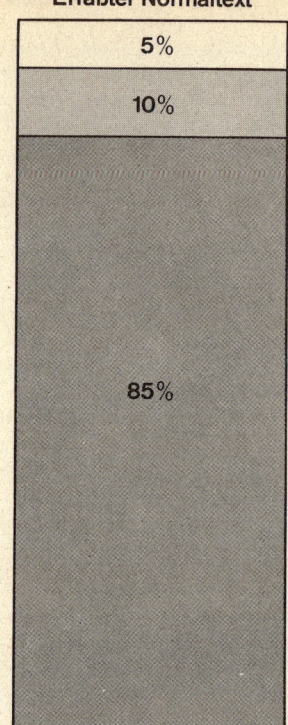

Mit dem Grundwortschatz (2000 Wörter) erfaßt man 85% eines Normaltextes, mit dem Aufbauwortschatz (plus 2500 Wörter) weitere 10%, zusammen also 95% eines Normaltextes.

längere Zeit durchhält, wird spüren, wie sein Verständnis für die Sprache geweckt wird, daß sein Interesse und damit seine Freude an der Fremdsprache größer wird. Und wer Freude an einer Sprache hat, wird wiederum leichter lernen!

Der *Grundwortschatz* ist in diesem Buch alphabetisch geordnet. Von ihm muß jeder ausgehen, der tiefer in das Italienische eindringen will. Wer bemerkt, daß er ihn nicht beherrscht, sollte sich zunächst die Grundwörter zum festen Besitz machen. Das geschieht am besten folgendermaßen:

1. Lesen beider Spalten
2. Einprägen
3. Wiederholen (jeweils eine Spalte zuhalten!)
4. Niederschreiben
5. Nachschlagen und Vergleichen.

In einem weiteren Arbeitsabschnitt empfiehlt es sich, die Wörter, die sich auch bei aller Bemühung nicht dem Gedächtnis einprägen, mit einem roten Stift anzustreichen und dann die rot markierten Wörter in der angegebenen Weise nochmals zu bearbeiten. Dadurch reduzieren sich die nicht eingeprägten Wörter — seltsamerweise gibt es immer einen solchen Restbestand — auf ein Minimum.

Zur festen Einprägung des Grundwortschatzes empfiehlt sich darüber hinaus die Arbeit mit dem Wiederholungs- und Übungsbuch *Grundwortschatz Italienisch — Esercizi pratici* (Klettbuch 52365). Es führt hin zur aktiven wie passiven Beherrschung des italienischen Grundwortschatzes.

Der *Aufbauwortschatz* kann nach diesen Vorbereitungen mit Gewinn angegangen werden. Er ist nach Sachgruppen geordnet, und zwar innerhalb dieser Gruppen in der Reihenfolge: *Substantiv — Verb — Adjektiv — Adverb*. An die Einzelwörter schließen sich *Sätze und Redewendungen* sowie *Aktionsreihen* an.

Vor jeder Sachgruppe befinden sich einsprachig und in alphabetischer Reihenfolge die Wörter des Grundwortschatzes, die zu dem betreffenden Themenkreis gehören. Der Lernende kann also selbst schnell überprüfen, ob er den Grundwortschatz tatsächlich beherrscht, und sollte sich die noch unbekannten Grundwörter auf jeden Fall noch einmal einprägen, sie gegebenenfalls aufschreiben, um sich zunächst auf diese allein zu konzentrieren.

Dann wird man sich nach den oben angegebenen Grundsätzen dem Erwerb des Aufbauwortschatzes zuwenden. Drei Wege sind möglich:

1. man kann ihn systematisch von Anfang an erarbeiten,
2. man kann, je nach der Interessenlage des einzelnen, Sachgruppen herausgreifen und bearbeiten,
3. man kann, wenn ein bestimmter Text oder ein Buch aus einem Sachgebiet gelesen werden soll, vor der Lektüre die betreffenden Sachgruppen systematisch studieren.

Von großer Bedeutung sind die jeder Sachgruppe beigegebenen Sätze und Redewendungen sowie die Aktionsreihen. Mit ihnen werden wertvolle Sinneinheiten geboten, die eine wesentliche Bereicherung der Ausdrucksfähigkeit bedeuten. Man sollte sich daher solche idiomatischen Ausdrücke fest einprägen wie Einzelwörter.

Wer nach diesem Grund- und Aufbauwortschatz regelmäßig und ausdauernd arbeitet, hat die Gewähr, daß sich seine Mühe lohnt.

Liste der Abkürzungen

a	auch	*anche*
adj	Adjektiv	*aggettivo*
adv	Adverb	*avverbio*
allg	allgemein	*in generale*
anatom	Anatomie	*anatomia*
arch	Architektur	*architettura*
art	Artikel	*ar'ticolo*
bes	besonders	*particolarmente*
bot	Botanik	*bo'tanica*
cf	vergleiche	*paragona*
com	Handel	*commercio*
conj	Konjunktion	*congiunzione*
dat	Dativ	*dativo*
el	Elektrizität	*elettricità*
etc	usw., und so weiter	*ec'cetera*
etw	etwas	*qualche cosa*
f	weiblich	*femminile*
fam	familiär	*familiare*
fig	bildlich	*figurativo*
gen	Genitiv	*genitivo*
geogr	Geographie	*geografia*
gram	Grammatik	*gram'matica*
imp	unpersönlich	*impersonale*
inf	Infinitiv	*infinito*
inv	unveränderlich	*invari'abile*
itr	intransitiv	*intransitivo*
jdm	jemandem	*a qualcuno*
jdn	jemanden	*qualcuno*
jds	jemandes	*di qualcuno*
jur	juristisch	*giu'ridico*
m	männlich	*maschile*
math	Mathematik	*mate'matica*
med	Medizin	*medicina*
mil	Militär	*militare*
mus	Musik	*'musica*
pl	Plural	*plurale*
poet	poetisch	*po'etico*
prn	Pronomen	*pronome*
prn int	Fragepronomen	*pronome interrogativo*
prn pers	Personalpronomen	*pronome personale*
prn poss	Possesivpronomen	*pronome possessivo*
prn rel	Relativpronomen	*pronome relativo*

prp	Präposition	*preposizione*
qc	etwas	*qualche cosa*
qn	jemand	*qualcuno*
sing	Singular	*singolare*
subj	Konjunktiv	*congiuntivo*
tech	Technik	*'tecnica*
tele	Telegraph, Telefon	*te'legrafo, te'lefono*
theat	Theater	*teatro*
tr	transitiv	*transitivo*
usw	etc, und so weiter	*ec'cetera*

Die Monate

gennaio	Januar
febbraio	Februar
marzo	März
aprile	April
'maggio	Mai
'giugno	Juni
'luglio	Juli
agosto	August
settembre	September
ottobre	Oktober
novembre	November
dicembre	Dezember

Die Wochentage

lunedì	Montag
martedì	Dienstag
mercoledì	Mittwoch
giovedì	Donnerstag
venerdì	Freitag
'sabato	Sonnabend, Samstag
do'menica	Sonntag

Grundzahlen

1	uno, una	11	'undici	21	ventuno
2	due	12	'dodici	22	ventidue
3	tre	13	'tredici	23	ventitré
4	quattro	14	quat'tordici	24	ventiquattro
5	cinque	15	'quindici	25	venticinque
6	sei	16	'sedici	26	ventisei
7	sette	17	diciassette	27	ventisette
8	otto	18	diciotto	28	ventotto
9	nove	19	diciannove	29	ventinove
10	dieci	20	venti	30	trenta

20	venti	200	duecento
30	trenta	300	trecento
40	quaranta	400	quattrocento
50	cinquanta	500	cinquecento
60	sessanta	600	seicento
70	settanta	700	settecento
80	ottanta	800	ottocento
90	novanta	900	novecento
100	cento	1000	mille

Ordnungszahlen

1°	primo	16°	sedicesimo
2°	secondo	17°	diciassettesimo
3°	terzo	18°	diciottesimo
4°	quarto	19°	diciannovesimo
5°	quinto	20°	ventesimo
6°	sesto	21°	ventunesimo
7°	settimo	22°	ventiduesimo
8°	ottavo	23°	ventitreesimo
9°	nono	30°	trentesimo
10°	decimo	40°	quarantesimo
11°	undicesimo	50°	cinquantesimo
12°	dodicesimo	60°	sessantesimo
13°	tredicesimo	70°	settantesimo
14°	quattordicesimo	100°	centesimo
15°	quindicesimo	1000°	millesimo

Die Strukturwörter der italienischen Sprache

Diese 74 Wörter machen rund 50% eines jeden Normaltextes mittleren Schwierigkeitsgrades aus, davon 10 allein rund 25% (nach der Häufigkeit Nr. 32; 19; 1; 24; 68/69; 34/40; 4; 25; 7; 27).

1.	**a** (al, all', allo, alla, ai, agli, alle)	in, auf, an, zu, nach, um, mit, für, bis, bei
2.	**altro, a**	andere(r, s)
3.	**andare**	gehen, fahren, reisen
4.	**avere**	haben, besitzen
5.	**bene** adv	gut
6.	**buono, a**	gut
7.	**che** conj	daß, *(beim Komparativ:)* als
8.	**che ...?** prn int	was...?, was für eine(e)...
9.	**che** prn rel	der (den), die, das; welche(r, s)
10.	**chi?** prn int	wer?, wen? [welche
11.	**chi** prn rel	der, die, das; welche(r, s) — die,
12.	**ci** prn pers	uns [daran
13.	**ci** adv	da, dort; dahin, dorthin, darin,
14.	**come** adv	wie (so wie), als
15.	**con** (con il/col, con l', con lo, con la, con i/coi, con gli, con le)	mit, durch, bei, trotz
16.	**così**	so
17.	**da** (dal, dall', dallo, dalla, dai, [dagli, dalle]	von, aus, bei, zu, als, seit, vor
18.	**dare**	geben, schenken
19.	**di** (del, dell', dello, della, dei, [degli, delle]	von, aus, bei, mit, an, vor, über,
20.	**dire**	sagen [auf, nach, um, als
21.	**donna**	Frau
22.	**dove**	wo, wohin
23.	**due**	zwei
24.	**e** (e ... e ...)	und (sowohl ... als auch ...)
25.	**egli — essi** prn pers	er, sie *m pl*
26.	**essa — esse** prn pers	sie *f pl*
27.	**'essere**	sein
28.	**fare**	machen, tun (kosten; sagen)
29.	**giorno**	Tag
30.	**gli** prn pers	ihm
31.	**grande**	groß
32.	**il, lo, l', la — i, gli, le**	der, die, das — die
33.	**in** (nel, nell', nello, nella, nei, negli, nelle)	in, im, auf, nach, zu
34.	**io**	ich

35. **lasciare**	lassen
36. **le** prn pers	ihr, sie *f pl*
37. **lei, Lei — lui** prn pers	sie *f*, Sie *(Höflichkeitsform)* — er, ihn
38. **loro** adj/prn pers,	ihr, ihre; ihnen, sie;
Loro prn pers	Sie *(Höflichkeitsform)*
39. **ma**	aber, sondern
40. **me**	mich
41. **mi**	mir, mich
42. **mio, mia — miei, mie**	mein(e) — meine/der, die, das
adj/prn	meine, die meinen
43. **ne**	davon, dessen, deren, welche
44. **nè . . . nè . . .**	weder . . . noch . . .
45. **noi**	wir, uns
46. **non . . . niente** (nulla)	nichts
47. **nostro, a — nostri, e**	unser(e) — unsere
adj/prn	
48. **o** (o . . . o . . .)	oder (entweder . . . oder . . .)
49. **per**	für, durch, an, auf, aus, in, bei, zu
50. **'piccolo, a**	klein, gering
51. **più** (che, di)	mehr (als)
52. **potere**	können, dürfen
53. **'prendere**	nehmen
54. **quando**	wenn, wann, als
55. **questo, a — questi, e**	diese(r, s) — diese
56. **sapere (di)**	wissen, können, kennen
57. **se**	wenn, falls, ob
58. **sé**	sich
59. **senza (di)**	ohne, . . . los
60. **si**	man, sich
61. **su** (sul, sull', sullo, sulla,	auf, über, an
sui, sugli, sulle)	
62. **su** adv	oben, hinauf, herauf
63. **suo, a — suoi, sue**	sein(e) — seine; ihr(e)
64. **te**	dich
65. **ti**	dir, dich
66. **tu**	du
67. **tutto, a — tutti, e**	alles, alle
68. **un, uno, una** art	ein(er, es)
69. **uomo, u'omini**	Mann, Mensch
70. **vedere**	sehen
71. **venire**	kommen
72. **voi, Voi**	ihr, euch, Sie
73. **volere**	wollen
74. **vostro, a — vostri, e**	euer, eu(e)re, Ihre(s) — eure, Ihre

Der Grundwortschatz

Werden italienische Wörter nicht — wie in der Regel — auf der
vorletzten Silbe betont, so steht ein Akzentzeichen (') vor der be-
tonten Silbe: **'abile, l''angolo.**
Bei unregelmäßigen Verben folgt dem Infinitiv in Klammern die
unregelmäßige Form des Partizips: **ac'cendere** (acceso), **aprire**
(aperto).

A

a	in, auf, an, zu, nach, um, mit, für, bis, bei, unter, durch
a Roma	*nach/in Rom*
all'italiana	*auf italienische Art*
arrivederci, arrivederla	*auf Wiedersehen*
a 'macchina	*mit der Maschine (angefertigt)*
a domani/a giovedì!	*bis morgen/bis Donnerstag!*
alle tre	*um drei Uhr*
a 'tavola	*bei Tisch, zu Tisch*
al mare	*am/ans Meer*
a scuola	*in die, zur/in der Schule*
a condizione che	*unter der Bedingung, daß*
abbandonare	los-, verlassen, im Stich lassen, aufgeben
abbassare	senken *(Preise)*, herunterlassen;
abbassare gli occhi	*die Augen niederschlagen/*
abbassare il capo, la testa	*das Haupt neigen; sich ergeben, sich geduldig in sein Schicksal fügen*
abbastanza	genug, ausreichend, ziemlich
ne ho abbastanza	*ich habe genug davon*
ab'battere	niederschlagen, fällen *(Bäume)*; abschießen *(Flugzeug)*, nieder- reißen *(Gebäude)*
'abile (a)	geschickt, gewandt, fähig (zu)
l'abitante m	der Einwohner, Bewohner
abitare (in)	(be)wohnen/leben (in)
'abito dagli/presso gli Sforza	*ich wohne bei Sforzas*
l'abitazione f	die Wohnung
l''abito m	das Kleid, der Anzug
l'abi'tudine f	die Gewohnheit
per abi'tudine	*gewöhnlich, aus Gewohnheit*
accanto prp/adv	neben/daneben
accanto a me	*neben mir, mich*

l'uno accanto all'altro	*nebeneinander*
la c'amera accanto	*das Nebenzimmer, das Zimmer nebenan*
ac'cendere (acceso)	anzünden, einschalten *(Licht, Radio)*
il motore non si accende	*der Motor springt nicht an*
l'accento m	der Akzent, die Betonung
accettare	an-, aufnehmen, zustimmen, akzeptieren
ac'cogliere (accolto)	aufnehmen, empfangen
accomodarsi	Platz nehmen
s'ac'comodi/ac'comodati	*nehmen Sie Platz/nimm Platz*
accompagnare	begleiten *a. mus*, mitgehen
accompagnare in 'macchina	*im Auto mitnehmen*
accontentare	befriedigen, zufriedenstellen
accontentarsi (di)	*sich begnügen (mit)*
accordare	bewilligen, gewähren, stimmen *mus*
l'accordo m	das Einverständnis, die Vereinbarung, der Akkord *mus*
d'accordo!	*einverstanden!, abgemacht!*
è d'accordo con me	*er stimmt mit mir überein*
ci siamo messi d'accordo	*wir sind uns einig geworden*
'vivere in pieno accordo con qn	*in gutem Einvernehmen mit jdm leben*
ac'corgersi (di) (accorto)	bemerken, wahrnehmen
me ne sono accorto	*ich habe es bemerkt, es ist mir aufgefallen*
l'acqua f	das Wasser [*davon!*
acqua in bocca!	*den Mund halten!, kein Wort*
in cattive acque	*in Bedrängnis*
acqua corrente/bollente	*fließendes/kochendes Wasser*
acquistare	erwerben, kaufen, lösen *(Fahrschein)*
acuto, a	scharf, spitz, hoch *mus*, akut
dolore acuto	*heftiger Schmerz*
adagio	langsam
addormentare	einschläfern, betäuben
addormentarsi	*einschlafen*
si è addormentato	*er ist eingeschlafen*
addosso prp/adv	auf; auf sich (auf dem/den Leib)
levarsi qn d'addosso	*jdn loswerden, abschieben*
tirarsi addosso l'odio/ l'antipatia di qn	*sich jds Haß/Abneigung zuziehen*
adesso	jetzt, nun
è arrivato adesso	*er ist (so)eben angekommen*
per adesso	*vorläufig*

adottare
ergreifen *(Maßnahme)*, annehmen
(Theorie), adoptieren

a'ereo, a adj
Luft ...
per via a'erea
per/mit Luftpost

l'a'ereo m
das Flugzeug
'prendere l'a'ereo
mit dem Flugzeug reisen
l'a'ereo decolla/atterra
das Flugzeug startet/landet

l'affare m
das Geschäft, die Angelegenheit
giro/uomo d'affari
Umsatz/Geschäftsmann
non è affar mio/tuo
das ist nicht meine/deine Sache
far(e) un buon affare
ein gutes Geschäft machen

affatto
durchaus, ganz und gar
niente affatto
durchaus nicht, keineswegs
non è affatto vero
es ist durchaus/überhaupt nicht
wahr   [gedacht
non ci ho pensato affatto
ich habe überhaupt/gar nicht daran

affermare
behaupten, bejahen

affinchè + subj
damit
affinchè egli venga/possa
damit er kommt/kommen kann
venire

affittare
(ver)mieten; (ver)pachten
'camere da affittare
Zimmer zu vermieten

affrettarsi (a fare qc)
sich beeilen, sich bemühen (etw
zu tun)

l'agente m
der Vertreter, Agent
l'agente di 'pubblica si-
der Polizeibeamte, Schutzmann
curezza

l'agio m
das Wohlbehagen, die Bequemlichkeit
a mio agio
in aller Bequemlichkeit, ganz
wie es mir behagt
sentirsi a suo agio
sich wohl fühlen

agire
handeln, wirken *(Arznei)*
modo d'agire
Handlungsweise
agire contro qn
gegen jdn Klage führen

agitare
auf-, erregen, aufwiegeln, schütteln

agosto m
August
in agosto
im August
il primo agosto
der erste/am ersten August
il due agosto
der zweite/den (am) zweiten August
ai primi di/a metà/a fine
Anfang/Mitte/Ende August
agosto

aiutare qn (a far qc)
jdm helfen/jdn unterstützen (etw
zu tun)

l'aiuto m — die Hilfe, der Beistand
  con l'/coll'aiuto di qn — *mit jds Hilfe*
  acc'orrere in aiuto di qn — *jdm zu Hilfe eilen*
l'ala f, pl **le ali** — der Flügel; Außenstürmer *(Sport)*
l'albergo m, pl **gli alberghi** — das Hotel
  stiamo all'albergo Paradiso — *wir wohnen im Hotel Paradiso*
l''albero m — der Baum; die Welle *(tech)*
alcuno, a — irgendeine (r, s)
  alcuni amici — *einige Freunde*
  non . . . alcuno — *kein, niemand*
gli alimentari m pl — die Lebensmittel
allarmare — alarmieren, beunruhigen, ängstigen
allegare — beilegen, beifügen
  allegò una foto — *er legte ein Foto bei*
allegro, a — lustig, heiter
allevare — aufziehen, stillen; züchten *(Tiere)*
l'allievo m — der Schüler, Zögling
allontanare — entfernen, beseitigen
allora — dann; damals, also; früher
  d'allora in poi — *von dem Zeitpunkt an, seitdem*
  fin d'allora — *seit damals, seitdem, seit der Zeit*
  era uscito allora allora — *er war gerade ausgegangen*
allorché — als, (jedesmal) wenn
almeno — wenigstens, mindestens
alto, a — hoch; groß; laut; Ober-
  a voce alta, ad alta voce — *mit lauter Stimme*
  è alto venti metri — *es ist 20 m hoch*
  non è molto alto — *er ist nicht sehr groß* (Person)
  dall'alto/a testa alta — *von oben/erhobenen Hauptes*
  l'Alta Italia — *Ober-, Norditalien*
  l'alta società — *die feine Gesellschaft*
altrettanto — gleich-, ebenfalls
altrimenti — sonst, andernfalls, wenn nicht
altro, a — andere (r, s), weitere (r, s)
  un'altra cosa/l'un l'altro — *etwas anderes/gegenseitig*
  nient'altro/tra l'altro — *nichts anderes/unter anderem*
  noi altri Italiani — *wir Italiener*
  l'altr'anno — *voriges Jahr*   [*vorgestern*
  l'altro giorno/ieri — *neulich, vor einigen Tagen/*
  un altro po'/poco — *noch ein wenig*
  tutt'altro! — *im Gegenteil!, keineswegs!*
  l'un dopo l'altro — *der Reihe nach, einer nach dem anderen*
  altro che! — *und wie!, und ob!*

altrove	anderswo(hin)
alzarsi	aufstehen, sich erheben
a'mabile	liebenswürdig, lieblich, milde, süßlich *(Wein)*
amare	lieben, lieb haben
l'amarezza f	die Bitterkeit
amaro, a	bitter; unangenehm, herb *(Wahrheit)*
l'ambiente m	die Umgebung; das Milieu; der Wohnraum
l'amicizia f	die Freundschaft
far(e) amicizia con qn	*sich mit jdm befreunden, mit jdm Freundschaft schließen*
l'amico m, pl **gli amici**	der Freund
un mio/tuo amico	*ein Freund von mir/dir*
tra amici	*unter Freunden*
am'mettere (ammesso)	zulassen, -geben, annehmen, einräumen
ammesso che	*angenommen, daß*
ammesso all'esame	*zur Prüfung zugelassen*
l'amministrazione f	die Verwaltung, Leitung
ammirare	bewundern
l'ammirazione f	die Bewunderung
l'amore m	die Liebe
l'amor(e) di Dio/della libertà	*Liebe zu Gott/Freiheitsliebe*
per amore/per amor tuo	*aus Liebe/dir zuliebe*
anche	auch
anche troppo	*nur allzusehr*
neanche	*nicht einmal*
ancora	(immer) noch, außerdem
non ancora	*noch nicht*
ancora una volta/un poco	*noch einmal/ein wenig*
andare	gehen, fahren, reisen
andare a Roma/in Italia	*nach Rom/Italien fahren*
andare a teatro/scuola/al cinema	*ins Theater/in die, zur Schule/ ins Kino gehen*
andare a 'prendere qn/qc	*jdn/etw (ab)holen*
andare a trovare qn	*jdn besuchen*
andiamo avanti	*gehen/machen wir weiter*
non mi va	*es paßt/steht/gefällt/schmeckt mir nicht*
come va?	*wie geht's?*
andrà tutto bene	*das wird schon klappen*
an'darsene	*fortgehen, -fahren, -reisen; sterben*

me ne vado/se ne andò	*ich gehe/er ging fort*
andi'amocene	*laßt uns fortgehen*
ne va la vita	*das Leben steht auf dem Spiel*
l''angolo m	die Ecke, der Winkel, die Kante
all''angolo della strada	*an der (Straßen)-Ecke*
girare/voltare all''angolo	*um die Ecke biegen*
l''anima f	die Seele; der Geist; das Gemüt; der Kern *tech*
non c'era 'anima viva	*es war niemand/keine Menschen-seele da*
la buon''anima di mio nonno	*mein seliger Großvater*
animale adj	tierisch
l'animale m	das Tier [Erntejahr
l'annata f	der Jahrgang, das Wirtschafts-,
l'anno m	das Jahr
due volte all'l/l'anno	*zweimal im Jahr*
nell'anno/nel 1965	*im Jahr 1965*
quanti anni ha (Lei)/hai?	*wie alt sind Sie/bist du?*
ho trentacinque anni	*ich bin 35 Jahre alt*
fino a vent'anni	*bis zum 20. Lebensjahr*
ogni anno/tutti gli anni	*jedes Jahr/alle Jahre*
molti anni fa/orsono	*vor vielen Jahren*
l'anno 'prossimo, venturo/ passato, scorso	*nächstes/voriges Jahr*
annunciare	an-, verkünd(ig)en, melden
l'an'ticipo m	der Vorschuß; Vorsprung
in an'ticipo	*im voraus*
anzi	vielmehr, überdies, sogar, im Gegenteil
anzitutto	vor allem, zu allererst
aperto, a	geöffnet, offen
all'aperto	*im Freien*
l'apparecchio m, pl **gli apparecchi**	der Apparat, das Gerät; Flugzeug
l'apparenza f	das Aussehen/der Schein
in apparenza	*scheinbar*
l'appartamento m	die Wohnung
un appartamento di cinque vani	*eine Fünf-Zimmer-Wohnung*
un appartamento ammobi-liato	*eine möblierte Wohnung*
appartenere (a)	an-, (zu)gehören [jur
l'appello m	der Ruf, An-, Aufruf; die Berufung
appena adv/conj	kaum, beinahe, fast, erst/sobald *conj*
non appena posso	*sobald ich kann*

appena oggi	*erst heute*
sono appena arrivato	*ich bin eben angekommen*
appena lo vedo glielo dico	*wenn ich ihn sehe, sage ich es ihm*
l'appetito m	der Appetit
buon appetito!	*guten Appetit!*
applicare	anbringen, ver-, anwenden
applicarsi	*sich widmen, sich befleißigen*
(ap)poggiare (a, contro/su)	stützen, lehnen (an/gegen)
ap'prendere (appreso)	lernen; erfahren *(Nachricht)*
(ap)profittare (di)	ausnutzen, Nutzen ziehen (aus)
bisogna approfittare del tempo/bel tempo	*man muß die Zeit/das schöne Wetter ausnutzen*
approfittò dell'occasione	*er nahm die Gelegenheit wahr*
aprile m (*cf* agosto)	April [aufgehen
aprire (aperto)	öffnen; eröffnen; aufmachen;
la porta si aprì	*die Tür ging auf*
a che ora si apre?	*um wieviel Uhr wird aufgemacht?*
l'argento m	das Silber
in/d'argento	*aus Silber/silbern*
l'aria f	die Luft; Miene; Arie
darsi l'aria di/delle arie	*angeben/sich etw einbilden*
all'aria aperta	*im Freien, ins Freie*
in linea d'aria	*in der Luftlinie*
c'è qc in aria	*es liegt etw in der Luft*
'prendere/far entrare aria	*Luft schöpfen/lüften*
l'arma f, pl **le armi**	die Waffe
all'armi!	*zu den Waffen!*
l'armadio m	der (Kleider-)Schrank
armare (di)	bewaffnen, ausrüsten (mit)
arrabbiarsi	zornig/wütend werden
si arrabbia 'subito/con facilità	*er wird sofort/schnell wütend*
arrestare qn/qc	an-, aufhalten; verhaften
arrestarsi	*stehenbleiben, halten*
arrivare (a)	ankommen, eintreffen; erreichen
sono arrivato in tempo	*ich bin rechtzeitig angekommen*
non è arrivato a farlo	*er ist nicht soweit gekommen, es zu tun*
non ci arrivò	*es ist ihm nicht gelungen, er hat es nicht fertiggebracht*
non ci arrivo a capire/capirlo	*ich schaffe es nicht, ich bringe es nicht fertig, ich komme nicht dahinter*
l'arrivo m	die Ankunft, das Eintreffen
al mio/nostro arrivo	*bei meiner/unserer Ankunft*

arrossire	erröten, rot werden
l'arte f	die Kunst; Geschicklichkeit; das Handwerk
ad arte	*mit List, absichtlich*
con arte	*kunstgerecht, -reich*
l'ar'ticolo m	der Artikel; das Gelenk
ar'ticolo di fondo	*der Leitartikel*
ar'ticolo di prima necessità	*der Bedarfsartikel*
l'artigiano m	der Handwerker
asciugare	(ab)trocknen
asciutto, a	trocken; herb *(Wein)*
ascoltare	an-, zu-, (mit)hören, abhorchen, lauschen
ascolti!/ascolta!	*passen Sie/paß mal auf!*
l''asino m	der Esel
aspettare qn/qc	warten (auf)/erwarten
l'aspetto m	das Aussehen, der Anblick
sotto quest' aspetto	*unter diesem Gesichtspunkt*
assai adj/adv	viel, sehr/genug, ziemlich
assicurare	(ver)sichern, bestätigen
as'sistere (assistito) tr/itr	helfen, jdm beistehen/beiwohnen
ho assistito allo spet'tacolo	*ich habe der Vorstellung beigewohnt*
l'associazione f	die Vereinigung, der Verband
assoluto, a adj	absolut, unbedingt, unumschränkt
assolutamente adv	
attaccare	befestigen, (an)kleben, angreifen, in Angriff nehmen, anknüpfen *(Gespräch)*
attaccarsi con qn	*mit jdm streiten*
l'attacco m, pl **gli attacchi**	der Angriff; Anschluß *el;* Anfall *med;* die Stürmerreihe *(Sport)*
at'tendere (atteso)	ab-, erwarten
si fa at'tendere (a lungo)	*er läßt (lange) auf sich warten*
l'attenzione f	die Aufmerksamkeit, Achtung, Vorsicht
far(e) attenzione a qn/qc	*auf jdn aufpassen/auf etw achtgeben*
attirare	anziehen, -locken
attirare l'attenzione (su)	*die Aufmerksamkeit lenken (auf)*
l'atto m	die Tat, abgeschlossene Handlung, Urkunde, der Akt, Aufzug *theat*
l'atto di 'nascita/matrimonio	*die Geburts-/Heiratsurkunde*
all'atto di	*bei, im Augenblick des/der …*

attraversare   über-, durchqueren, -fahren, -reisen
   attraversare la strada   *die Straße überschreiten, über-
queren*

attraverso   quer durch/über; *fig* mittels
augurare (qc a qn)   wünschen (jdm etw)
   augurarsi (di)   *sich wünschen, erhoffen*
l'augurio m, pl **gli auguri**   der Glückwunsch
aumentare (di) ('essere/
avere)   erhöhen, vermehren (um), zu-
nehmen
   i prezzi sono aumentati   *die Preise sind gestiegen*
l''autobus m inv   der Autobus, Omnibus
l'auto('mobile) m/f   *(vorwiegend für)* das Auto
   andare, viaggiare in auto   *(Auto)fahren*
l'autore m   der Verfasser, Schriftsteller,
Urheber
l'autorità f inv   die Autorität, Macht; *pl* Behörde
   d'autorità   *kraft seines Amtes*
   un uomo di grande autorità   *ein Mann von großem Einfluß,
Ansehen*
l'autunno m   der Herbst
   in/d'/durante l'autunno   *im Herbst*
avanti   weiter, vor *(zeitlich)*, vorher
   d'ora in avanti   *von jetzt an*
   avanti!/in avanti!   *herein!/vorwärts!, los!*
   il mio orologio va avanti   *meine Uhr geht vor*
avanzare   vorrücken, vorbringen *(Vorschlag)*,
einreichen *(Gesuch)*
   avanzarsi   *näherkommen, sich nähern*
avaro, a adj   geizig
l'avaro m   der Geizhals, Geiziger
avere   haben, besitzen, bekommen
   aver(e) da far(e) qc   *etw zu tun haben, tun müssen*
   ha vent'anni   *er ist 20 Jahre alt*
   non so (che) cosa abbia   *ich weiß nicht, was mit ihm los ist*
   non aveva soldi/denaro   *es fehlte ihm an Geld*
l'avvenimento m   das Ereignis, der Vorfall
l'avvenire m   die Zukunft
   nell'/in avvenire   *in (der) Zukunft*
avvenire (avvenuto)   geschehen, eintreten, sich ereignen
   come avviene che   *wie kommt es, daß*
l'avventura f   das Abenteuer, Erlebnis
   all'/per avventura   *aufs Geratewohl/zufällig*
avvertire (di)   warnen (vor), benachrichtigen (von)
aufmerksam machen (auf)

avvicinare nähern, näher heranrücken
  avvicinarsi *sich nähern, herannahen*
  l'inverno/la primavera *der Winter/Frühling naht*
  s'avvicina
  s'avvicini/avvi'cinati! *treten Sie/tritt näher!*
avvisare ankündigen, benachrichtigen,
      warnen
l'avviso m die Bekanntmachung, Benach-
      richtigung, Meinung, Ansicht
  a mio avviso *meiner Meinung nach*
  non sono del Suo/tuo *ich bin mit Ihnen/dir nicht*
  avviso *einverstanden*
l'azione f die Handlung, Tat; Aktie *com*;
      Klage *jur*
  una buona/cattiva azione *eine gute/schlechte Tat*
  Società per Azioni (S.p.A.) *Aktiengesellschaft*
  intentare un'azione *eine Klage anstrengen*
l'azzardo m das Wagnis, Wagestück
  il gioco d'azzardo *das Glücksspiel*
azzurro, a blau
  azzurro chiaro/scuro *hell-/dunkelblau*

B

baciare küssen
il bacio, pl i baci der Kuß
il bagaglio/(a mano), pl das (Hand-)/Gepäck
  i bagagli
bagnare naß machen, einweichen,
      besprengen *(Straßen)*
  mi sono bagnato tutto *ich bin ganz naß geworden*
bagnato, a naß, durchnäßt
il bagno das Bad, Badezimmer
  fare, farsi un/il bagno *baden (im Meer/in der*
      Badewanne)
ballare tanzen; *fig* wackeln
il ballo der Tanz, Ball
  'essere in ballo *auf dem Spiel stehen*
  'mettere in ballo qc *etw aufs Tapet bringen*
il bambino/la bambina das (Klein)Kind/kleine Mädchen
  fin da bambino/bambina *von Kind auf, von Kindesbeinen an*
la banca, pl le banche die Bank *(Geldinstitut)*
  alla banca *auf die/der Bank*

la bandiera	die Fahne, Flagge
la barba	der Bart
farsi la barba	*sich rasieren*
il barbiere	der Friseur
basso, a	niedrig, tief, gemein; leise
a(d) occhi bassi	*mit niedergeschlagenen Augen*
a capo basso/testa bassa	*gesenkten Hauptes*
a bassa voce	*mit leiser Stimme*
in, da basso/là basso	*unten/da unten, dort*
la Bassa Italia	*Süd-, Unteritalien*
bastare	genügen, ausreichen
basta!	*genug!, Schluß damit!*
basta così!	*das genügt, reicht!*
mi basta!	*mir reicht es!*
il bastone	der Stock, Stab; *fig* die Stütze
la battaglia	die Schlacht, der Kampf
la battaglia di Pavia	*die Schlacht bei Pavia*
il battello	das Schiff, der Dampfer, das Boot
'prender(e) il battello	*mit dem Schiff fahren*
'battere	schlagen; besiegen; klopfen
'batter(e) le mani	*in die Hände/mit den Händen klatschen*
'battersi	*sich bekämpfen, sich schlagen*
la bellezza	die Schönheit
la bellezza di cento marchi	*die Kleinigkeit von 100 Mark*
è una bellezza sentirlo cantare	*es ist eine (wahre) Freude, ihn singen zu hören*
bello, a	schön
un bel sì	*ein entschiedenes Ja*
questa è bella!	*das ist die Höhe!, das ist ja*
oh bella!	*komisch! [allerhand!*
bell' e fatto	*fix und fertig*
sul più bello	*mitten drin; im schönsten Augenblick*
hai un bel dire!	*du hast gut reden!*
di bel nuovo	*schon wieder*
un bel niente	*überhaupt nichts*
bene adv	gut, schön, richtig, recht
stia bene!/stammi bene!	*leben Sie wohl!/lebe wohl!*
non sa bene	*er weiß nicht recht*
canta bene	*er singt richtig*
ti sta tanto bene!	*das steht/paßt dir sehr gut!*
il bene	das Gute
i beni	*Hab und Gut, Landbesitz, Güter*

per il tuo/nostro bene	*zu deinem/unserem Wohl, Besten*
far(e) del bene (a qn)	*(jdm) etw Gutes tun*
la benzina	das Benzin
bere (bevuto)	trinken; saufen
la bestia	das Tier, Vieh; der Dummkopf
la biancheria	die Wäsche
la biancheria 'intima	*die Leib-, Unterwäsche*
bianco, a, pl **bianchi, bianche**	weiß
bian'chissimo	*schneeweiß*
in bianco e nero	*schwarzweiß*
il bicchiere	das (Trink-)Glas
un bicchiere di/da vino	*ein Glas Wein/ein Weinglas*
la bicicletta	das Fahrrad
andare in bicicletta	*radfahren*
il biglietto	die Fahrkarte, der Fahrschein, die Eintrittskarte
cento biglietti da mille Lire	*100 Scheine zu 1000 Lire*
biglietto di andata e ritorno	*Rückfahrkarte (Hin- u. Rückfahrkarte)*
biondo, a	blond
la birra	das Bier
la birra in bottiglia/alla spina	*das Flaschenbier/Bier vom Faß*
bisognare	nötig sein, haben; müssen; brauchen
bisogna lavorare	*man muß arbeiten*
mi bi'sognano mille marchi	*ich brauche 1000 Mark*
bisognava sentirlo!	*ihr hättet ihn/es hören sollen*
il bisogno	der Bedarf, die Not, das Bedürfnis
non abbiamo bisogno di nulla	*uns fehlt/wir brauchen nichts*
aver bisogno di qc/qn	*etw/jdn nötig haben, brauchen*
in caso di bisogno	*im Notfall/wenn nötig*
che bisogno c'era di 'dirglielo?	*wozu hat man ihm das gesagt?*
blu inv	blau
blu chiaro/scuro	*hell-/dunkelblau*
la bocca, pl **le bocche**	der Mund; das Maul
bollire	sieden, kochen; wallen, *a. fig*
l'acqua bolle	*das Wasser kocht*
far(e) bollire il latte	*die Milch kochen*
si bolle	*es ist erstickend heiß*
il bordo	der Rand, Bord; das Ufer, die Küste
salir(e), montar(e) a bordo	*an Bord gehen*

borghese adj	bürgerlich
in borghese	*in Zivil*
il/la borghese	der Bürger/die Bürgerin
la borsa	die Börse; der (Geld-)Beutel,
la borsa della spesa	*die Einkaufstasche* [Handtasche
la borsa di studio	*das Stipendium*
(alla) borsa nera	*(auf dem) Schwarzmarkt*
il bosco, pl **i boschi**	der Wald, Forst
la bottiglia	die Flasche
una bottiglia di/da vino	*eine Flasche Wein/Weinflasche*
il bottone	der Knopf, die Knospe
girar(e) il bottone	*einschalten, das Licht anknipsen*
il braccio, pl **i bracci, le braccia**	der Arm; die Elle
i bracci di un fiume/'albero	*Flußarme/Äste*
in braccio	*auf dem/den Arm*
a braccia aperte	*mit offenen Armen*
bravo, a	tüchtig, brav, artig
sei stato bravo!	*du hast es gut gemacht!*
brillante	glänzend, strahlend, prächtig
bruciare	(ver)brennen
brutto, a	häßlich, schlecht
la buca, pl **le buche**	die Grube, Höhle
la buca delle 'lettere	*der Briefkasten*
buio, a	dunkel, finster
buono, a	gut, freundlich; geeignet
buòn giorno	*guten Morgen/Tag*
buona sera/notte	*guten Abend/gute Nacht*
di buon mattino	*früh morgens*
a buon mercato	*billig, preiswert*
alla buona	*schlicht, einfach*
con le buone	*auf gütlichem Wege*
buona fortuna!	*viel Glück!* [sein
'esser(e) buono a qc	*zu etw brauchbar, geeignet, fähig*
il buono	der Gutschein, Bon
buono di benzina	*Benzingutschein*
burlare	zum besten haben, foppen
burlarsi di qn	*sich über jdn lustig machen*
il burro	die Butter
pane col burro	*Butterbrot*
al burro	*mit Butter angerichtet, gekocht*
bussare	klopfen, anklopfen
'bussano/hanno bussato	*es klopft/hat geklopft*
la busta (da lettera)	der (Brief-)Umschlag

C

la caccia	die Jagd
andare a caccia	*auf die Jagd gehen*
andare in caccia di qc	*nach etw jagen/auf etw ausgehen*
dare la caccia a qn	*jdn verfolgen/jdm nachjagen*
cacciare	jagen
cacciar(e) un grido	*einen Schrei ausstoßen*
cacciar(e) via qn	*jdn vertreiben, hinauswerfen*
cadere	fallen, (ab)stürzen
cadere malato/in miseria	*krank werden, erkranken/in Armut geraten*
cader(e) di do'menica/ d'estate	*auf einen Sonntag/in den Sommer fallen*
la caduta	der Fall, (Ab-)Sturz
caduta (di) massi, sassi	*Steinschlag*
caduta dei capelli	*Haarausfall*
il caffè *inv*	der Kaffee, das Café
'prendere, bere un caffè	*(einen) Kaffee trinken*
il caffelatte	*der Milchkaffee*
il calcio, pl **i calci**	der Fußtritt; Fußball *(Spiel)*; Kalk
una partita di calcio	*ein Fußballspiel*
'prender(e) qn a calci	*jdm Fußtritte versetzen*
la caldaia	der Kessel
caldaia a vapore	*der Dampfkessel*
caldo, a adj	warm
molto caldo	*heiß*
a sangue caldo	*heißblütig*
una testa calda	*ein Hitzkopf*
sento/ho/mi fa caldo	*mir ist warm*
fa caldo	*es ist heiß* (Wetter)
il caldo	die Wärme, Hitze
con questo caldo	*bei dieser Hitze*
morir(e) di, dal caldo	*vor Hitze vergehen*
la calma	die Ruhe, Stille
calmare	beruhigen, besänftigen
calmare la fame/il dolore	*den Hunger/Schmerz stillen*
il vento si calma/si è calmato	*der Wind legt sich/hat sich gelegt*
calmo, a	ruhig, still, gelassen, gleichmütig
il calore	die Wärme, Hitze; der Eifer
la calza	der Strumpf
'mettersi/levarsi le calze	*seine Strümpfe an-/ausziehen*
il calzolaio, pl **i calzolai**	der Schumacher, Schuster

i calzoni pl	die (lange) Hose
il cambiamento	die (Ver-)Änderung, der Wechsel
cambiare	wechseln; tauschen, ver-, umändern
cambiar(e) colore/treno/ *velocità*	*sich verfärben/umsteigen/(um-)* *schalten*
cambiarsi di vestito	*sich umziehen*
cambiar(e) aria/casa	*lüften/umziehen* (Wohnung)
tutto è cambiato	*alles hat sich geändert*
la cosa non cambia	*das ändert nichts an der Sache*
per cambiare	*zur Abwechslung*
il cambio	der Kurs (*Valuta*)
al cambio di	*zum Kurs von* [die Kammer
la 'camera	das Zimmer, *bes* Schlafzimmer;
la 'camera da letto/da *bagno*	*das Schlafzimmer/Badezimmer*
'Camera di Commercio/del *Lavoro/dei Conti/degli* *Avvocati*	*Handels-, Arbeits-, Rechnungs-,* *Anwaltskammer*
'camera d'aria	*Luftschlauch*
far(e) la 'camera	*das Zimmer aufräumen, ordnen*
il cameriere	der Kellner
la camicetta	die Bluse
la camicia	das Hemd; der Mantel *tech,* Überzug *tech*
camicia da notte	*das Nachthemd*
il camino	der Kamin, Rauchfang, Schornstein
camminare	(zu Fuß) gehen, wandern
il cammino	der Weg, die Straße
'mettersi in cammino	*sich auf den Weg machen,* *aufbrechen*
la campagna	das Land; der Feldzug
in campagna	*aufs Land/auf dem Lande*
il campo	das Feld, der Acker; das Gebiet
il campo sportivo	*der Sportplatz*
cancellare	(aus)löschen, radieren
il cane/la cagna	der Hund/die Hündin
cane da caccia	*Jagdhund*
cantare	(be)singen; *fig* ausplaudern
la cantina	der (Wein-)Keller
il canto	der Gesang, das (feierliche) Lied; der Winkel, die Ecke
d'altro canto	*andererseits*
la canzone	das Lied
canzone popolare	*Volkslied*
canzonetta	*Schlager*

capace (di) — imstande, tüchtig, fähig (zu)
  capace di re'sistere — *widerstandsfähig*
  è capace di tutto — *er ist zu allem fähig*
il capello — das Haar
  farsi tagliare i capelli — *sich das Haar schneiden lassen*
  avere i capelli neri|biondi — *schwarzes|blondes Haar haben*
capire — verstehen, begreifen
  capisce l'italiano? — *verstehen Sie, versteht er Italienisch?*
capitale adj — hauptsächlich
  pena capitale — *Todesstrafe*
il/la capitale — das Kapital/die Hauptstadt
il capitano — der Kapitän, Hauptmann
il capo — der Kopf, das Haupt, der Chef; das Ende, der obere Teil
  il Capo dello Stato| capostazione — *das Staatsoberhaupt|der Bahnhofs- vorsteher*
  da capo a piedi — *von Kopf bis Fuß*
  in capo al mondo — *am Ende der Welt*
  cominciare da capo — *von vorn|noch einmal anfangen*
il cappello — der Hut; (Titel-)Kopf *(Zeitung)*
  'mettersi|'togliersi il cappello — *den Hut aufsetzen|absetzen*
il cappotto — der Mantel, Umhang; das Spiel: Match
il ca'rattere — der Charakter; die Type, der Buchstabe
  ha un brutto ca'rattere — *er hat einen schlechten Charakter*
il carbone — die Kohle
caricare — auf-, beladen, aufziehen *(Uhr)*
'carico, a adj — be-, geladen
  un colore troppo 'carico — *eine zu kräftige, grelle Farbe*
il 'carico — die Last, Ladung
carino, a — hübsch, reizend, niedlich, nett
la carne — das Fleisch
  la carne di vitello|maiale| manzo — *das Kalb-|Schweine-|Rindfleisch*
caro, a — lieb, teuer
  costar(e)|pagar(e)| 'vender(e) caro — *teuer sein, viel kosten|teuer kaufen, bezahlen|verkaufen*
  pagare cara una cosa — *eine Sache teuer bezahlen; schwer büßen müssen*
la carta — das Papier; die Karte *geogr*; *pl* Akten; *pl* Personalpapiere
  la carta carbone — *das Kohlepapier*
  carta d'identità — *Personalausweis, Kennkarte*

städtisch, Stadt ...
der Bürger/die Bürgerin
  italienischer Staatsangehöriger
zivil, Zivil ...
die (das) Klasse(nzimmer); der
  erstklassig   [Jahrgang
der Kunde/die Kundin
der Schwanz; Schlußsatz *mus*
  Schlange stehen
  am Ende des Zuges
das Frühstück; Mittagessen
  frühstücken; zu Mittag essen
der Leim, Klebstoff
der Hügel
der Zorn
  er ist böse mit mir/zornig auf mich
der Hals, Nacken; Ballen
füllen; überhäufen (mit)
die Farbe

tito?   *welche Farbe hat dein Kleid?*
die Schuld, Fahrlässigkeit, das Ver-
  schulden *jur*
  ich bin/er ist daran schuld

oi?   *was können wir dafür?*
schuldig (an)
der Schlag, Streich, Stoß, Schuß
  plötzlich/auf einmal/schlagartig
das Messer
bebauen *(Acker); fig* pflegen;
  ausbilden *(Geist);* betreiben
  (Wissenschaft)
der Landwirt, Bauer
(be)kämpfen
  mit jdm/etw kämpfen
  gegen etw (an)kämpfen
der Brennstoff, das Heizöl
(so) wie; kaum; gleichwie
  wie heißt es auf Italienisch?
  wie geht es Ihnen?/dir?
  wie ich/du/er
  als ob
  was mich an(be)langt, betrifft
beginnen, anfangen (etw zu tun)

iente   *klein/mit Nichts anfangen*

---

la casa — das Haus, Heim; die Firma
  a casa — *nach, zu Hause, daheim*
  in casa — *im Hause*
  senza casa — *obdachlos*
  in casa della zia — *bei der Tante*
  sono a casa (mia) — *ich bin (bei mir) zu Hause*
la casalinga, pl le — die Hausfrau
  casalinghe
  alla casalinga — *nach Hausmacher Art (Speisen)*
il caso — der Fall; Vorfall; Zufall; Kasus
  a/per caso — *aufs Geratewohl/zufällig*
  in ogni/nessun caso — *auf jeden/keinen Fall*
  nel caso che — *falls*
la cassa — die Kiste, der Kasten; die Kasse
  cassa di risparmio/malattia — *Spar-/Krankenkasse*
la casseruola — die Kasserolle, Schmorpfanne
il castello — das Schloß, Kastell; Gestell *tech*
  castelli in aria — *Luftschlösser*
cattivo, a — schlecht, schlimm, übel, böse,
  boshaft
la causa — der Grund, die Ursache, der Anlaß,
  das Gerichtsverfahren
  per causa mia /tua — *meinet-, deinetwegen*
  è lui la causa che — *er ist schuld, daß*
  a causa del cattivo tempo — *wegen des schlechten Wetters*
causare — verursachen
il cavallo — das Pferd
  a cavallo — *zu Pferd, rittlings*
  (una forza di) cento cavalli — *hundert Pferdestärken*
cavare — herausnehmen, graben
  cavare un dente — *einen Zahn ziehen*
'cedere — nachgeben, weichen; überlassen
  'cedere il posto a qn — *jdm seinen Platz überlassen*
la cena — das Abendessen; Abendmahl
cenare — zu Abend essen
il centinaio, pl le — das Hundert
  centinaia
  un centinaio di (libri) — *etwa hundert (Bücher)*
  centinaia di persone — *Hunderte von Menschen*
cento — hundert
centrale adj — zentral, Zentral-
  riscaldamento centrale — *Zentralheizung*
  l'Italia/l'America centrale — *Mittelitalien/-amerika*
  problema/stazione centrale — *Haupt-, Kernfrage/Hauptbahnhof*

la centrale	die Zentrale
la centrale e'lettrica	*das Kraftwerk* [Mitte
il centro	das Zentrum, der Mittelpunkt, die
al centro	*in der Mitte/im Zentrum*
il centro città	*die Stadtmitte*
un centro commerciale	*ein Handels-, Ladenzentrum*
cercare	(ver)suchen, sich nach etw oder
	jdm umsehen, streben (nach)
mandare a cercare qn	*jdn holen lassen, nach jdm schicken*
è in 'cerca di lavoro/	*er sucht Arbeit/eine Wohnung*
d'abitazione	
il cerchio, pl i cerchi	der Kreis; Reifen
il cerino	das Wachszündholz, -streichholz
certo, a adj/**certamente** adv	gewiß, sicher, bestimmt
certamente, ma . . .	*allerdings, aber . . .*
cer'tissimo	*ganz gewiß*
è certo che viene	*er kommt gewiß*
cessare (qc, di + inf)	aufhören, einstellen, beend(ig)en
non cessa più di pi'overe	*es regnet unaufhörlich*
che prn rel	der/den, die, das, welche(r, s), was
che è che non è	*ganz plötzlich*
ha di che 'vivere	*er hat das Nötige zum Leben*
che/che adj . . .	*welch . . .!/was für ein . . .?*
che cosa	*was?*
che conj	*daß; als (nach Komparativ)*
chi prn rel	wer; derjenige, welcher; diejenige,
	welche; diejenigen, welche; ein
	jeder, der; eine jede, die; alle, die
chi cerca trova	*wer sucht, wird finden*
chi prn int	*wer? wen?*
di chi è?	*wem gehört?*
chiamare	rufen, nennen
chiamare al te'lefono	*anrufen*
chiamarsi	*heißen, sich nennen*
chiaro, a	klar, hell; deutlich
veder(ci) chiaro	*klar sehen*
chiaro e tondo	*klipp und klar*
di chiaro giorno	*am hellen Tage*
la chiave	der Schlüssel
chi'udere a chiave	*zuschließen, zusperren*
chi'edere (qc a qn)	jdn um etw fragen, bitten;
(chiesto)	verlangen
mi chiedo	*ich frage mich*
gli chiede perdono/scusa	*er bittet ihn um Verzeihung*

la chiesa	**cittadino, a** adj
il chilo(gram	**il cittadino/la cittadin**
pl **i chilogr**	*cittadino italiano*
un chilo di l	**civile**
mezzo chilo	**la classe**
il chi'lometr	*di (gran) classe*
chi'udere (c	**il/la cliente**
chi'uder(e)	**la coda**
chiuso, a	*far(e) la coda*
a porte chiu	*in coda al treno*
cieco, a adj	**la colazione**
il/la cieco, a	*far(e) colazione*
il cielo	**la colla**
in cielo	**il colle**
grazie al cie	**la 'collera**
la cifra	*è in 'collera con me*
il cimitero	**il collo**
il 'cinema in	**colmare (di)**
cinquanta	**il colore**
il cinqua'te	*di che colore è il tuo ve*
cinquan'tes	**la colpa**
cinque	
il quinto/la	*la colpa è mia/sua*
ciò	*che colpa (ne) abbiamo*
a ciò/con ci	**col'pevole (di)**
di ciò/in ciò	**il colpo**
ciò che/cioè	*sul/di/d'un colpo*
ciò nonosta	**il coltello**
di ciò parler	**coltivare**
non vedo n	
con ciò non	
subj	**il colti'vatore**
la cioccolat	**com'battere**
cioccolata a	*com'battere qn/qc*
circa	*com'battere contro qc*
il 'circolo	**il combus'tibile**
circondare (	**come**
la circostan	*come si dice in italiano*
in queste ci	*come sta?/stai?*
a seconda d	*come me/te/lui*
la città	*come se*
in città	*io come io*
la città di R	**cominciare (a far qc)**
	cominciare con poco/da

il/la commerciante der Kaufmann, Händler/die
 Händlerin
il commercio, pl **i commerci** der Handel
 il commercio all'ingrosso/al *der Groß-/Einzel-, Kleinhandel*
 minuto, dettaglio
com'mettere (commesso) begehen *(Verbrechen, Irrtum)*
la compagnia die Gesellschaft; Begleitung;
 Kompanie *mil*
 far(e)/tenere compagnia a qn *jdm Gesellschaft leisten*
il compagno der Genosse; Gefährte; Partner
 compagno di scuola/di *Schul-/Spielkamerad, -freund*
 giochi
comp(e)rare kaufen, anschaffen
completo, a adj/ vollständig, vollzählig, vollendet/
completamente adv völlig, gänzlich
comporre (di) (composto) zusammensetzen, verfassen;
 komponieren
comportarsi sich benehmen, sich verhalten,
 sich betragen
com'prendere (compreso) begreifen, verstehen; umfassen
 servizio compreso *Bedienung eingeschlossen*
comune gewöhnlich, gemein; gemeinsam,
 allgemein; niedrig
 in comune *gemeinschaftlich*
comunicare qc a qn jdm etw mitteilen
la comunicazione die Mitteilung; Verbindung
 'esser(e) in comunicazione *mit jdm in Verbindung stehen/*
 con qn *Verbindung haben tele*
con mit; bei; trotz; durch; zu; nach;
 con te/lui/lei *mit dir/ihm/ihr* [unter
 con questo tempo *bei diesem Wetter*
 con tutte le sue ricchezze *trotz seines Reichtums*
 con la forza/l'astuzia *durch Gewalt/List*
 con nostro ram'marico *zu unserem Bedauern*
 con tutte le 'regole *nach allen Regeln*
 col pretesto *unter dem Vorwand*
la condanna die Verurteilung, Strafe
condannare (a) verurteilen (zu)
la condizione die Bedingung; Lage, der Zustand;
 die Beschaffenheit
 a/sotto condizione che *unter der Bedingung, daß*
 in queste condizioni *in diesem Zustand*
condurre (condotto) (aus)führen; leiten
 condurre a *führen nach, zu*

confidare (in)   anvertrauen; vertrauen (auf)
   confidare qc a qn   *jdm etw anvertrauen/übertragen*
con'fondere (con) (confuso)   verwirren; verwechseln (mit)
la confusione   die Verwirrung; Verwechslung; *pl*
il/la conoscente   der/die Bekannte   [Unruhen
la conoscenza (di, in)   die Kenntnis (in); Bekanntschaft
   far(e) la conoscenza di qn   *jdn kennenlernen*
   'esser(e) a conoscenza di qc   *über etw Bescheid wissen*
   senza conoscenza   *bewußtlos*
con'oscere (conosciuto)   kennen; wissen; kennenlernen
conquistare   erobern; *fig* erwerben
consegnare   ab-, ausliefern, übergeben
la conseguenza   die Konsequenz, Folge(erscheinung)
   aver(e) per conseguenza   *zur Folge haben*
   di/per conseguenza   *infolgedessen, folglich*
conservare   aufbewahren, erhalten
   conservarsi   *sich halten* (Lebensmittel); *gesund bleiben* (Personen)
considerare (quale, come)   betrachten, ansehen (als)
la considerazione   die Betrachtung, Berücksichtigung
   'prender(e) in considerazione qc   *etw in Betracht ziehen/ berücksichtigen*
conside'revole   beträchtlich, beachtlich
consigliare (qc a qn)   jdn beraten, jdm einen Rat geben
   consigliarsi con qn   *sich mit jdm beraten*
il consigliere   der Ratgeber, Berater
il consiglio, pl i consigli   der Rat, Ratschlag
   chi'edere/domandare consiglio a qn   *jdn um Rat fragen*
consolare   trösten; stärken
consumare   verbrauchen; verzehren; begehen *(Verbrechen)*; vollziehen *(Ehe)*
il consumo   der Verbrauch
il contadino/la contadina   der Bauer/die Bäuerin
contare   zählen, rechnen
   contare di far(e) qc   *etw vorhaben*
   contare su   *rechnen mit, sich verlassen auf*
contenere   enthalten, umfassen, in sich schließen
   contenersi   *sich beherrschen, sich zügeln*
contento, a (di)   zufrieden (mit), froh (über)
   'esser(e) contento   *sich freuen*
il contenuto   der Inhalt
continuare (a far qc)   fortsetzen, fortfahren; andauern
   continua   *Fortsetzung folgt*

la continuazione	die Fortsetzung, (Reihen-)Folge
in continuazione	*unaufhörlich* [Konto
il conto	die Rechnung, Abrechnung; das
'rendersi conto di	*etw bemerken; sich klarwerden über*
tener(e) conto di qc	*etw berücksichtigen*
far(e) conto che/di	*annehmen, daß/tun, als ob*
per conto mio	*was mich an(be)langt, betrifft*
sul vostro conto	*über euch*
in/alla fin dei conti	*schließlich; im Endeffekt*
contrario, a adj	entgegen; entgegengesetzt; widrig; gegensätzlich; schädlich
in senso contrario	*in entgegengesetzter Richtung*
il contrario	das Gegenteil; der Gegensatz
al contrario	*im Gegenteil*
contro	gegen; wider
convenire (convenuto)	zusammenkommen, passen, entsprechen, zusagen, abmachen, sich lohnen; müssen
non ci/mi conviene	*es paßt uns/mir nicht*
bisogna convenire che	*man muß zugeben, daß*
gli conviene?	*lohnt sich das für ihn?*
la conversazione	die Unterhaltung, Unterredung, Konversation
con'vincere (qn di qc) (convinto)	(jdn von etw) überzeugen
la convinzione	die Überzeugung
coprire (di) (coperto)	be-, zudecken (mit); bekleiden *(Amt)*
coprirsi	*sich zudecken, warm anziehen*
il coraggio	der Mut, die Tapferkeit
farsi coraggio	*Mut fassen*
'perdersi di coraggio	*den Mut verlieren*
coraggioso, a	mutig
cordiale	herzlich
il corpo	der Körper; das Korps
corrente adj	laufend, fließend; gängig, üblich
mese/opinione/prezzo/conto corrente	*laufender Monat/Tagesmeinung/ Tagespreis/Kontokorrent*
la corrente	der Strom, die Strömung
c'è corrente (d'aria)	*es zieht*
'correre (corso)	laufen, rennen, eilen
'correre dietro, appresso (a qn/qc)	*jdm nachjagen, jdn jagen/nach etw jagen*
corre voce che	*es geht das Gerücht um, daß*
ci corre molto tra, fra	*es ist ein großer Unterschied*
corse poco che	*es fehlte nicht viel, daß* [zwischen

il corso	der Lauf *(Fluß, Zeit)*; Kurs(us)
corso estivo	*Ferienkurs*
corso d'italiano	*italienische Unterrichtsstunde*
l'anno in corso	*dieses Jahr, laufendes Jahr*
la corte	der Hof; das (der) Gericht(shof)
far(e) la corte a qn	*jdm den Hof machen*
cortese	höflich, freundlich, gefällig
corto, a	kurz; *fig* beschränkt
la cosa	die Sache, das Ding; die Angelegenheit
che cosa vuole/dice/fa	*was will/sagt/tut er*
qualche cosa di bello	*etwas Schönes*
la coscienza	das Bewußtsein; Gewissen
libertà di coscienza	*die Gewissensfreiheit*
aver(e) la coscienza tranquilla/pulita/sporca	*ein ruhiges/sauberes/schlechtes Gewissen haben*
così	so, auf diese Weise
così così	*einigermaßen; mittelmäßig*
e così via/per così dire	*usw/sozusagen*
così . . . come . . .	*ebenso . . . wie . . .*
costare ('essere)	kosten
quanto è costato?	*wieviel hat es gekostet?*
mi/gli costò molto	*es fiel mir/ihm schwer*
costituire	bilden, einsetzen als; ernennen zu; gründen
costruire	(er)bauen, errichten
il costume	die Gewohnheit, Sitte, der Gebrauch; das Kostüm, die Tracht
costume da bagno	*Badeanzug*
creare	(er)schaffen, machen
'credere	glauben; meinen, annehmen; halten [für
lo credo	*ich glaube es*
lo credevo ricco	*ich hielt ihn für reich*
a quanto credo	*soviel ich weiß/annehme*
'credere alla giustizia/in Dio	*an die Gerechtigkeit/Gott glauben*
non 'credere ai propri occhi	*seinen Augen nicht trauen*
la croce	das Kreuz
il cucchiaio, *pl* **i cucchiai**	der Löffel
cucchiaino	*Tee-, Kaffee-, Zuckerlöffel*
la cucina	die Küche; Kochkunst; der Herd
far(e) da/la cucina	*kochen*
cucinare	kochen
cucire	nähen
filo/'macchina da cucire	*Nähfaden/Nähmaschine*

il cugino/la cugina — der Vetter, Cousin/die Base, Cousine
cui — dessen, deren
  il ragazzo il cui padre è malato — *der Knabe, dessen Vater krank ist*
  la signora la cui figlia è morta — *die Frau, deren Tochter gestorben ist*
  per cui — *für den/die; deshalb; weshalb*
  cui — *von, bei, zu, mit dem/der/denen*
  a cui — *dem/der/denen*
la cultura — die Kultur; Bildung; Pflege
cu'ocere (cotto) — kochen; backen *(Brot); fig* brennen
  la pasta è cotta — *die Nudeln sind gar*
il cuoco, pl i **cuochi** — der Koch
il cuoio, pl i **cuoi** — das Leder
  cuoio artificiale — *das Kunstleder*
il cuore — das Herz; der Mut
  il cuore batte — *das Herz schlägt*
  di buon/tutto cuore — *gern, herzlich gern*
  senza cuore — *herzlos*
  mi piange il cuore — *es tut mir sehr leid*
  non ho il cuore di — *ich habe nicht den Mut/bringe es nicht übers Herz, zu*
  nel cuore dell'inverno/della notte — *im tiefsten Winter/tief in der Nacht*
cupo, a — dunkel *(Farbe);* tief *(Schmerz, Ton, Stille);* finster; verschlossen
  rosso cupo — *dunkelrot* [*(Personen)*
la cura — die Sorge; *pl* Pflege; Sorgfalt; Behandlung
  aver(e) cura/con cura — *achtgeben/sorgfältig*
curare (qn/qc) — pflegen; sorgen (für); achten (auf); behandeln
la curiosità — die Neugier(de); Sehenswürdigkeit; Absonderlichkeit
curioso, a — neugierig; merkwürdig; sonderbar
  sarei curioso di sapere se — *ich möchte gerne wissen, ob*

D

da — von; aus; bei; zu; seit; mit; vor; an; seit; als *(bei Personen),* in der Rolle von
  da Milano a 'Napoli — *von Mailand bis Neapel* [von
  da 'nobile famiglia — *aus edler Familie*

dalla sua bocca	*aus seinem Munde*
sono da/vado da/vengo da	*ich bin bei/gehe zu/komme von*
mio cugino	*meinem Vetter*
si è presentato da 'medico	*er hat sich als Arzt vorgestellt*
dagli occhi neri/dai capelli rossi	*mit dunklen Augen/roten Haaren*
rico'noscere dalla voce	*an der Stimme erkennen*
'abito qui da un anno	*ich wohne hier seit einem Jahr*
'macchina da 'scrivere	*Schreibmaschine*
il danno	der Schaden
dappertutto	überall
dapprima	zuerst, an erster Stelle
dare (dato)	geben, schenken; ablegen *(Prüfung)*; abgeben *(Urteil)*
gli dia da mangiare/il sale	*geben Sie ihm zu essen/reichen Sie ihm das Salz*
dare il buongiorno	*guten Tag wünschen*
che film danno?	*was für ein Film wird gegeben?*
la 'camera dà su/la strada	*das Zimmer geht auf die Straße*
dare le dimissioni	*kündigen* (Stellung); *niederlegen* (Amt)
darsi	*sich widmen, sich hingeben*
darsi del Lei/tu	*sich siezen/sich duzen*
davanti a prp/adv	vor; vorn
'metter(e) davanti	*vorlegen*
'debole	schwach; unbedeutend, gering
la debolezza	Schwäche; *fig* Neigung
de'cidere (deciso)	entscheiden, beschließen
'esser(e) deciso a far(e) qc	*entschlossen sein, etw zu tun*
de'cidersi a far(e) qc	*sich entschließen zu*
ha deciso di partire	*er hat beschlossen abzureisen*
la decina	(etwa) zehn Stück
la decisione	die Entscheidung; der Ent-, Beschluß
'prender(e) una decisione	*einen Ent-, Beschluß fassen*
degno, a (di)	wert, würdig, würdevoll, achtbar, ehrwürdig
degno di lode	*lobenswert*
degno di riguardo	*der Berücksichtigung wert beachtenswert*
non è degno di te	*das paßt nicht zu dir; es ist deiner nicht würdig*
delicato, a	zart, fein, empfindlich, feinfühlend
un bambino delicato	*ein zartes, schwächliches Kind*
una questione delicata	*eine heikle, schwierige Frage*

un pasto delicato	*ein köstliches, leckeres Mahl*
una persona delicata	*ein taktvoller Mensch*
il delitto	das Verbrechen, die Straftat
il corpo del delitto	*das Beweisstück*
delizioso, a	köstlich, entzücken
il denaro	das Geld
denari contanti	*das Bargeld*
ha denari a palate	*er hat Geld wie Heu*
il dente	der Zahn; Zacken *tech*
dentro prp/adv	innen, drinnen; herein, hinein
'metter(e)/'esser(e) dentro	*einsperren/sitzen* (Gefängnis)
depositare	hinterlegen, in Verwahrung geben
deserto, a adj	öde, menschenleer
il deserto	die Wüste; Öde
il deserto del Sahara	*die Wüste Sahara*
desiderare (fare qc)	wünschen, begehren (etw zu tun)
farsi desiderare	*sich rar machen*
il desiderio, pl **i desideri (di qc)**	der Wunsch, das Verlangen (nach etw)
il destino	das Schicksal, Los, die Bestimmung
destro, a	rechts; geschickt
a (mano) destra (di)	*rechts (von), nach rechts*
deviare	abweichen, entgleisen, vom rechten Weg abbringen, abkommen
di	von; aus; als; über; mit; an; bei; vor; in
di te	*von dir/über dich*
di legno/ferro/oro	*aus Holz/Eisen/Gold*
sono più ricco di lui	*ich bin reicher als er*
ornato di fiori	*mit Blumen geschmückt*
tre di 'numero	*drei an der Zahl*
di giorno/notte	*bei Tag/Nacht, nachts*
di paura	*aus, vor Angst*
presso di lui/lei	*bei ihm/ihr*
di più/un giorno di più	*mehr/ein Tag länger*
il di'avolo	der Teufel
dicembre m (*cf* agosto)	Dezember
dichiarare	erklären, anmelden, angeben *(Wert)*
ha qualcosa da dichiarare?	*haben Sie etw zu verzollen?*
dieci	zehn
il 'decimo/la 'decima	*der/die zehnte*
dietro prp/adv	hinter; nach; gemäß; hinten
l'uno dietro l'altro	*hintereinander, einer hinter dem andern*

dietro richiesta/presentazione di	*auf Antrag/nach Vorzeigen von*
di dietro	*von hinten*
di'fendere (difeso)	verteidigen
la difesa	die Verteidigung; der Schutz; die Hintermannschaft *(Sport)*
le'gittima difesa	*Notwehr*
'prender(e) le difese di qn	*für jdn eintreten*
il difetto (di)	der Fehler; Mangel (an)
differente	verschieden, unterschiedlich
la differenza	der Unterschied, die Differenz
dif'ficile	schwer; schwierig
la difficoltà inv	die Schwierigkeit
senza difficoltà	*reibungslos, ohne Schwierigkeit*
la difficoltà sta in ciò che	*die Schwierigkeit liegt darin, daß*
dimenticare qc/ dimenticarsi di qc	etw vergessen
diminuire (di)	(sich) verringern, vermindern, nachlassen (um)
dimostrare	be-, erweisen; zeigen; demonstrieren
i dintorni pl	die Umgebung, Umgegend
(il) Dio, pl **gli dei**	Gott
il buon Dio	*der liebe Gott*
Dio buono!/santo Dio!	*Herrgott!*
in nome di Dio	*in Gottes Namen*
per l'amor di Dio!	*um Gottes willen!*
Dio ce la mandi buona!	*Gott sei uns gnädig!*
grazie a Dio!	*Gott sei Dank!*
di'pingere (dipinto)	malen; *fig* schildern
dire (detto)	sagen, sprechen, erzählen; lesen *(Messe)*
a dir(e) il vero	*eigentlich, offen gestanden*
vuol dire	*das heißt, das bedeutet*
come ha/hai detto?	*wie bitte?*
dico bene?	*ist es richtig (was ich sage)?*
così dicendo	*bei diesen Worten*
il direttore/la direttrice	der Direktor/die Direktorin
di'rigere (diretto)	lenken, leiten, führen, richten
di'rigersi (verso)	*zugehen (auf), sich richten, wenden*
dirimpetto (a)	gegenüber + *dat*
diritto, a adj	gerade; recht
andar(e) sempre, tutto diritto	*immer geradeaus gehen*

il diritto	das Recht; der Anspruch; die Gebühr, der Zoll; Jura
aver(e) il diritto di far(e) qc	*das Recht haben, etw zu tun*
il discorso	das Gespräch, die Rede
la discussione	die Diskussion; Debatte; Verhandlung
dis'cutere (di) (discusso)	besprechen, diskutieren, verhandeln (über)
disegnare	zeichnen; entwerfen
il disegno	die Zeichnung; der Entwurf; das Muster
la disgrazia	das Unglück, Unheil, Pech
per disgrazia	*unglücklicherweise*
il dis'ordine	die Unordnung
'metter(e) in dis'ordine	*die Unordnung bringen*
dispiacere (dispiaciuto) ('essere)	mißfallen
mi dispiace/dispiacque molto	*es tut/tat mir sehr leid*
se non ti dispiace	*wenn es dir recht ist*
il dispiacere	der Kummer; das Bedauern
per dispiaceri (amorosi)	*aus (Liebes)Kummer*
con mio (vivo) dispiacere	*zu meinem (lebhaften) Bedauern*
disporre (di) (disposto)	anordnen; verfügen (über)
la disposizione	die Anordnung; Bestimmung
sono a Sua disposizione	*ich stehe Ihnen zur Verfügung*
disposto, a	(an)geordnet, angelegt; geneigt
la distanza	die Entfernung, der Abstand, Zwischenraum
a tre metri di distanza	*in, aus 3 Meter Entfernung*
a distanza di un anno	*ein Jahr danach, später*
dis'tinguere (distinto)	unterscheiden, (deutlich) erkennen
distinto, a	klar; deutlich unterscheidbar; vornehm
con distinti saluti	*mit freundlichen Grüßen*
con distinta stima	*hochachtungsvoll*
dis'truggere (distrutto)	zerstören, vernichten
disturbare	stören
non si disturbi/non disturbarti	*lassen Sie sich/laß dich nicht stören*
il disturbo	die Störung; Beschwerden
aver(e) disturbi di 'stomaco	*Magenbeschwerden haben*
tolgo il disturbo	*ich will nicht länger stören*
il dito, *pl* **i diti, le dita**	der Finger; die Zehe
la ditta	die Firma
diventare	werden

diverso, a (da)	verschieden (von)
siam(o) di opinione diversa	*wir sind anderer Meinung*
divertente	lustig, unterhaltend, amüsant
divertire	unterhalten, belustigen
divertirsi (un mondo)	*sich (köstlich) amüsieren*
divertirsi a far(e) qc	*sich die Zeit vertreiben mit*
di'videre (in/con/tra)	verteilen (in/mit/unter); spalten
(di'viso)	
di'videre per tre	*durch 3 teilen, dividieren*
di'vidersi	*sich trennen, auseinander gehen*
la divisione	die (Auf-)Teilung; Division
'dodici	zwölf
dolce adj/**dolcemente** adv	süß, sanft, milde, leise; lieblich
il dolce	die (Süß-)Speise, der Kuchen
i dolci	*die Süßigkeiten*
la dolcezza	die Sanftheit, Zartheit;
	Lieblichkeit
il dolore	der Schmerz, das Leid
la domanda	die Frage; das Gesuch; der Antrag;
	die Nachfrage
porre una domanda	*eine Frage stellen*
far(e) domanda di	*etw beantragen*
domandare (qc a qn)	jdn um, nach etw fragen
domandare di qn	*nach jdm fragen*
domani	morgen
domani mattina/sera	*morgen früh/abend*
do'menica f, pl **do'meniche**	Sonntag
di/la do'menica	*am Sonntag/sonntags*
dominare	beherrschen, hervor-, überragen
il dominio, pl **i domini**	die (der) Herrschaft(sbereich)
dominio comune	*Gemeingut*
donare	schenken, geben, spenden
la donna	die Frau, das Weib
donna di servizio	*Dienstmädchen, Hausgehilfin,*
	Raumpflegerin
dopo prp/adv	nach; hinter; nachher
dopodomani, posdomani	*übermorgen*
dopo tutto/'subito dopo	*schließlich/kurz darauf*
dopo un'ora/un anno	*nach einer Stunde/ein Jahr danach*
e dopo	*und dann*
dopo aver/che ebbe parlato	*nachdem er gesprochen hatte*
doppio, a	doppelt, zweifach
dormire	schlafen
andare a dormire	*ins, zu Bett/schlafen gehen*

il dottore	der Doktor, Arzt
dove	wo(hin)
di/da dove	*woher, von wo(her)*
in/per/da ogni dove	*überall, von überallher*
dove che sia	*wo es auch immer sei*
dovere	sollen; müssen; schulden; verdanken
egli deve partire	*er muß/soll abreisen*
lo devo a lui se sono qui	*ich verdanke es ihm, daß ich hier bin*
gli dovevo mille marchi	*ich schuldete ihm 1000 Mark*
il dovere	die Pflicht
fare il proprio dovere	*seiner Pflicht nachkommen*
la dozzina	das Dutzend
a dozzine	*dutzendweise*
il dubbio, pl **i dubbi**	der Zweifel, das Bedenken, der Verdacht
senza dubbio	*zweifellos, ganz bestimmt*
dubitare (di)	(be)zweifeln (an), mißtrauen
non 'dubito che egli parta	*ich bin sicher, daß er abreist*
due	zwei
i due/tutt 'e due	*beide/alle beide*
a due a due/in due	*zu zweien, paarweise/zu zweit*
due parole/passi	*ein paar Worte/Schritte*
su due piedi	*auf der Stelle*
uno dei/una delle due	*eins/eine von beiden*
il secondo/la seconda	*der/die zweite*
dunque	also, daher, folglich; doch
durante prp	während
durante la guerra	*während des Krieges, im Krieg*
durare ('essere)	dauern, (aus)halten, währen
quanto tempo è durato?	*wie lange hat es gedauert?*
la durata	die Dauer
durata del contratto/del volo	*Vertrags-, Flugzeit*
duro, a	hart, fest; streng; gefühllos
aver(e) il cuore duro	*hartherzig sein*

E

e	und
e ... e	*sowohl ... als auch, sei es ... sei es*
ebbene	nun
eccellente	ausgezeichnet, hervorragend, vortrefflich

l'eccezione f
  per, in via d'eccezione
  senza eccezione
eccitare (a)
ecco

  ecco!
  ecco perchè
  'eccomi!
l'educazione f

  buona educazione
l'effetto m
  in effetti/effetto
  per effetto di qc
  far(e) effetto
  aver(e) per effetto
eguale adj/**egualmente** adv

l'elemento m

l'elettricità f
e'lettrico, a, pl **e'lettrici,
e'lettriche**
  gli elettrodo'mestici pl
l'emozione f
l'energia f
enorme adj/**enormemente**
adv
entrare (in/dentro)
  tu non c'entri
  c''entrano solo venti persone

l'entrata f

entro
  entro questo mese
  entro tre giorni
l'entusiasmo m
l''epoca f
  all''epoca di
l'erba f
  in erba

die Ausnahme
ausnahmsweise
ausnahmslos
er-, aufregen, reizen (zu)
hier, da ist/sind, da kommt/
kommen
sieh da!, da hast du es!
eben darum
da bin ich!, ich komme schon!
die Erziehung, (Aus-)Bildung,
Schulung
gute Kinderstube
die Wirkung, das Ergebnis
in der Tat, nämlich
infolge, kraft + Gen.
wirken (med); *Eindruck machen*
bewirken
gleich, gleichmäßig, eben-,
gleichfalls
das Element, der Bestandteil;
pl die Grundlagen
die Elektrizität
elektrisch

(elektrische) Haushaltsgeräte
die Aufregung, Erregung, Rührung
die Energie, Tat-, Willenskraft
sehr groß, riesig, enorm, in einer
ungeheuren Weise
eintreten, -fahren, -ziehen; betreten
du hast damit nichts zu tun
*es haben nur zwanzig Personen
Platz*
der Eingang, -marsch, die Einfahrt,
der Eintritt(spreis)
binnen, in, innerhalb
im Laufe dieses Monats
innerhalb von, binnen drei Tagen
die Begeisterung, der Enthusiasmus
der (Zeit-)Abschnitt, das Zeitalter,
zur Zeit von   [die Epoche
das Gras, Kraut
jung, grün; fig *noch unreif,
zukünftig, angehend*

l'errore m	der Irrtum, Fehler, das
errore di stampa	*Druckfehler* [Mißverständnis
per errore	*aus Versehen*
com'mettere un/cadere in (un) errore	*einen Fehler begehen*
l'esame m	die Prüfung; Untersuchung
sostenere, far(e) un esame	*eine Prüfung ablegen, machen*
cadere all'esame/superare un esame	*durchfallen/eine Prüfung bestehen*
'prender(e) in esame	*in Erwägung ziehen*
esaminare	prüfen; untersuchen, erwägen
esatto, a adj/**esattamente** adv	genau, pünktlich, sorgfältig
esclamare	ausrufen
l'esempio m, pl **gli esempi**	das Beispiel; Vorbild
per esempio (p. es.)	*zum Beispiel (z. B.)*
esercitare	(aus)üben, betreiben; ausbilden
l'esercizio m, pl **gli esercizi**	die Übung, Ausübung, das Betreiben eines Geschäftes
far(e) esercizio	*üben, trainieren*
'esile	dünn, zart, schmächtig, schwach
l'esistenza f	das Dasein, die Existenz, das Vorhandensein
e'sistere (esistito)	existieren, da-,/vorhanden sein
esitare	zögern, *fig* schwanken
l''esito m	das Ergebnis
l'esperienza f	die Erfahrung
per esperienza	*aus Erfahrung*
l'esperimento m	der Versuch, das Experiment
esporre (esposto)	darlegen; ausstellen; aussetzen
l'espressione f	der Ausdruck, die Redensart
es'primere (espresso)	ausdrücken, zum Ausdruck bringen, aussprechen
per espresso	*durch Eilboten* (Brief)
'essere *(stato)*	sein, sich befinden, existieren
questo libro è mio	*dieses Buch gehört mir*
a che punto sono Loro?/ sei tu?	*wie weit sind Sie?/bist du?*
siamo/sono a 'pagina tre	*wir sind/ich bin auf Seite 3*
non è vero?	*nicht wahr?*
è di 'Genova	*er ist/stammt aus Genua*
c'è, ci sono	*es gibt*
non c'è di che!	*keine Ursache!, nichts zu danken!*
che (ne) sarà di lui?	*was wird aus ihm werden?*

l'est m	der Osten
all'est (di)	*nach Osten zu(gelegen), im Osten, östlich (von)*
l'estate f (*cf* autunno)	der Sommer
esterno, a adj	äußerer, Außen-
l'esterno m	das Äußere; die Außenseite
'estero, a adj	fremd, ausländisch
l''estero m	das Ausland
all''estero	*im, ins Ausland*
l'estremità f inv	äußerste(s) Ende; Extremitäten
estremo, a	äußerst
l'età f inv	das Alter, der Zeitabschnitt
all'età di trent'anni	*im Alter von dreißig Jahren*
che età ha?/hai?	*wie alt sind Sie?/bist du?*
eterno, a	ewig
un etto	hundert Gramm
evidente adj **evidentemente**	deutlich, offenbar, klar, ersichtlich
è evidente	*es liegt auf der Hand*
evitare	vermeiden; ausweichen

F

la 'fabbrica, pl **le 'fabbriche**	die Fabrik, das Werk
il fabbricato	das Gebäude
la faccia, pl **le facce**	das Gesicht; Aussehen; *fig* die Dreistigkeit
a faccia a faccia/di faccia	*unter vier Augen/gegenüber*
'facile	leicht *fig*
è 'facile trovare questa via	*es ist leicht, diese Straße zu finden*
non è mica una cosa 'facile	*das ist kein Kinderspiel*
è 'facile che . . .	*es ist leicht möglich, daß . . .*
il falegname	der Tischler, Schreiner
falso, a	falsch, unwahr; unecht
la fame	der Hunger; die Hungersnot
aver(e) fame	*Hunger haben, hungrig sein*
la famiglia	die Familie; Gruppe
familiare	vertraut; familiär, Familien . . .
famoso, a	berühmt, bekannt
fare (fatto)	tun, machen; lassen, veranlassen; anfertigen; treiben (*Sport*)
far vedere	*zeigen*
far(e) venire il 'medico	*den Arzt kommen lassen*
fa un tempo meraviglioso	*es ist herrliches Wetter/schön*
si fa tardi	*es wird spät*

un anno/due anni fa	*vor einem Jahr/zwei Jahren*
che cosa fa?/fai?	*was machen Sie?/machst du?*
farsi fare un vestito	*sich ein Kleid, einen Anzug machen lassen*
far il sarto	*(von Beruf) Schneider sein*
la farmacia	die Apotheke
il/la farmacista	der Apotheker/die Apothekerin
la fatica, pl **le fatiche**	die Mühe, Anstrengung
a fatica	*mühsam, kaum*
far(e) fatica a far(e) qc	*etw nur mit Mühe, kaum schaffen*
faticoso, a	mühsam, anstrengend, ermüdend
il fatto	die Sache; Tat; Tatsache; das Ereignis
il fattorino	der Briefträger
il favore	der Gefallen, die Gefälligkeit, Gunst, Beliebtheit
per favore!	*bitte!*
a/in favore di	*zu Gunsten von*
mi faccia il favore di dirmi . . .	*sagen Sie mir bitte . . .*
favo'revole	günstig, vorteilhaft
il fazzoletto	das Taschen-, Hals-, Kopftuch
febbraio m (*cf* agosto)	Februar
la febbre	das Fieber; die Erregung
aver(e) la febbre	*Fieber haben*
la fede	der Glaube, die Treue, das Vertrauen
degno di fede	*glaubwürdig*
fedele adj	treu
una traduzione fedele	*eine sinngetreue Übersetzung*
il/la fedele	der/die Gläubige
felice adj/**felicemente** adv	glücklich, froh/in glücklicher Weise
'vivere felicemente	*glücklich leben*
la felicità	die Glückseligkeit
le ferie pl	die Ferien, der Urlaub
ferire	verwunden, verletzen; kränken
si è gravemente ferito	*er hat sich schwer verletzt*
fermarsi	(an)halten, stehenbleiben
la fermata	die Haltestelle; der Aufenthalt; Halt; die Station
fermo, a	fest, ruhig, standhaft, nicht in Bewegung
il mio orologio è fermo	*meine Uhr ist stehengeblieben*
il ferro	das Eisen
ai ferri	*auf dem Rost (gebraten)*
la ferrovia	die Eisenbahn
la festa	der Festtag, Feiertag

festeggiare	feiern
il fiam'mifero	das Streich-, Zündholz
il fiato	der Atem; Hauch; *fig* die Kraft
senza/in un fiato	*sprachlos/in einem Zuge*
fiero, a (di)	stolz (auf); hochmütig
il figlio/la figlia	der Sohn, Junge/die Tochter, das Mädchen
la fila	die Reihe, der Rang; das Glied *mil*
di fila	*ununterbrochen; hintereinander*
l''ultima fila	*letzte, hinterste Reihe*
far(e) la fila	*Schlange stehen*
'mettersi in fila	*sich neben-, hintereinanderstellen*
il film	der Film
film a colori/in bianco e nero	*Farb-,/Schwarzweißfilm*
il filo	der Faden; das Garn, Draht; Zwirn
'perder(e) il filo	*fig den Faden verlieren*
fine	fein, dünn, zart
il fine	der Zweck, das Ziel
con qual fine?	*zu welchem Zweck?*
la fine	das Ende, der Schluß; das Ziel
alla fine/infine	*zuletzt, schließlich*
alla fine di/a fine dicembre	*Ende Dezember*
alla fine della strada	*am Ende der Straße*
la finestra/il finestrino	das Fenster/Wagenfenster
finire (di far) qc	(be)end(ig)en, aufhören
finir(e) per far(e), col dire qc	*schließlich, zuletzt etw tun, sagen*
star(e) per finire	*zu Ende gehen*
fino, a adj	fein, dünn
fino prp	bis
fin(o) a/da/a che	*bis zu/schon seit/solange bis/als*
fino a domani/fin qui	*bis morgen/bis hier*
il fiore	die Blume; Blüte; Auslese
'esser(e) in fiore	*in Blüte stehen, blühen*
il fiume	der Fluß; *fig* Strom
la foglia	das Blatt *bot*
le foglie	*das Laub*
il foglio, pl **i fogli**	das Blatt, der Bogen *(Papier)*
folle	wahnsinnig, verrückt, närrisch
la follia	die Verrücktheit, der Wahn-, Unsinn, die Torheit
fondare	(be)gründen; einrichten
'fondere	schmelzen, auflösen, -tauen; gießen *(Bronze)*; verschmelzen *(Töne, Farben)*

la casa	das Haus, Heim; die Firma
a casa	*nach, zu Hause, daheim*
in casa	*im Hause*
senza casa	*obdachlos*
in casa della zia	*bei der Tante*
sono a casa (mia)	*ich bin (bei mir) zu Hause*
la casalinga, pl le	die Hausfrau
casalinghe	
alla casalinga	*nach Hausmacher Art (Speisen)*
il caso	der Fall; Vorfall; Zufall; Kasus
a/per caso	*aufs Geratewohl/zufällig*
in ogni/nessun caso	*auf jeden/keinen Fall*
nel caso che	*falls*
la cassa	die Kiste, der Kasten; die Kasse
cassa di risparmio/malattia	*Spar-/Krankenkasse*
la casseruola	die Kasserolle, Schmorpfanne
il castello	das Schloß, Kastell; Gestell *tech*
castelli in aria	*Luftschlösser*
cattivo, a	schlecht, schlimm, übel, böse,
	boshaft
la causa	der Grund, die Ursache, der Anlaß,
	das Gerichtsverfahren
per causa mia /tua	*meinet-, deinetwegen*
è lui la causa che	*er ist schuld, daß*
a causa del cattivo tempo	*wegen des schlechten Wetters*
causare	verursachen
il cavallo	das Pferd
a cavallo	*zu Pferd, rittlings*
(una forza di) cento cavalli	*hundert Pferdestärken*
cavare	herausnehmen, graben
cavare un dente	*einen Zahn ziehen*
'cedere	nachgeben, weichen; überlassen
'cedere il posto a qn	*jdm seinen Platz überlassen*
la cena	das Abendessen; Abendmahl
cenare	zu Abend essen
il centinaio, pl le	das Hundert
centinaia	
un centinaio di (libri)	*etwa hundert (Bücher)*
centinaia di persone	*Hunderte von Menschen*
cento	hundert
centrale adj	zentral, Zentral-
riscaldamento centrale	*Zentralheizung*
l'Italia/l'America centrale	*Mittelitalien/-amerika*
problema/stazione centrale	*Haupt-, Kernfrage/Hauptbahnhof*

la centrale	die Zentrale
la centrale e'lettrica	*das Kraftwerk* [Mitte
il centro	das Zentrum, der Mittelpunkt, die
al centro	*in der Mitte/im Zentrum*
il centro città	*die Stadtmitte*
un centro commerciale	*ein Handels-, Ladenzentrum*
cercare	(ver)suchen, sich nach etw oder
	jdm umsehen, streben (nach)
mandare a cercare qn	*jdn holen lassen, nach jdm schicken*
è in'cerca di lavoro/	*er sucht Arbeit/eine Wohnung*
d'abitazione	
il cerchio, pl **i cerchi**	der Kreis; Reifen
il cerino	das Wachszündholz, -streichholz
certo, a adj/**certamente** adv	gewiß, sicher, bestimmt
certamente, ma . . .	*allerdings, aber . . .*
cer'tissimo	*ganz gewiß*
è certo che viene	*er kommt gewiß*
cessare (qc, di + inf)	aufhören, einstellen, beend(ig)en
non cessa più di pi'overe	*es regnet unaufhörlich*
che prn rel	der/den, die, das, welche(r, s), was
che è che non è	*ganz plötzlich*
ha di che 'vivere	*er hat das Nötige zum Leben*
che/che adj . . .	*welch . . .!/was für ein . . .?*
che cosa	*was?*
che conj	*daß; als* (nach Komparativ)
chi prn rel	wer; derjenige, welcher; diejenige,
	welche; diejenigen, welche; ein
	jeder, der; eine jede, die; alle, die
chi cerca trova	*wer sucht, wird finden*
chi prn int	*wer? wen?*
di chi è?	*wem gehört?*
chiamare	rufen, nennen
chiamare al te'lefono	*anrufen*
chiamarsi	*heißen, sich nennen*
chiaro, a	klar, hell; deutlich
veder(ci) chiaro	*klar sehen*
chiaro e tondo	*klipp und klar*
di chiaro giorno	*am hellen Tage*
la chiave	der Schlüssel
chi'udere a chiave	*zuschließen, zusperren*
chi'edere (qc a qn)	jdn um etw fragen, bitten;
(chiesto)	verlangen
mi chiedo	*ich frage mich*
gli chiede perdono/scusa	*er bittet ihn um Verzeihung*

la chiesa	die Kirche, das Gotteshaus
il chilo(gramma, o),	das Kilo(gramm)
pl **i chilogrammi**	
un chilo di burro/carne	*1 kg Butter/Fleisch*
mezzo chilo di 'zucchero	*$^1/_2$ kg, 1 Pfund Zucker*
un mezzo chilo di farina	*etwa 500 gr Mehl*
il chi'lometro	der Kilometer
chi'udere (chiuso)	schließen
chi'uder(e) un occhio	*ein Auge zudrücken*
chiuso, a	ge-, verschlossen
a porte chiuse	*unter Ausschluß der Öffentlichkeit*
cieco, a adj pl **ciechi, cieche**	blind
il/la cieco, a m/f	der, die Blinde
il cielo	der Himmel
in cielo	*im Himmel*
grazie al cielo	*Gott sei Dank*
la cifra	die Ziffer, (Gesamt-)Zahl, Summe
il cimitero	der Friedhof
il 'cinema inv	das Kino, Lichtspieltheater
cinquanta	fünfzig
il cinquan'tesimo/la	*der/die fünfzigste*
cinquan'tesima	
cinque	fünf
il quinto/la quinta	*der/die fünfte*
ciò	das, dies
a ciò/con ciò	*hierzu, daran/damit*
di ciò/in ciò	*davon, daran, darüber/darin*
ciò che/cioè	*was/das heißt (d. h.)*
ciò nonoslante	*trotzdem*
di ciò parleremo più tardi	*darüber, davon sprechen wir später*
non vedo nulla di male in ciò	*darin sehe ich nichts Schlechtes*
con ciò non voglio dire che	*damit will ich nicht sagen, daß*
subj	
la cioccolata	die Schokolade
cioccolata al latte	*Milchschokolade*
circa	ungefähr; betreffend
il 'circolo	der Kreis; Verein, Klub; Zirkel
circondare (di)	umgeben, umstellen
la circostanza	der Umstand, die Lage, Gelegenheit
in queste circostanze	*unter diesen Umständen*
a seconda delle circostanze	*je nachdem*
la città	die Stadt
in città	*in der Stadt*
la città di Roma	*die Stadt Rom*

cittadino, a adj — städtisch, Stadt ...
il cittadino/la cittadina — der Bürger/die Bürgerin
  cittadino italiano — *italienischer Staatsangehöriger*
civile — zivil, Zivil ...
la classe — die (das) Klasse(nzimmer); der
  di (gran) classe — *erstklassig*   [Jahrgang
il/la cliente — der Kunde/die Kundin
la coda — der Schwanz; Schlußsatz *mus*
  far(e) la coda — *Schlange stehen*
  in coda al treno — *am Ende des Zuges*
la colazione — das Frühstück; Mittagessen
  far(e) colazione — *frühstücken; zu Mittag essen*
la colla — der Leim, Klebstoff
il colle — der Hügel
la 'collera — der Zorn
  è in 'collera con me — *er ist böse mit mir/zornig auf mich*
il collo — der Hals, Nacken; Ballen
colmare (di) — füllen; überhäufen (mit)
il colore — die Farbe
  di che colore è il tuo vestito? — *welche Farbe hat dein Kleid?*
la colpa — die Schuld, Fahrlässigkeit, das Ver-
    schulden *jur*
  la colpa è mia/sua — *ich bin/er ist daran schuld*
  che colpa (ne) abbiamo noi? — *was können wir dafür?*
col'pevole (di) — schuldig (an)
il colpo — der Schlag, Streich, Stoß, Schuß
  sul/di/d'un colpo — *plötzlich/auf einmal/schlagartig*
il coltello — das Messer
coltivare — bebauen *(Acker)*; *fig* pflegen;
    ausbilden *(Geist)*; betreiben
    (Wissenschaft)
il coltivatore — der Landwirt, Bauer
com'battere — (be)kämpfen
  com'battere qn/qc — *mit jdm/etw kämpfen*
  com'battere contro qc — *gegen etw (an)kämpfen*
il combus'tibile — der Brennstoff, das Heizöl
come — (so) wie; kaum; gleichwie
  come si dice in italiano? — *wie heißt es auf Italienisch?*
  come sta?/stai? — *wie geht es Ihnen?/dir?*
  come me/te/lui — *wie ich/du/er*
  come se — *als ob*
  io come io — *was mich an(be)langt, betrifft*
cominciare (a far qc) — beginnen, anfangen (etw zu tun)
  cominciare con poco/da niente — *klein/mit Nichts anfangen*

il fondo	der (Hinter-)Grund, Boden; die Tiefe
i fondi	*Fonds*
in fondo	*im Grunde genommen, eigentlich*
tutt'in fondo	*ganz hinten, ganz unten*
la fonte	der Brunnen; die Quelle; der Ursprung, die Ursache
le 'forbici pl	die Schere
la forchetta	die Gabel
la foresta	der Wald, Forst
la forma	die Form, Gestalt
'esser(e) in forma	*in guter Form sein*
il formaggio, pl i formaggi	der Käse
formare	(aus)bilden, erziehen, gestalten
fornire (qc a qn)	liefern, beschaffen, besorgen; erteilen *(Auskünfte)*
forse	vielleicht
forte adj/adv	stark, kräftig, dick; scharf; laut
farsi forte di qc	*sich auf etw stützen*
la fortezza	die Burg, Festung; Festigkeit
la fortuna	das Glück; der Zufall; das Vermögen
portar(e) fortuna a qn	*jdm Glück bringen*
aver(e)/far(e) fortuna	*Glück haben/sein Glück machen*
per fortuna	*glücklicherweise*
atterraggio di fortuna	*Notlandung*
la forza	die Kraft, Stärke, Macht, Gewalt
a forza di lavorare	*durch vieles Arbeiten*
a (viva) forza	*mit Gewalt, gewaltsam*
per forza	*notgedrungen, ungern*
forza!	*los!, drauf!, 'ran!*
in forza di	*kraft + gen*
fotografare	photographieren, aufnehmen
la foto(grafia), pl le foto(grafie)	die Photographie; das Foto, die Aufnahme
foto(grafia) a colori	*Farbfoto*
fra (di)	zwischen; unter; in, binnen; bei
fra di noi	*zwischen, unter uns*
fra otto/'quindici giorni/breve	*in 8/14 Tagen/in Kürze, bald*
fra l'altro	*unter anderem*
parlare fra sè	*vor sich hin sprechen*
franco, a, pl franchi, franche	frei; offen; sicher
franco di spese/porto	*spesen-/portofrei*

il francobollo	die Briefmarke
un francobollo da settanta Lire	*eine Briefmarke zu 70 Lire*
una collezione di francobolli	*eine Briefmarkensammlung*
la frase	der Satz; die Phrase
il fratello	der Bruder
freddo, a adj	kalt, kühl
freddo 'umido	*naßkalt*
a sangue freddo	*kaltblütig*
ho/sento/fa freddo	*mir ist kalt/es ist kalt*
il freddo	die Kälte
fresco, a, pl **freschi, fresche**	frisch, kühl; ausgeruht
neve fresca	*Neuschnee*
la fretta	die Eile
il/la fronte	die Front; Vorderseite/Stirn
la frontiera	die Grenze
alla frontiera	*an der Grenze*
polizia di frontiera	*Grenzpolizei*
passare la frontiera	*die Grenze überschreiten*
la frutta	das Obst
'essere alla frutta	*beim Dessert, beim Nachtisch sein*
il frutto	die Frucht; der Gewinn
i frutti	*Früchte, a. fig*
la fuga, pl **le fughe**	die Flucht; Fuge *mus*
fuggire	fliehen, flüchten
fumare	rauchen; qualmen, dampfen
il fumo	der Rauch; Qualm, Dampf
funzionare	funktionieren; klappen, gehen
funziona da direttore	*er ist als Direktor tätig*
il fuoco, pl **i fuochi**	das Feuer
fuochi artificiali	*Feuerwerk*
fuori prp/adv	außer, außerhalb; draußen, auswärts, her-, hinaus
fuori di sè/d'uso	*außer sich/ungebräuchlich*
furbo, a	schlau, listig, pfiffig
furioso, a	rasend, grimmig, wütend, aufgebracht

G

il gabinetto	das Kabinett, die Regierung; Toilette (W. C.)
il gas inv	das Gas
a tutto gas	*mit Vollgas*

gelare	gefrieren
il gelato	das (Speise-)Eis, Gefrorenes
il gelo	der Frost
gennaio m (*cf* agosto)	Januar
il gesto	die Geste, Gebärde
le gesta	*Heldentaten*
il gettone	die (Spiel-)Marke; Telefonmünze
il ghiaccio, pl **i ghiacci**	das Eis
già	schon
la giacca, pl **le giacche**	die Jacke, der Sakko
giallo, a	gelb
film/romanzo giallo	*Kriminalfilm/-roman*
il giardino	der Garten
la gioia	die Freude, Fröhlichkeit
dar(e) una gran(de) gioia a qn	*jdm eine große Freude machen, bereiten*
il giornale	die Zeitung, das Tagebuch
giornaliero, a	Tages . . ., täglich
la giornata	der Tag(esverlauf) *(Zeitdauer);* das
la giornata di otto ore	*der Achtstundentag* [Tagewerk
'vivere alla giornata	*von der Hand in den Mund leben*
in giornata	*im Laufe des Tages*
il giorno	der Tag *(Zeitangabe)*
otto/'quindici giorni fa	*vor 8/14 Tagen*
al, il giorno/al giorno d'oggi	*täglich, am Tag/heutzutage*
di giorno/l'altro giorno	*bei Tage, tagsüber/neulich*
di giorno in giorno/giorno per giorno	*von Tag zu Tag/jeden Tag, täglich*
tutto il santo giorno	*den lieben langen Tag*
'giovane adj	jung
il/la 'giovane m/f	der junge Mann/das junge Mädchen
giovedì m inv (*cf* do'menica)	Donnerstag
la gioventù, la giovinezza	die Jugend, junge Leute
girare	(herum)drehen, durchwandern *(Welt)*
girar(e) la 'pagina/un film	*umblättern/einen Film drehen*
giri/gira a destra/a sinistra	*biegen Sie/biege rechts/links ab*
il giro	die Umdrehung; der Rundgang; die Fahrt; Tour; der Umweg
in giro	*unterwegs*
'prender(e) in giro qn	*sich über jdn lustig machen*
giù	unten, hinunter
su e giù	*auf und ab*
laggiù	*dort unten; dort hinten*

giugno m (cf agosto)	Juni
'giungere	ankommen, gelangen, hinzu-kommen; falten *(Hände)*
'giunger(e) a tal punto che	*so weit kommen, daß*
gi(u)ocare	spielen, wetten
il gi(u)oco	das (der) Spiel(raum)
per gioco	*zum Spaß*
giurare	schwören, versichern
te lo giuro/posso giurare	*ich versichere es dir/ich kann es dir versichern*
la giustizia	die Gerechtigkeit, das Recht,
il Palazzo di Giustizia	*Justizpalast* [die Justiz
(agire) con giustizia	*gerecht (handeln)*
giusto, a	richtig, gerecht; treffend, passend
al momento giusto	*im rechten Augenblick*
è arrivato giusto ora	*er ist soeben, gerade angekommen*
questa è la parola giusta	*das ist das passende Wort*
è giusto	*es stimmt, ist in Ordnung*
la gloria	der Ruhm; die Herrlichkeit
per la gloria	*für nichts (ironisch); um Gottes willen*
la goccia, pl **le gocce**	der Tropfen; das Schlückchen
la gola	die Gurgel; Kehle; Schlucht
la gonna	der (Damen-)Rock
il governo	die Regierung(sform)
formare/costituire il governo	*die Regierung bilden*
grande	groß, beträchtlich, berühmt; erwachsen
il grano	das Korn, Getreide, der Weizen
grasso, a	fett(ig), wohlgenährt
grave	(folgen)schwer, ernst, schlimm; *fig* drückend
un incidente molto grave	*ein sehr schwerer Unfall*
una nota/voce/un errore grave	*eine tiefe Note mus/Stimme/ein schwerer Fehler*
la grazia	die Gnade, Gunst; Begnadigung *jur;* Anmut, der Reiz
grazie (di, per)	*danke, danke schön (für)*
tante grazie!, grazie mille!	*besten Dank!, danke vielmals!, tausend Dank!*
grazie a Dio !	*Gott sei Dank!*
gridare	schreien, rufen, ausrufen
gridare aiuto	*um Hilfe rufen*
gridare qn	*jdn ausschelten*

il grido
  pl *i gridi*|*le grida*
  gettare un grido

der Schrei, Ruf
(Tiere)/(Menschen)
  einen Schrei ausstoßen

grigio, a, pl **grigi, grige**
  grigio chiaro|*scuro*

grau; trübe *(Wetter)*, düster
  hell-|*dunkelgrau*

grosso, a
  una grossa somma
  alla grossa

dick, stark, grob
  eine große Summe
  in roher, ungeschliffener Weise,
  in groben Zügen

il gruppo
  a gruppi

die Gruppe
  gruppenweise

guadagnare
  guadagnarsi la vita

verdienen, gewinnen
  seinen Lebensunterhalt verdienen

guardare qn/qc

schauen, an-, zusehen, aufpassen,
achten (auf)

  guardi!|*guarda!*
  star(e) a guardare
  guardarsi (da)

  sehen Sie|*sieh mal an!*
  zuschauen
  sich hüten (vor), (ver)meiden

la guardia

die Bewachung, der Wächter,
Wärter

guarire

heilen, gesund werden; genesen

la guerra
  far(e) la guerra (a|*contro)*

der Krieg; Kampf, Streit
  bekämpfen, Krieg führen (gegen)

guidare

führen, lenken, fahren *(Auto)*

il gusto (per)

der Geschmack *fig;* die Freude,
das Wohlgefallen (an)

  ci provò|*ebbe gusto*
  di buon|*senza gusto*

  er hatte Vergnügen daran
  geschmackvoll|*geschmacklos*

I

l'idea

die Idee, der Begriff, die Vorstellung,
der Einfall

  non ho la 'minima|*la più
  'pallida idea*
  neanche|*nemmeno per idea*

  ich habe keine blasse Ahnung

  *nicht einmal im Traum, gar nicht,
  nicht im geringsten*

l'identità inv
  carta d'identità

die Identität
  Personalausweis

ieri
  l'altro ieri, ier l'altro
  ieri mattina|*sera*

gestern
  vorgestern
  gestern früh, morgen|*abend*

imitare qn/qc

jdn/etw nachahmen, -machen

immaginare   ersinnen
  immaginarsi qc   *sich etw einbilden, sich etw vorstellen*
  s'im'magini!|im'maginati!   *und ob!, keine Ursache!, nichts zu*
                                          danken; denken Sie sich nur!|denke
                                          dir nur! freilich

l'im'magine f   das Bild, Abbild
  farsi un'im'magine di qc   *sich etw vorstellen|sich eine Vor-*
                                          stellung von etw machen

immediato, a adj   unmittelbar
  immediatamente adv

immenso, a   unermeßlich, riesig, gewaltig
imm'obile   unbeweglich, fest; *fig* unerschütter-
                                          lich

imparare   (er)lernen
impedire   (ver)hindern, abhalten von;
                                          hemmen; versperren *(Weg)*

imperme'abile adj   undurchdringlich; wasser-,
                                          luftdicht
  imperme'abile alla luce   *lichtundurchlässig*
l'imperme'abile m   der Regenmantel
impiegare   beschäftigen, an-, verwenden
  impiegare qn   *jdn an-, einstellen*
impiegato adj   angestellt
l'impiegato m/**l'impiegata** f   der/die Angestellte
imporre (imposto)   aufzwingen, -erlegen; durchsetzen,
                                          aufdrängen *(Willen);* geben
                                          (Namen)

importante   bedeutend, wichtig
l'importanza f   die Bedeutung, Wichtigkeit
importare imp/tr   wichtig sein, eine Rolle spielen/
                                          einführen *(Waren)*
  m'importa molto che ci sia   *es ist für mich sehr wichtig, es liegt*
  anche tu   *mir viel daran, daß du auch dabei*
                                          bist
  non importa nulla, niente   *es tut nichts|hat nichts zu bedeuten*
impos'sibile   unmöglich, ausgeschlossen
  è impos'sibile che venga   *er kann unmöglich kommen*
  pare impos'sibile!   *man sollte es kaum für möglich*
                                          halten
  ciò, questo è (materialmente)   *das ist ein Ding der Unmöglichkeit*
  impos'sibile

l'impressione f   der Eindruck; der Druck, die Druck-
                                          legung; Auflage
  mi ha fatto una buona| *er, es hat auf mich einen guten|*
  cattiva impressione   *schlechten Eindruck gemacht*

improvviso, a | plötzlich
  all'improvviso | *unversehens; unvorbereitet*
in prp | in; auf; zu; nach; an; innerhalb; mit; bei; aus

  in Italia/Sardegna | *in, nach Italien/Sardinien*
  in nome di | *im Namen von*
  in tedesco/campagna/ | *auf deutsch, ins Deutsche/auf dem*
  braccio/capo | *Lande, aufs Land/auf dem Arm/dem*
  in regalo | *zum (als) Geschenk   [Kopf*
  in vita/in lui, se fossi in lui | *am Leben, lebend/an seiner Stelle*
  in un anno/mese | *innerhalb eines Jahres/Monats*
  in auto/bicicletta | *mit dem Auto/Fahrrad*
  in quale occasione?/buona | *bei welcher Gelegenheit?/bei guter*
  salute/nell'uscire | *Gesundheit/beim Ausgehen*
  in che cosa sta/consiste | *worin liegt/woraus, worin besteht*
incapace (di) | unfähig, außerstande (zu)
incaricare (qn di qc) | jdn beauftragen (mit)
  incaricarsi di qc | *etw übernehmen, auf sich nehmen*
l'in'carico m, pl **gli** | der Antrag
in'carichi |
  per in'carico di | *im Auftrag von*
l'incidente m | der Unfall, das Unglück, der Vorfall; Zwischenfall

incontrare (qn) (avere) | jdm begegnen, jdn treffen
  incontrarsi con qn | *jdm begegnen, mit jdm zusammen-kommen*

  l'ho incontrato alla stazione | *ich habe ihn am Bahnhof getroffen, ich bin ihm am Bahnhof begegnet*

incontro prp | entgegen
l'incontro m | die Begegnung; Zusammenkunft; der Kampf; der Wettstreit *(Sport)*
indicare | (an)zeigen, angeben, hinweisen
  indicare la strada per | *den Weg zu, nach ... weisen*
l'indice m | der Zeigefinger; das Inhaltsver-zeichnis; der Index

indietro adv | zurück, rückwärts
  molto indietro | *weit zurück*
  rimanere/tirarsi/tornare | *zurückbleiben/sich zurückziehen,*
  indietro | *zurücktreten/umkehren, zurück-kehren*

  non resti/non restare | *bleiben Sie/bleib nicht zurück!*
  indietro! |
indirizzare (a) | adressieren, richten (an)
  indirizzarsi a qn | *sich an jdn wenden, richten*

l'indirizzo m	die Adresse, Anschrift; Richtung; Anleitung
l'individuo m	die (Einzel-)Person, das Individuum
inferiore adj	niedriger, geringer, darunterliegend, minderwertig, unterlegen
inferiore di 'numero	*in der Minderzahl*
molto inferiore alle aspettative	*weit hinter den Erwartungen zurück*
di qualità inferiore	*von geringerer Qualität*
l'inferiore m/f	der/die Untergebene
l'infermiere m/**l'infermiera** f	der/die Krankenpfleger/in, Sanitäter/in
infine	endlich, schließlich
infinito, a adj	unendlich, end-, zahllos
l'infinito m	das Unendliche; der Infinitiv
all'infinito	*ins Unendliche*
ingannare	täuschen; betrügen; totschlagen (Zeit)
ingannarsi in qc/sul conto di qn	*sich irren, täuschen in etw/jdm*
se non m'inganno	*wenn ich mich nicht täusche, irre*
l'ingresso m	der Eingang, -marsch, die Einfahrt, der Eintritt(spreis)
innamorato, a adj	verliebt
l'innamorato m/**l'innamorata** f	der/die Verliebte
inoltre	außerdem, überdies
inquieto, a	unruhig, beunruhigt
sono inquieto per il suo silenzio/la sua salute	*ich bin über sein (ihr) Schweigen/ seine (ihre) Gesundheit besorgt*
l'inquie'tudine f	die Unruhe, Besorgnis, Beunruhigung
insieme adv	bei-, zusammen, zugleich
l'insieme m	das Ganze, die Gesamtheit
in'sistere (su qc) (insistito)	auf etw bestehen, beharren, Nachdruck legen [damit!
non insistiamo!	*lassen wir das!, machen wir Schluß*
intelligente	intelligent, klug, gescheit
l'intelligenza f	die Intelligenz, der Verstand, die Klugheit
in'tendere (inteso)	verstehen, begreifen; hören, meinen; beabsichtigen
che cosa intende dire (con ciò)?	*was meinen Sie damit?*
s'intende!	*selbstverständlich!, natürlich!*

inteso!	*abgemacht!, alles in Ordnung!*
intendi'amoci!	*verstehen wir uns recht!*
che cosa s'intende per	*was versteht man unter*
non me ne intendo	*ich verstehe nichts davon*
in'tendersi di qc	*sich in etw auskennen, sich auf etw verstehen*
l'intenzione f	die Absicht, das Vorhaben, der Zweck, das Ziel
aver(e) l'intenzione (di)	*beabsichtigen, vorhaben (zu)*
con|senza intenzione	*mit Absicht, absichtlich|ohne Absicht*
con le migliori intenzioni	*in bester Absicht*
non era mia intenzione	*so habe ich es nicht gemeint, das war nicht meine Absicht*
interessante	interessant; anziehend; wichtig
interessare	interessieren, angehen, betreffen
interessarsi di, per qc|qn	*sich für etw|jdn interessieren*
l'interesse m	das Interesse; der Vorteil; *pl* Zinsen
per|senza interesse	*aus, mit|ohne Interesse*
per il|nel tuo interesse	*zu deinem Wohl|Besten*
intero, a	ganz, vollständig, völlig
interrogare (in/su)	aus-, befragen, prüfen (in/über), verhören *jur*
inter'rompere (interrotto)	unterbrechen; stören
'intimo, a	intim, vertraut, innig, innerst
amico 'intimo	*Busenfreund*
intorno adv/prp	ringsumher, -herum; um, . . . herum; ungefähr
introdurre (introdotto)	ein-, hereinführen, einwerfen *(Münze)*
in'utile	nutzlos, unbrauchbar, erfolglos
invano	umsonst, vergeblich
invece di	anstatt + *gen*
l'inverno m (*cf* autunno)	der Winter
inviare	schicken, senden
l'invidia f	der Neid, die Mißgunst
degno d'|per invidia	*beneidenswert|aus Neid*
invitare (a)	einladen, auffordern (zu)
l'invito m	die Einladung
l'istante m	der Augenblick, Moment
all'istante	*sofort, gerade, soeben, im Augenblick*
un istante, per favore!	*einen Augenblick, bitte!*
l'istruzione f	der Unterricht; die Anweisung; *pl* Vorschriften

l'**Italia** f	Italien
italiano, a adj	italienisch
l'**Italiano** m/l'**Italiana** f	der Italiener/die Italienerin
l'**italiano** m	das Italienische, die italienische Sprache
in italiano	*auf italienisch*
un corso d'italiano	*ein italienischer (Sprach-)Kurs*
parlare (in) italiano	*italienisch sprechen*
capisce/capisci l'italiano?	*verstehen Sie/verstehst du italienisch?*

L

là	da, dort, da-, dorthin
laggiù	*da unten, da hinten, dort*
là dentro/lassù	*darin, hinein/darüber, da oben*
al di là di, di là da	*jenseits + Gen*
fin là	*bis dahin, so weit*
la **'lacrima**	die Träne; das Tröpfchen
con le 'lacrime agli occhi	*mit Tränen in den Augen*
il **ladro**/la **ladra**	der Dieb/die Diebin
il **lago**, pl i **laghi**	der See
il Lago di Como/Garda	*Comersee/Gardasee*
lamentare	beklagen; beweinen
lamentarsi di qc/qn	*sich beklagen über etw/jdn*
la **'lampada**	die Lampe
il **lampo**	der Blitz; kurze Augenblick
in un lampo	*im Nu, in einem Augenblick*
la **lana**	die Wolle
lanciare	werfen, schleudern
largo, a, pl **larghi, larghe**	breit; weit, ausgedehnt; großzügig; langsam *mus*
'esser(e) largo due metri	*2 Meter breit sein*
lasciare	lassen, liegen-, übrig-, zurück-, über-, verlassen; hinterlassen
il **latte**	die Milch
lavare	waschen; abwaschen; spülen (*Mund*)
lavarsi le mani	*fig sich aus der Affäre ziehen*
lavorare	arbeiten
il **lavoratore**/la **lavoratrice**	der Arbeiter/die Arbeiterin
il **lavoro**	die Arbeit, das Werk
'mettersi al lavoro	*sich an die Arbeit machen*

legale adj	gesetzmäßig/legal
il legale m	der Rechtsanwalt
legare (a)	binden (an), verbinden (mit)
la legge	das Gesetz; Recht; Gebot
contrario alla/secondo la legge	*gesetzwidrig/-mäßig*
'leggere (qc a qn) (letto)	lesen; (jdm etw) vorlesen
leggero, a	leicht; *fig* leichtfertig
un rumore/pasto leggero	*ein leichtes Geräusch/eine leichte Mahlzeit*
le'gittimo, a	legitim, gesetzlich
il legno	das Holz
lento, a adj **lentamente** adv	locker; lose; faul, träge/langsam
la 'lettera	der Brief; Buchstabe
cassetta delle/per le 'lettere	*Briefkasten*
carta da 'lettere	*Briefpapier*
alla 'lettera	*wörtlich*
il letto	das Bett, Lager, Flußbett
letto matrimoniale	*Ehe-, Doppelbett*
andare a letto	*ins, zu Bett, schlafen gehen*
levare	auf-, erheben; fort-, wegnehmen
levarsi	*aufstehen; aufgehen* (Sonne)
levarsi il cappello/il vestito	*den Hut abnehmen/das Kleid ausziehen*
la lezione	die Lektion, Unterrichtsstunde, *fig* Lehre
durante la lezione	*während des Unterrichts, im Unterricht*
lì	dort, da
lì per lì/giù di lì	*sofort, auf der Stelle/ungefähr*
'libero, a	frei, nicht besetzt
la libertà inv	die Freiheit
la libreria	die Buchhandlung; der Bücherschrank
il libro	das Buch
libro di scuola	*Schulbuch*
lieto, a	fröhlich, lustig, vergnügt, heiter, froh
la linea	die Linie, Zeile; Reihe; Strecke
in linea di 'massima/in prima linea	*hauptsächlich/vor allem*
la lingua	die Zunge; Sprache
una lingua moderna/viva	*eine moderne/lebende Sprache*
una lingua straniera	*eine Fremdsprache*
litigare	streiten

il litro
  un litro di vino/due litri di birra

das Liter
  ein Liter Wein/zwei Liter Bier

lontano, a adj
  un paese lontano

entfernt, abgelegen, fern, weit
  ein fernes Land/Dorf

lontano adv
  lontano da
  di, da lontano
  'abita/'abiti molto lontano?

entfernt, fern
  (weit) entfernt von
  von Ferne, aus der Ferne
  wohnen Sie/wohnst du sehr weit (weg)?

la lotta

der Kampf, das Ringen, der Wett-, Ringkampf

la luce

  resistente alla luce

das Licht; die Beleuchtung; lichte Weite *arch*; Spiegelscheibe
  lichtecht

'luglio m (*cf* agosto)

Juli

la luna
  la luna piena/nuova
  la luna splende/sorge

der Mond; *fig* die Laune
  der Voll-/Neumond
  der Mond scheint/geht auf

lunedì m inv (*cf* do'menica)

Montag

lungo, a, pl **lunghi, lunghe**
  questo palazzo è lungo cento metri

lang; langsam
  dieser Palast ist hundert Meter lang

lungo prp/adv
  lungo la riva/il muro
  il lungomare

längs; entlang; lang
  dem Ufer/der Mauer entlang
  die Strandpromenade

il luogo, pl **i luoghi**
  al luogo di
  in ogni/nessun/qualche/ primo luogo
  aver(e) luogo

der Ort, die Stelle, der Platz
  statt, anstatt, anstelle
  überall/nirgends/irgendwo/erstens

  stattfinden

M

ma

aber; sondern

la 'macchina

  'macchina foto'grafica/da 'scrivere
  andare in 'macchina

die Maschine; das Auto; die Lokomotive
  Fotoapparat/Schreibmaschine

  im, mit dem Auto fahren

il maestro/la maestra

der Lehrer/die Lehrerin

maggio m (*cf* agosto)

Mai

mag'nifico, a pl **mag'nifici, mag'nifiche**

prächtig, herrlich, großartig

mai | nie; je, jemals
mai più! | *nie wieder!, nie mehr!*
meglio che mai | *besser denn je*
mai e poi mai | *nie und nimmer*
come mai? | *wieso (denn)?*
quanto mai | *mehr denn je, wie noch nie*
quanto mai ricco/grande | *außerordentlich reich/groß*
non la vedo mai | *ich sehe sie nie*
il maiale | das Schwein
malato, a adj | krank, krankhaft
è malato di 'fegato/cuore | *er ist leberleidend/herzkrank*
cader(e) malato | *erkranken, krank werden*
il malato/la malata | der/die Kranke, der Patient/die Patientin
la malattia | die Krankheit, Erkrankung
di che malattia è morto? | *woran ist er gestorben?*
male adv | schlecht; schlimm; böse; übel
mi sento male | *mir ist übel, ich fühle mich nicht wohl*
mi fa male | *es tut mir weh; es schadet mir*
ha detto male di lui/me | *er hat schlecht über ihn/mich gesprochen, geredet*
il male | das Böse, das Schlechte; der Schmerz; die Krankheit, das Leiden *(körperlich)*
mal di testa, capo/'stomaco/ mare/d'auto | *Kopf-/Magenschmerzen/See-/ Autokrankheit*
malgrado (di, a) | trotz, gegen den Willen von
malgrado ciò | *trotzdem*
mio/suo malgrado | *gegen meinen/seinen (ihren) Willen*
maligno, a | boshaft, niederträchtig; bösartig
la mamma/la madre | die Mutter, Mama [*(Krankheit)*
mancare ('essere/avere) | fehlen, fehlschlagen; verstoßen
mi 'mancano i soldi | *es fehlt mir an Geld*
manca la corrente | *es ist kein Strom da*
mi è mancato il tempo | *ich habe keine Zeit gehabt*
ho mancato | *ich habe es falsch gemacht*
mandare (con, per, tramite/a) | schicken, senden (mit, durch/an)
me l'ha mandato con la/ per posta | *er hat es mir mit der Post gesandt*
mangiare | essen; fressen
mangiarsi le parole/la fortuna | *Worte verschlucken/Vermögen verschleudern, verschwenden*

la maniera	die Art, Art und Weise; *pl* Manieren
la maniera di agire/di vedere	*das Verhalten/die Einstellung*
in questa maniera	*auf diese (Art und) Weise*
alla maniera di	*nach Art* + gen
di maniera che + subj	*so, daß* (Absicht/Tatsache)
la mano, pl **le mani**	die Hand; Vorhand *(Spiel)*
a mano	*in, an, mit der Hand*
a portata di mano	*in Griffweite*
per/sotto/alla mano	*an der/bei der/unter der Hand* (An-, Verkauf)/*schlicht*
fuori (di) mano	*abgelegen*
mantenere	(aufrecht er-)halten; ernähren, aushalten
mantenere la parola/il segreto	*Wort halten/Geheimnis bewahren*
marcare	(be-, kenn)zeichnen; stempeln
l'orologio marca il tempo	*die Uhr zeigt die Zeit an*
la marcia, pl **le marce**	der Marsch; Lauf; Gang *tech*
questa 'macchina ha tre/ quattro marce	*dieses Auto hat drei/vier Gänge*
'metter(e) in marcia	*in Gang setzen*
far(e) marcia indietro	*den Rückwärtsgang einlegen;* fig *sich zurückziehen*
il marciapiede	der Bürger-, Bahnsteig, Kai
marciare	marschieren, gehen, laufen
il mare	das Meer, die See
in mare/in alto mare	*auf, zur See/auf hoher See*
il marito/la moglie, pl **le mogli**	der (Ehe-)Mann, Gatte, Gemahl/die (Ehe-)Frau, Gattin, Gemahlin
martedi m (*cf* do'menica)	Dienstag
il martello	der Hammer
marzo m (*cf* agosto)	März
la massa	die Masse, Menge, der Haufen
la materia	die Materie, der Stoff; das (Unterrichts-)Fach
materia prima	*Rohstoff*
materiale adj	materiell, stoff-, körperlich; grob, plump
il materiale	das Material, die Ausrüstung; der Stoff; das Zeug *tech*
materiale 'bellico	*Kriegsmaterial*
la matita	der Bleistift
la matita a colori/rossa	*der Farb-,/Rotstift*

il matrimonio	die Ehe, Heirat, Trauung
il mattino/la mattina	der Morgen/Vormittag
alle tre del mattino	*um 3 Uhr nachts, morgens*
un/il, di mattino	*eines Morgens/morgens, am Morgen*
di buon mattino	*früh (morgens)*
stamattina	*heute morgen*
maturo, a	reif; gesetzt *(Alter)*; reiflich *(Überlegung)*
me prn	mich *prn*
di/a me	*meiner, von mir/mir*
per/secondo/in quanto a me	*für mich, meinetwegen/meiner Meinung nach/was mich betrifft,*
'povero me!	*ich Armer!* [an(be)langt
lo faccio da me	*ich tue es selbst*
mec'canico, a pl **mec'canici, mec'caniche** adj	mechanisch, maschinenmäßig, Maschinen-
il mec'canico, pl i mec'canici	der Mechaniker
me'desimo, a	selbst, gleich
io me'desimo/essi me'desimi	*ich selbst/sie selbst*
nel me'desimo giorno/ tempo	*am selben, an demselben Tag/zur gleichen Zeit*
la medicina	die Medizin, Arznei, das Medikament
'medico, a, pl 'medici, 'mediche adj	medizinisch, ärztlich
il 'medico, pl i 'medici	der Arzt, Doktor
'medico primario	*Chefarzt*
meglio	besser
tanto meglio (per Lei/te)!	*um so besser (für Sie/dich)!*
di bene in/alla meglio	*immer besser/so gut wie möglich*
meglio che mai	*besser denn je*
è meglio che niente	*das ist besser als nichts*
la mela [le membra	der Apfel
il membro, pl i membri,	das Glied; Mitglied; *pl* Gliedmaßen
la memoria (di qc)	das Gedächtnis, An-, Gedenken (an)
a memoria	*auswendig*
meno	weniger
meno di tre ore	*weniger als drei Stunden*
ha due anni di meno	*er ist um zwei Jahre jünger*
è venuto meno alla (sua) parola	*er hat sein Wort gebrochen/nicht gehalten*
mentire	lügen, schwindeln
mentire a qn	*jdn belügen, -schwindeln*

mentre	während
la meraviglia	das Wunder; die Verwunderung
meraviglioso, a	wunderbar, -voll, fabelhaft
il mercato	der (Absatz-)Markt
mercato nero	*Schwarzmarkt*
il Mercato Comune (CEE)	*der Gemeinsame Markt (EWG)*
mercoledì m (cf do'menica)	Mittwoch
meritare	verdienen; wert sein
il mese	der Monat
nel mese di gennaio	*im (Monat) Januar*
tre/sei/nove mesi	*ein Viertel-/halbes/dreiviertel Jahr*
il mestiere	das Handwerk, Gewerbe; der Beruf
che mestiere fa/fai?	*welchen Beruf üben Sie/übst du aus?*
la metà	die Hälfte
a metà	*zur Hälfte, halb*
il metallo	das Metall
il metro	Meter, Metermaß
cinque metri di stoffa	*5 Meter Stoff*
'mettere (messo)	setzen, stellen, legen; anziehen *(Kleidung)*
'mettere in tasca	*in die Tasche stecken*
'mettersi le calze/il cappotto/il cappello/gli occhiali	*die Strümpfe/den Mantel anziehen/ den Hut/die Brille aufsetzen*
'mettersi a	*sich daran machen, beginnen mit*
ci ho messo sette mesi per finirlo/poterlo avere	*ich habe sieben Monate gebraucht, um es fertig zu machen/bekommen zu können*
la mezzanotte	die Mitternacht
mezzo, a adj	halb
uno, a e mezzo	*anderthalb*
mezzo chilo di sale	*$^1/_2$ kg Salz*
il mezzo	die Mitte; Hälfte; das Mittel
i mezzi	*die Geldmittel*
il mezzo di comunicazione	*das Verkehrsmittel*
il mezzogiorno	der (die) Mittag(szeit)
nel Mezzogiorno/nel mezzogiorno di	*in Süditalien/in Süd- (Gegend)*
a mezzogiorno in punto (alle 'dodici precise)	*Punkt 12 Uhr (mittags)*
il migliaio, pl **le migliaia**	das Tausend
un migliaio/due migliaia	*etwa tausend/zwei Tausend*
il miliardo	die Milliarde
due miliardi di Lire	*2 Milliarden Lire*
il milione	die Million

militare adj	militärisch, Militär-
marina/servizio militare	*Kriegsmarine/Militär-, Wehrdienst*
il militare	der Soldat
mille, pl mila	tausend
mille e uno/duemila	*1001/2000*
minacciare qn	jdm drohen, jdn bedrohen
la minestra	die Suppe
il ministro	der Minister
mischiare	(ver)mischen; verwickeln
mischiarsi (a, in, tra)	*sich mischen (in, unter), sich ein-mischen (in)*
la miseria	das Elend, die Not, der Jammer
cadere nella/in miseria	*in Not geraten*
'misero, a	elend, erbärmlich, kümmerlich
misterioso, a	geheimnisvoll, rätselhaft
il mistero	das Geheimnis, Rätsel *(rätselhafter Vorgang)*
la misura	das Maß, der Maßstab, die Maß-nahme; der Takt *mus*
un vestito su misura	*ein Anzug nach Maß, Maßanzug*
'prender(e) le misure, la misura	*Maß nehmen*
'prender(e) delle misure	*Maßnahmen ergreifen*
misurare	(ab)messen, abwägen
misurare un vestito/'abito	*einen Anzug/ein Kleid anprobieren*
'mobile adj	beweglich; *fig* unbeständig
il 'mobile	das Möbel(stück)
la moda	die Mode
alla (all''ultima) moda	*nach der (neuesten) Mode, ganz modern*
è di moda/fuori (di) moda	*es ist modern/unmodern, altmodisch*
moderno, a	modern, neu(zeitlich)
moder'nissimo	*hochmodern*
le lingue moderne/antiche	*die neueren/alten Sprachen*
il modo	die Art, (Art und) Weise; Tonart
modo di dire	*Redensart*
modo di 'vivere/lavorare	*Lebensform, -weise/Arbeitsweise*
in che modo?	*auf welche (Art und) Weise?*
che modo di fare (è questo)!?	*was ist das für eine Art und Weise!?*
il modulo	das Formular, der Vordruck; das Muster
molto, a adj/ **molto** adv	viel/sehr
molte grazie!/molta birra	*danke schön!/viel Bier*
questo mi piace molto	*das gefällt mir gut*

oggi ho mangiato mol'tissimo	*heute habe ich sehr viel gegessen*
molto tempo	*lange* (Zeit)
il momento	der Moment, Augenblick, die Weile
un momento!	*Augenblick mal!, einen Augenblick!*
per il momento	*im Augenblick, zur Zeit*
il mondo	die Welt, Erde
al mondo	*in der, auf der Welt*
il mondo intero, tutto il mondo	*die ganze Welt*
un mondo di . . .	*eine Masse von . . ., viele . . .*
la moneta	die Münze, das (Hart-)Geld
moneta 'estera	*fremde Währung*
la montagna/il monte	das Gebirge/der Berg; *fig* der Haufen
in montagna, sui monti	*im, ins Gebirge*
morale adj	moralisch, sittlich, Moral-
la morale	die Moral, Sittenlehre, Ethik
morire (di)	sterben (an/vor)
morir(e) di fame/sete	*verhungern/verdursten*
la morte	der Tod; *fig* das Ende
a morte	*tödlich*
morto, a adj	tot, gestorben
stanco morto	*todmüde*
il morto/la morta	der/die Tote
la mosca, pl **le mosche**	die Fliege
mostrare	zeigen, sehen lassen; beweisen
il motivo	der (Beweg-)Grund, die Ursache; das Motiv
per quale motivo?	*aus welchem Grund?*
il motore	der Motor
il movimento	die Bewegung; das Tempo *mus*
il mucchio, pl **i mucchi**	der Haufen, die Menge
il municipio, pl **i municipi**	das Rathaus; die (Stadt-)Gemeinde
mu'overe (mosso)	bewegen
mu'oversi	*sich bewegen, rühren*
il muro	die Wand, Mauer
le mura (della città)	*die Stadtmauer*
la 'musica, pl **le 'musiche**	die Musik (das Musikkorps)
muto, a adj	stumm
il muto/la muta	der/die Stumme

N

'nascere (nato)	geboren werden; entstehen; keimen *bot;* anbrechen *(Tag);* aufgehen *(Sonne);* entspringen *(Fluß, Quelle)*
sono nato il/nel 1929	*ich bin (im Jahre) 1929 geboren*
far(e) 'nascere	*hervorbringen, erwecken*
nas'condere (nascosto)	verstecken, verbergen
di nascosto	*heimlich, verborgen*
il naso	die Nase
il nastro	das Band, der Streifen
nato, a	geboren
la Signora Bianchi nata Rossi	*Frau Bianchi geb. Rossi*
la natura	die Natur
natura morta	*Stilleben*
naturale adj/naturalmente adv	natürlich, selbstverständlich
nazionale adj	national, National-, Volks-
la nazione	die Nation, Volk(sgemeinschaft)
di che nazione è (Lei)/ sei (tu)?	*zu welcher Nation gehören Sie/ gehörst du?*
che nazionalità ha (Lei) hai (tu)?	*welche Staatsangehörigkeit haben Sie/hast du?*
ne prn	davon, darüber, von dort, von hier
non ne ha parlato	*er hat nicht davon, darüber gesprochen*
ne 'mancano cinque	*es fehlen fünf davon*
ne mangi/m'angiane	*essen Sie/iß davon*
ne ripartii 'subito	*ich fuhr sofort von dort weg, ab*
né	und nicht, auch nicht
né voi né noi	*weder ihr noch wir*
la nebbia	der Nebel
necessario, a adj	notwendig, nötig, erforderlich
è necessario che tu venga	*es ist notwendig, daß du kommst; du mußt kommen*
il necessario	das Nötige, Notwendige
la necessità inv	die Notwendigkeit, Not(-durft)
in caso di necessità	*im Notfall*
negare	verneinen, verweigern, verleugnen
il negozio, pl i negozi	das Geschäft, der Laden
nemico, a, pl nemici, nemiche adj	feindlich, verfeindet

il nemico/la nemìca	der/die Feind/in, Gegner/in
nemico mortale	*Todfeind*
nemmeno	auch nicht, nicht einmal
non ho fatto nemmeno un	*ich habe null/keinen einzigen*
errore	*Fehler gemacht*
nemmeno io/noi	*ich/wir auch nicht*
nero, a	schwarz; finster, trübe; dunkel
nervoso, a	nervös, Nerven-
il sistema nervoso	*das Nervensystem*
nessuno, a adj/prn	kein(e, es)/niemand, keiner
in nessun posto/caso	*nirgends, nirgendwo/keinesfalls*
nessuno dei due	*keiner von beiden*
la neve	der Schnee
niente adv	nichts
non ho detto mai niente	*ich habe nie etwas gesagt*
niente affatto/per niente	*durchaus nicht/umsonst, vergebens*
niente timore!, paura!	*nur keine Angst!, Furcht!*
nient'altro/di niente!	*weiter nichts/keine Ursache!*
il niente	das Nichts
un bel niente	*rein gar nichts*
il/la nipote	der Neffe, Enkel/die Nichte, Enkelin
i nipoti	*die Nachkommen(schaft)*
'nobile	adlig; edel, vornehm
no	nein
noi prn	wir
di noi/a noi/noi	*unser/uns/uns*
il nome	der Name; Ruf; das Substantiv
in nome/in nome di	*im Namen/in Vertretung von*
lo conosco di nome	*ich kenne ihn dem Namen nach*
il buon nome	*der gute Ruf*
nominare	(be-), ernennen
lo hanno nominato	*er wurde zum Präsidenten gewählt*
presidente	
non	nicht
non . . . mai	*nie(mals)*
non . . . più	*nicht mehr*
non . . . niente/nulla	*nichts*
non 'valido	*ungültig*
non ho visto nessuno	*ich habe niemanden gesehen*
il nonno/la nonna	der Großvater/die Großmutter
i nonni	*die Großeltern*
il nord	(der) Nord(en)
al nord (di)	*nördlich (von), im Norden*
più al nord	*nördlicher, weiter im Norden*

notare	(be)merken, beobachten
far(e) notare qc a qn	*jdn auf etw aufmerksam machen*
notarsi	*sich etw merken*
la notizia	die Nachricht, Kenntnis, Mitteilung, die Neuigkeit, der Bericht
la notte	die Nacht; Dunkelheit, Finsternis
di notte	*bei/in der Nacht*
stanotte	*heute nacht*
a notte tarda/fonda	*spät in der Nacht/in tiefer Nacht*
nove	neun
il nono/la nona	*der/die neunte*
novembre m (*cf* agosto)	November
la novità inv	die Neuigkeit, Neuheit
nudo, a	nackt, unbekleidet; kahl, bloß
a piedi nudi	*barfuß*
a testa nuda	*barhäuptig, ohne Kopfbedeckung*
a occhio nudo	*mit bloßem Auge*
nudo e crudo	*fig roh, unbearbeitet, ungeschminkt*
nulla	nichts
nulla d'importante/per nulla	*nichts von Belang/durchaus nicht*
non per nulla	*nicht ohne Grund*
(non) c'è nulla per me?	*ist nichts für mich da?*
non ho nulla a che fare con lui	*ich habe nichts mit ihm zu tun*
nullo	nichtig, ungültig
il 'numero	die (An-)Zahl, Menge; Nummer; *gram* der Numerus
un gran(de) 'numero di ...	*eine Reihe von ..., viele ...*
in gran 'numero	*in großer Zahl*
numeroso, a	zahlreich
una famiglia numerosa	*eine kinderreiche Familie*
nuovo, a adj	neu, ungebraucht
il nuovo	das Neue
che c'è di nuovo?	*was gibt es Neues?*
nutrire (di)	(er)nähren
nutrire odio/speranza	*Haß/Hoffnung hegen*
nutrirsi (di)	*sich nähren (mit)*

O

o	oder
o ... o ...	*entweder ... oder ...*
obbedire (a)	gehorchen, folgen

obbligare (a)	zwingen (zu)
'esser(e) obbligato (a)	*gezwungen sein (zu)*
Le/ti sono molto obbligato, a	*ich bin Ihnen/dir sehr verpflichtet, verbunden*
obbligarsi	*sich verpflichten, bürgen, haften*
l'occasione f	die Gelegenheit, der Anlaß; die Veranlassung
in occasione di	*anläßlich* + gen
d'occasione	*Gebraucht-, antiquarisch*
gli occhiali m pl	die Brille
l'occhio, m pl **gli occhi**	das Auge
sotto gli/a quattr'occhi	*vor den/unter vier Augen*
con i propri occhi	*mit eigenen Augen*
a occhio (e croce)	*nach Augenmaß (im großen und ganzen, ungefähr)*
ha gli occhi azzurri	*er hat blaue Augen*
oc'correre (occorso)	vorkommen; nötig sein; erfordern
Le/ti occorre altro?	*brauchen Sie/brauchst du noch etwas?*
oc'corrono due giorni per andarci	*man braucht zwei Tage, um dorthin zu kommen*
occupare	besetzen; beschäftigen; einnehmen *(Platz)*
occuparsi (di)	*sich beschäftigen (mit)*
l'odore m	der Geruch, Duft
of'fendere (offeso)	beleidigen, verletzen
l'offesa f	die Beleidigung, Verletzung
offeso, a (con)	beleidigt, böse (auf)
offrire (offerto)	(an)bieten; schenken
l'oggetto m	das Objekt, der Gegenstand
oggi	heute
oggi a otto/'quindici	*heute in 8/14 Tagen*
oggi stesso/da oggi in poi	*heute noch/von heute an*
ogni	jede(r, s)
ogni settimana/tanto	*jede Woche/ab und zu*
l'olio m	das Öl
olio d'oliva/di semi	*Oliven-/Samenöl*
l'ombrello m	der Schirm
l'onda f	die Welle, Woge
onde medie/lunghe/corte/ ultracorte	*Mittel-/Lang-/Kurz-/Ultrakurz- wellen*
onesto, a	ehrlich, anständig, redlich
l'onore m	die Ehre
parola/uomo d'onore	*Ehrenwort/-mann*

in onore di	*zu Ehren von*
l''opera f	das Werk; die Arbeit; die Oper
un''opera buona/all''opera	*ein gutes Werk/ans Werk*
l'operazione f	die Operation; Handlung,
l'opinione f	die Meinung [Rechnungsart
secondo la mia/tua opinione	*meiner/deiner Meinung nach*
opporre (opposto)	gegenüber-, entgegensetzen, -stellen, -halten
opporsi (a)	*sich widersetzen*
ora adv	nun, jetzt
per ora/or ora	*vorläufig/soeben*
d'ora innanzi/ora . . . ora . . .	*von nun an/bald . . . bald . . .*
l'ora f	die Stunde
che ora è?, che ore sono?	*wieviel Uhr, wie spät ist es?*
è l'una/sono le dieci	*es ist ein/zehn Uhr*
di buon'ora	*früh(zeitig)*
è ora di + inf	*es ist Zeit zu . . .*
ordinare di + inf/che + subj	befehlen/an-, verordnen, ordnen, bestellen *(Speisen, Ware)*; weihen
ordinario, a, pl **ordinari,** ordinarie	gewöhnlich; ordentlich *(in Ämtern)*
l''ordine m	der Befehl; die (An-)Ordnung, Reihenfolge; der Auftrag; Rang *theat;* Orden
(all')'ordine del giorno	*(an der) Tagesordnung*
di prim''ordine	*erstklassig*
'metter(e) in 'ordine	*ordnen, aufräumen* (Zimmer)
organizzare	aufbauen, organisieren; veranstalten
l'orgoglio m	der Stolz, Hochmut
originale adj	ursprünglich, originell, Original-, einmalig, eigentümlich (sonderbar)
l'originale m	das Original *a. fig,* der Urtext
l'o'rigine f	die Herkunft, der Ursprung
l'orizzonte m	der Horizont; Gesichtskreis
ornare (di)	schmücken, verzieren (mit)
l'oro m	das Gold
in/d'oro	*aus Gold/golden*
l'orologio m	die Uhr
l'orologio da polso/tasca	*die Armband-, Taschenuhr*
l'orrore m	der Schrecken, Abscheu, das Grauen, Entsetzen
che orrore!	*wie scheußlich, schrecklich!*

oscuro, a	finster, dunkel; unbekannt
l'ospedale m	das Krankenhaus, Lazarett
l''ospite m/f	der Gast; Gastgeber/die Gastgeberin
abbiamo 'ospiti	*wir haben Gäste, Besuch*
osservare	beobachten, beachten, befolgen, einhalten, bemerken
Le/ti faccio osservare che	*ich mache Sie/dich darauf auf-merksam, daß* [schaft
l'osteria f	das Gast-, Wirtshaus, die Gastwirt-erreichen, -halten, -langen, -zielen
ottenere	
otto	acht
l'ottavo/a	*der/die achte*
ogni otto giorni	*alle 8 Tage*
ottobre m (*cf* agosto)	Oktober
l'ovest m	der Westen
ad ovest (di)	*nach Westen zu (gelegen), im Westen, westlich (von)*

P

il pacchetto	das Päckchen
il pacco, pl **i pacchi**	das Paket
la pace	der Friede(n); die Ruhe, Stille
far(e) /con'cludere la pace	*Frieden machen/schließen*
far(e) pace	*sich versöhnen*
il padrone	der Herr, Besitzer
il paese	das Land; die Heimat; das Gebiet; Dorf
la paga, pl **le paghe**	der (Wochen-, Arbeits-)Lohn; Sold
busta paga	*Lohntüte*
pagare	(be)zahlen
la 'pagina	die (Buch-)Seite
a 'pagina ventinove	*auf Seite 29*
la paglia	das Stroh
il palazzo	das große (Wohn-)Haus, der Palast
'pallido, a	blaß, bleich
la pancia, pl **le pance**	der Bauch, Leib
il pane	das Brot; *fig* der Lebensunterhalt
il pane quotidiano	*das tägliche Brot*
panino (imbottito)	*(belegtes) Brötchen*
il papa, pl **i papi**	der Papst
il papà inv/**il padre**	der Vater, Papa
paragonare	vergleichen

il paragone	der Vergleich, die Gegenüberstellung
a paragone di, in paragone di	*im Vergleich zu/mit*
parcheggiare	parken
il/la parente	der/die Verwandte
un mio/tuo parente	*ein Verwandter von mir/dir*
parere (parso)	scheinen, den Anschein haben
mi pare che egli abbia ragione	*mir scheint, daß er recht hat*
pare che stia dormendo/si	*er scheint zu schlafen/eingeschlafen*
sia addormentato	*zu sein*
non pare vero	*es ist kaum zu glauben, es*
	erscheint unglaublich
il parere	die Ansicht, Meinung
secondo il nostro/vostro	*unserer/eurer Meinung nach*
parere	
dare il proprio parere	*seine Ansicht äußern*
la parete	die Wand, Mauer
parlare (a/con/di)	sprechen (mit/zu/von, über)
vorrei parlare al Signor Rossi	*ich möchte Herrn Rossi sprechen*
ha parlato di Lei/te	*er hat von Ihnen, über Sie/von*
	dir, über dich gesprochen
la parola	das Wort
parola d''ordine	*Parole, Losung mil*
dar(e) la parola a qn	*jdm sein Wort (Versprechen) geben*
la parte	der (An-)Teil; die Seite; Rolle *theat*;
	Gegend
a parte	*getrennt, besonders, separat*
da parte	*beiseite*
da una parte	*in gewisser Hinsicht; einerseits*
d'altra parte	*andererseits; übrigens*
da una parte e dall'altra	*auf der einen und der anderen Seite*
da una parte ... dall'altra	*einerseits ... andererseits*
da parte di	*von (Seiten), im Auftrag von*
in parte	*teilweise*
partecipare	teilnehmen; -haben; mitteilen,
	bekanntgeben
la partenza	die Abfahrt, -reise
particolare adj	besondere(r); einzeln; eigen
il particolare	die Einzelheit
partire	abreisen, weg-, fortgehen, starten
partire per l'Italia/Venezia	*(ab)reisen nach Italien/Venedig*
il partito	die Partei
il passaggio, pl **i passaggi**	der Durchgang, die Durchfahrt,
	-reise; der Übergang; die
	Passage *mus*
di passaggio	*vorübergehend/auf der Durchreise*

il passaporto	der Paß
passare	vorbei-, vorübergehen, vorbei-
	kommen, fahren, durchreisen
domani passo da Lei/te	*morgen komme ich bei Ihnen/dir*
	vorbei
passare da/per una città	*durch eine Stadt fahren/kommen*
il tempo passa presto	*die Zeit vergeht schnell*
ho passato 'quindici giorni	*ich habe 14 Tage in Padua*
a P'adova	*verbracht*
mi passi il sale, per favore!	*reichen Sie mir das Salz, bitte!*
passava per galantuomo	*er galt als Ehrenmann*
passa la serata davanti al	*er verbringt den Abend vor dem*
televisore	*Fernsehschirm*
passato, a adj	vergangen; früher; verblüht *fig*
il passato	die Vergangenheit; das Vorleben
in passato	*früher, in der Vergangenheit*
passeggiare	spazierengehen, -fahren, -reiten
la passeggiata	der Spaziergang, -weg, die
	Spazierfahrt
fare una passeggiata in	*eine Autofahrt/eine Radtour/einen*
auto/in bicicletta/a cavallo	*Spazierritt machen*
la passione	die Leidenschaft; das Leiden; die
	Liebe; Passion
il passo	der Schritt, Tritt; Durchgang; die
	Stelle *(im Buch)*; der (Berg-)Paß
la pasta	der Teig; die Paste, Teigwaren
il pasto	die Speise, Mahlzeit
la patata	die Kartoffel
la paura (di)	die Angst, Furcht (vor)
ho paura di lui	*ich fürchte mich vor ihm*
per paura di	*aus Angst vor*
gridar(e)/morir(e) dalla paura	*aus, vor Angst schreien/sterben*
far(e) paura a qn	*jdn erschrecken*
il pavimento	der Fußboden
pazzo, a adj	wahnsinnig, närrisch
il pazzo	der Wahnsinnige, Narr
la pelle	die Haut; das Fell
la pena	die Strafe; der Schmerz; Kummer;
	die Mühe
pena di morte	*Todesstrafe*
non vale la pena	*es ist nicht der Mühe wert*
a mala pena	*kaum; nur mit großer Mühe,*
	mit knapper Not
espiare una pena	*eine Strafe verbüßen*

'pendere (peso)	hängen, sich neigen, schief stehen
penetrare (in/fino a)	eindringen (in/bis)
la penna	die Feder; Daune
la penna stilo'grafica	*Füllfederhalter,*
la penna a sfera, la biro	*Kugelschreiber*
pensare (a)	denken (an); meinen, glauben; überlegen; sich entschließen
che ne pensa?/pensi?	*was halten Sie/hältst du davon?*
non ci penso nemmeno	*das fällt mir gar nicht ein*
non ci pensi/pensare	*seien Sie/sei unbesorgt*
ci penserò io!	*ich werde dafür sorgen!*
io la penso così	*ich meine es so*
il pensiero	das Denkvermögen; der Gedanke; die Meinung; Sorge; das Vorhaben
darsi pensiero (per)	*sich Gedanken, Sorgen machen (um)*
la pensione	die Pension; der Ruhestand; die Rente
pensione completa/mezza pensione	*Voll-/Halbpension*
la 'pentola	der Kochtopf
per	für; durch; infolge von; wegen; an; auf; aus; um ... zu; in; zu; nach
l'ho fatto per te/per sempre	*ich habe es für dich getan/für immer*
'prender(e) per mano	*an der Hand fassen*
per i campi	*durch die Felder*
per la strada/per un po' di tempo	*auf der Straße/auf einige Zeit*
per questo motivo	*aus diesem Grund(e)*
per non poterlo vedere	*um ihn nicht sehen zu können*
per in'carico di	*im Auftrag von*
per tua sfortuna/per la terza volta	*zu deinem Unglück/zum dritten Mal*
sei per sette	*6 mal 7*
andare su e giù per la stanza	*im Zimmer auf und ab gehen*
la pera	die Birne
perché	warum, weil; weshalb; damit
perché no?	*warum nicht?*
resto qui perché piove	*da/weil es regnet, bleibe ich hier*
perché ti ha chiesto questo?	*weshalb hat er dich das gefragt?*
te lo dico, perché tu lo sappia	*ich sage es dir, damit du es weißt*
perciò	deshalb, daher, darum
per'correre (percorso)	durchreisen, -fahren, -eilen; rasch durchsehen *(Buch)*
per'correre una distanza	*eine Entfernung zurücklegen*

'perdere (perduto, perso)	verlieren; versäumen, verpassen *(Zug)*; zusetzen *(Geld)*
ho perduto il treno	*ich habe den Zug versäumt, verpaßt*
si è perduto	*er hat sich verlaufen, verirrt*
si è perduto d''animo	*er hat den Mut verloren*
la 'perdita	der Verlust; Schaden; Nachteil
a 'perdita d'occhio	*so weit das Auge reicht*
perdonare qc a qn	jdm etw verzeihen, vergeben
il perdono	die Verzeihung, Vergebung
domandare perdono a qn	*jdn um Verzeihung bitten*
perfetto, a adj	vollkommen, tadellos, völlig
il perfetto	das Perfekt(um), die vollendete Gegenwart
perfino/persino	sogar
il mio amico è stato perfino in A'merica	*mein Freund ist sogar in Amerika gewesen*
il pe'ricolo	die Gefahr
il permesso	die Genehmigung, die (der) Erlaubnis(schein); der Urlaub *(bei Soldaten, Beamten)*
permesso di lavoro/ circolazione	*Arbeitsgenehmigung/Kfz-Zulassung*
chi'edere un permesso	*eine Genehmigung beantragen*
(con) permesso!	*gestatten Sie!*
sono in permesso da una settimana	*ich bin seit einer Woche in Urlaub*
per'mettere (permesso)	erlauben, gestatten
la persona	die Person, der Mensch; *fig* die Gestalt
in/di persona	*persönlich*
il personaggio	die Persönlichkeit; Person *theat*
personale adj	persönlich
il personale	die Gestalt, Figur/das Personal
la personalità inv	die Persönlichkeit, Beschaffenheit einer Person
pervenire (qc) (pervenuto)	gelangen, zugehen; zufallen *(Erbschaften)*; ankommen (etw)
pesante	schwer *(Gewicht)*; schwerfällig; plump
un pasto pesante	*eine schwere Mahlzeit*
pesare	wiegen, abwägen; reiflich überlegen
la pèsca pl **le pesche**	der Pfirsich
questa pèsca non è matura	*dieser Pfirsich ist nicht reif*
la pésca	der Fischfang
la pésca all 'amo	*die Angelfischerei*

andare alla pésca	*fischen gehen*
proibita la pésca	*fischen verboten*
pescare/all'amo	fischen/angeln
il pescatore	der Fischer/Angler
il pesce	der Fisch
zuppa di pesce	*Fischsuppe*
il peso	die Schwere; das Gewicht; die Last *a. fig*; Bedeutung
il petrolio	das Erdöl, Petroleum
pettinare	kämmen
pettinarsi	*sich kämmen*
il 'pettine	der Kamm
il petto	die Brust, der Busen
il pezzo	das Stück, (Einzel-)Teil; die Weile
un pezzo di pane/carne	*ein Stück Brot/Fleisch*
da un pezzo	*seit langer Zeit*
piacere (essere)	gefallen; schmecken
non mi è piaciuto	*es hat mir nicht gefallen, geschmeckt*
il piacere	der Gefallen; das Vergnügen, die Lust; das Belieben
mi faccia/fammi il piacere	*tun Sie/tu' mir den Gefallen*
ho/mi fa molto piacere	*es freut mich sehr*
con/per piacere	*gern/bitte*
a piacere	*nach Belieben*
pia'cevole	angenehm, behaglich
pi'angere	(be)weinen, betrauern
piano, a adj	eben, flach; leise
piano adv	langsam; leise; sachte
il piano	das Klavier; Stockwerk; die Ebene; Fläche; der Plan
piano a coda	*Flügel mus*
in primo/al primo piano	*im Vordergrund/im 1. Stock*
chi ha fatto questo piano?	*wer hat diesen Plan entworfen?*
la pianta	die Pflanze; der Grundriß
pianta della città	*Stadtplan*
piantare	(be)pflanzen; bebauen
la pianura	die Ebene
pianura padana, del Po	*Po-Ebene*
piatto, a adj	flach; platt
il piatto	der Teller; die Schüssel; das Gericht *(Speise)*
la piazza	der Platz *(in Ortschaft)*
piazzare	aufstellen, plazieren
'piccolo, a	klein, gering; *fig* kleinlich

il piede	der Fuß; das (Tisch-)Bein
andare a piedi	*zu Fuß gehen*
ai piedi della montagna, del monte	*am Fuß(e) des Berges*
in punta di/sulla punta dei piedi	*auf Zehenspitzen*
stare in piedi	*stehen*
'essere in piedi	*auf sein (nicht im Bett liegen)*
(cal)pestare il piede a qn	*jdn auf den Fuß treten*
piegare	biegen, falten (*Stoffe*); *fig* beugen
pieno, a (di)	voll, gefüllt (mit)
in piena Firenze	*mitten in Florenz*
pieno di sè/in pieno giorno	*von sich eingenommen/am hellen Tage*
pieno zeppo	*überfüllt, vollgepfropft*
la pietà (di)	das Erbarmen (mit); die Barmherzigkeit; Pieta
la pietra	der Stein, das Gestein
in/di pietra	*aus Stein/steinern*
la pioggia, pl **le piogge**	der Regen, die Regenfälle
pi'overe	regnen
piove/è, ha piovuto	*es regnet/es hat geregnet*
la pittura	die Malerei; das Gemälde
pittura fresca!	*Achtung, frisch gestrichen!*
più (che, di)	mehr (als)
più giorni/volte	*mehrere Tage/Male*
di più	*mehr*
più di me/te	*mehr als ich/du*
per lo più	*meistens, zumeist*
il più delle volte	*in den meisten Fällen, meistens*
più ne ha e più ne vuole	*je mehr er hat, desto mehr will er*
a più non posso	*so viel wie möglich, mit voller Kraft*
piuttosto	eher, lieber, vielmehr
martedì piuttosto che lunedì	*lieber Dienstag als Montag*
poco/po' (di) adj/adv	wenig
poca gente/pochi soldi, denari	*wenig Leute/Geld*
poco dopo	*kurze Zeit danach, bald darauf*
un po' di	*ein wenig, etwas, ein bißchen*
a poco a poco/poco alla volta	*allmählich/nach und nach*
press' a poco, per poco	*fast, beinahe, annähernd*
cosa da poco	*nicht so schlimm*
la poesia	die Poesie, Dichtkunst; Dichtung; das Gedicht

poi	dann, darauf, danach, nachher; aber
o prima o poi	*früher oder später, über kurz oder lang*
da allora/domani/dalle otto in poi	*von da/von morgen/von 8 Uhr an*
poiché	da, weil; nachdem
po'litico, a, pl **po'litici, -che**	politisch, staatsmännisch
la polizia	die Polizei
la 'polvere	der Staub, das Pulver
pieno, coperto di 'polvere	*staubig, staubbedeckt*
il pomeriggio, pl **i pomeriggi**	der Nachmittag
durante il, nel corso del pomeriggio	*im Laufe des Nachmittags*
questo pomeriggio	*heute nachmittag*
un bel pomeriggio	*an einem schönen Nachmittag*
il ponte	die Brücke; das Deck (*Schiff*); Gerüst
popolare	volkstümlich, populär, beliebt
il 'popolo	das Volk, die Nation
porre (posto)	setzen, stellen, legen; anlegen (*Hand, Geld*)
porr(e) fine ad una cosa	*einer Sache ein Ende machen*
la porta	die Tür; das Tor
portare	tragen, bringen, überbringen
portar(e) via/a casa	*wegtragen, -bringen/heimbringen*
il porto	der Hafen; das Porto; die Fracht (gebühr)
entrare in, raggi'ungere il porto	*den Hafen erreichen*
la posizione	die Lage, Stellung, Position
possedere	besitzen, beherrschen
il possesso	der Besitz, das Besitztum, Landgut
'esser(e) in possesso di	*im Besitz sein von*
pos'sibile	möglich
quanto prima pos'sibile	*so schnell wie möglich*
è ben pos'sibile che	*es ist durchaus möglich, daß*
la possibilità inv	die Möglichkeit
la posta	die (das) Post(amt)
andar(e) alla posta	*zur/auf die Post gehen*
per posta	*mit der/durch die Post*
fermo (in) posta	*postlagernd*
il postino/il portalettere	der Briefträger

il posto	der (Sitz-)Platz; Ort; die Stellung, Stelle; Anstellung; der Posten *mil*
'esser(e)/'metter(e) a posto	*in Ordnung sein/bringen*
potente	mächtig, stark, einflußreich
la potenza	die Macht, Gewalt, Stärke, Kraft
potere	können, dürfen; vermögen
non ho (sono) potuto venire	*ich habe nicht kommen können/ dürfen*
egli può molto	*er vermag viel*
si può?	*ist es erlaubt?/kann man hinein, herein?*
non ci posso nulla!	*ich kann nichts dafür!*
non ne posso più!	*ich bin todmüde!/ich kann es nicht mehr ausstehen*
a più non posso	*aus allen Kräften*
quanto prima possiamo	*sobald wir nur können*
'povero, a adj	arm(selig), mittellos
il 'povero/la 'povera	der/die Arme; Bettler/in
il pranzo	das (Mittag-)Essen
il prato	die Wiese, Weide
precipitare	(herab)stürzen; übereilen
precipitarsi (su)	*sich stürzen (auf), sich beeilen*
preciso, a	genau, klar, präzis(e)
preferire	vorziehen, lieber wollen
preferisco il pesce alla carne	*ich ziehe Fisch dem Fleisch vor*
preferisco restare qui	*ich will lieber hier bleiben*
pregare	beten; bitten
La/ti prego, si prega	*ich bitte Sie/dich; es wird gebeten*
prego!	*bitte! (nach Dank)*
la preghiera	die Bitte; das Gebet
con la preghiera di	*mit der Bitte um*
'prendere (preso)	nehmen; ergreifen; einnehmen (*Arznei*)
'prender(e) il treno delle otto	*den 8-Uhr-Zug nehmen*
'prender(e) gusto a	*Gefallen finden an*
prender(e) per	*(irrtümlich) halten für*
'prendersi gioco di qn	*sich über jdn lustig machen*
ne prenda/'prendine	*greifen Sie/greif zu*
che gli prende?	*was fällt ihm ein?*
prenda a sinistra/prendi a destra	*biegen Sie links ab/geh nach rechts*
preparare (qc/qn a qc)	(etw/jdn auf etw) vorbereiten, zubereiten (*Speisen*)
sta preparando, (si) prepara (per) un esame	*er bereitet (sich auf) ein Examen vor*

presentare | (an)bieten, vorzeigen, -stellen, -führen

te lo presenterò | *ich werde ihn dir vorstellen*
si presenta a me/a noi | *er stellt sich mir/uns vor*

presente adj | gegenwärtig, anwesend

presente! | *hier!, anwesend!*
me presente | *in meiner Gegenwart*

il presente | die Gegenwart, das Präsens; Geschenk

il presidente | der Präsident, Vorsitzende

presso prp/adv | bei, neben; nahe

presso la ditta Bianchi | *bei der Firma/im Hause Bianchi*
presso Roma/la chiesa | *nahe bei Rom/neben der Kirche*

prestare | leihen, borgen

prestar(e) aiuto/giuramento | *Hilfe/Eid leisten*
prestar(e) orecchio/fede | *Gehör/Glauben schenken*
mi ha prestato diecimila Lire | *er hat mir 10000 Lire geliehen, geborgt*

presto | schnell, rasch, früh, bald

faccia/fa presto | *beeilen Sie sich/beeile dich*
a presto (rivederci)! | *auf bald(iges Wiedersehen)!*

pre'tendere (preteso) | verlangen, beanspruchen; vorgeben, behaupten

pretende di esser(e) ... | *er gibt vor, ... zu sein*

prevedere (previsto, preveduto) | voraus-, vorhersehen

prevenire (prevenuto) | zuvorkommen; verhüten; warnen

prezioso, a | kostbar; wertvoll; höchst nützlich; vortrefflich; *fig* spröde

metallo prezioso/pietra preziosa | *Edelmetall/-stein*

il prezzo | der Preis/Wert

a buon/caro prezzo | *billig, preiswert/teuer*
prezzi fissi | *feste Preise*
il prezzo sale/scende | *der Preis steigt/fällt*   [bevor

prima (di) | vor *(zeitlich)*, vorher, früher, eher,

venga/vieni prima delle tre! | *kommen Sie/komm vor 3 Uhr!*
qualche giorno, alcuni giorni prima | *einige Tage vorher*
prima ... poi ... | *zuerst ... dann ...*
prima che partisse, mi disse | *bevor er wegfuhr, sagte er mir*
quanto prima tanto meglio | *je eher, je lieber*
dapprima | *anfangs, zuerst*

la primavera (*cf* autunno) | der Frühling, das Frühjahr

principale adj	hauptsächlich, Haupt-
il principale	der Chef
il principio, pl i principi	das Prinzip, der Grundsatz; Anfang
per|in, al principio	*aus Prinzip|am Anfang*
privato, a adj	privat, Privat-
lezioni private	*Privat-, Nachhilfestunden*
il privato	der Privatmann, die Privatperson
produrre (prodotto)	erzeugen, hervorbringen; erstellen *tech*
produrre una prova|un teste	*einen Beweis|Zeugen beibringen*
la profondità inv	die Tiefe
profondo, a	tiefgründig; gründlich
il progetto	das Projekt, der Plan, Entwurf
il progresso	der Fortschritt
proibire (proibito)	verbieten, untersagen
proibito fumare!	*Rauchen verboten!*
ingresso proibito agli e'stranei!	*Unbefugten Zutritt verboten!*
pro'mettere (di far qc) (promesso)	versprechen (etw zu tun)
pronto, a adj/adv	fertig; bereit(willig); schnell
pronunciare, pronunziare	aussprechen, halten (*Rede*); verkündigen (*Urteil*)
proporre (proposto)	vorschlagen, anbieten [*zu tun*
proporsi di far(e) qc	*sich vornehmen, beabsichtigen etw*
il pro'posito	der Vorsatz, das Vorhaben, die Absicht
a pro'posito	*im richtigen Augenblick; übrigens, was ich sagen wollte*
di pro'posito	*absichtlich*
la proprietà inv	das Eigentum, der (Land-)Besitz; die Eigenart
proprio, a, pl propri, proprie adj	eigen, eigentlich
in senso proprio	*im eigentlichen Sinne*
viene con la propria 'macchina	*er kommt in|mit seinem eigenen Auto*
proprio adv	gerade, wirklich
è proprio così!	*es ist wirklich so!*
proprio mentre volevo partire	*gerade als ich abreisen wollte*
'prossimo, a adj	nächste(r, s), kommende(r, s)
do'menica 'prossima	*(am) nächsten Sonntag*
la 'prossima volta	*das nächste Mal, nächstes Mal*

il 'prossimo	der Nächste
pro'teggere (da/contro)	(be)schützen (vor), verteidigen
(protetto)	(gegen); fördern (*Künste*)
la prova	der Versuch; die Probe, Prüfung, der Beweis; das Zeugnis; der Wettkampf
'metter(e) alla prova/a dura prova	*auf die Probe/auf eine harte Probe stellen*
fornire la prova	*den Beweis liefern*
far(e) una prova	*einen Versuch machen; probieren*
le prove scritte	*schriftliche Prüfung(en)*
provare	erproben, versuchen, prüfen, beweisen
provar(e) dolore/pena/gioia	*Schmerzen/Leid/Freude empfinden*
'pubblico, a, pl 'pubblici, 'pubbliche	öffentlich, allgemein; Staats-
in 'pubblico	*öffentlich, vor jedermann*
'opere 'pubbliche/opinione 'pubblica	*öffentliche Arbeiten/Meinung*
il 'pubblico	das Publikum; die Öffentlichkeit; Zuschauerschaft
pulire	reinigen, putzen; polieren
pulito, a	rein, sauber
punire (per/a causa di)	(be)strafen (für/weil)
la punta	die Spitze; der Gipfel; Stich;
a/in punta	*spitz/an der Spitze* [Vorstoß *mil*
il punto	der Punkt, die Stelle, der Ort; Stich *med*; Nähstich; Augenblick
a che punto siamo?	*wie weit sind wir?*
alle sette in punto	*Punkt 7 Uhr*
di punto in bianco	*plötzlich, unversehens, unerwartet*
puro, a	rein, sauber, klar, hell, echt
acqua pura	*reines, sauberes, klares Wasser*
è la pura verità	*das ist die reine Wahrheit*
purtroppo	leider

Q

quadro, a adj	viereckig, quadratisch
spalle quadre	*breite, starke Schultern*
testa quadra	*kluger, gescheiter Kopf*
il quadro	das Bild; die (Wand-)Tafel; der Kader *mil*

qualche   irgendein(e), einige, ein paar,
                                     manche(r, s)
  qualche cosa, qualcosa di   *(irgend)etwas (Gutes)*
  buono
  qualche giorno/volta   *einige Tage/manchmal, gelegentlich*
  in qualche modo   *irgendwie*
qualcuno, a prn   irgendeine(r), -jemand
quale adj/prn/conj   welche(r, s), der, die, das/als
  quale direttore?   *welcher Direktor?*
  quale direttore Le/ti dico   *als Direktor sage ich Ihnen/dir*
  il direttore, il quale   *der Direktor, welcher ... (der ...)*
la qualità inv   die Qualität, Güte (*Ware*);
                                     Eigenschaft

qualunque   irgendein, jede(r, s), beliebige, was
                                     auch immer ...

quando   wann?, als, wenn
  da quando/di quando in   *seit wann, seit/dann und*
  quando   *wann*
  quand'anche + subj   *obwohl, wenngleich*
quanto adj/adv   wieviel; wie sehr/lange
  tanto ... quanto ...   *ebenso ... wie ...*
  quanti ne abbiamo oggi?   *den wievielten haben wir heute?*
  è ricco quanto me   *er ist ebenso reich wie ich*
  (in) quanto a me/al mio   *was mich/meinen Freund betrifft*
  amico
  quanto dura ancora?   *wie lange dauert es noch*
  ho fatto quanto potevo   *ich habe (alles) getan, was ich*
                                       konnte
il quartiere   das Quartier; die Unterkunft;
                                     Wohnung; Kaserne *mil*

  quartiere della città   *Stadtviertel*
  un quarto d'ora   *eine Viertelstunde*
  le otto e un quarto   *(ein) Viertel nach 8*
  le otto meno un quarto   *(ein) Viertel vor 8*
  quarto di luna   *Mondviertel*
  quarto, a   *vierte(r, s)*
  al quarto piano   *im vierten Stock*
quasi   fast, beinahe
  quasi che + subj   *als ob*
quattro   vier
il quarto   das Viertel; der vierte Teil
la questione   die Frage; der Streit; die
                                     Angelegenheit

questo, a adj/prn   diese(r, s)

per/con questo	deshalb/und damit
questo'sabato/quest'altr''anno	nächsten Samstag/nächstes Jahr
questa mattina/sera/notte	heute morgen/abend/nacht
qui	hier(her)
da qui a 'Mantova/fin laggiù	von hier bis Mantua/bis dort unten
di qui a una settimana/un mese	in einer Woche/einem Monat
fin qui	bis hier(her)/heute/jetzt
il quintale	der Doppelzentner
mezzo quintale	Zentner
quotidiano, a adj	täglich
il quotidiano	die Tageszeitung

R

rac'cogliere (raccolto)	ernten; sammeln, aufheben (vom Boden)
la raccolta	die Ernte; Sammlung
raccomandare	empfehlen, (dringend) raten; einschreiben Post
raccontare	erzählen; berichten
il racconto	die Erzählung, Kurzgeschichte, das Märchen
il radio	die Speiche anat; das Radium
la radio inv	das Radio, der Rundfunk
alla radio	im Rundfunk
apparecchio radio	Rundfunk-, Radiogerät
il ragazzo/la ragazza	der Knabe, Junge; der/das (Lauf-)Bursche/Mädchen
il raggio, pl **i raggi**	der (Licht-)Strahl; fig Kreis; Radius
i raggi del sole/della luna	Sonnen-/Mondstrahlen
rag'giungere (raggiunto)	erreichen, einholen
la ragione	die Vernunft; der Grund, die Ursache, der Anlaß; das Verhältnis math; Recht
per questa ragione	aus diesem Grund
a, con ragione	mit Recht
ragione sociale	Firmenname
aver(e) ragione	recht haben
'perder(e) la ragione	den Verstand verlieren
'rapido, a adj	schnell; reißend
il 'rapido	der Fernschnellzug

il rapporto	der Bericht; die Beziehung, das Verhältnis
in rapporto a	*im Vergleich zu, in bezug auf*
'esser(e) in buoni rapporti con qn	*mit jdm in gutem Einvernehmen leben*
rappresentare	darstellen, aufführen *theat*, vertreten
raro, a	selten, rar, spärlich, dünn
il rasoio (e'lettrico)	das Rasiermesser; (der elektr.) Rasierapparat
la razza	die Rasse, der Stamm, das Geschlecht; die Art
il re inv	der König
reale	wirklich, tatsächlich; königlich
realizzare	verwirklichen, vollbringen
la realtà inv	die Wirklichkeit, Tatsache
la regione	die Gegend, das Gebiet, der Bereich, die Region
la Regione	*das (Bundes-)Land, der Regierungsbezirk*
la 'regola	die Regel, Vorschrift, Norm, Richtschnur
in/di 'regola	*in Ordnung/normalerweise, in der Regel*
con/senza 'regola	*mäßig/maßlos*
regolare adj	regel-, gleichmäßig, geordnet
regolare	regeln, ordnen, regulieren
regolare un conto/un orologio	*eine Rechnung begleichen/eine Uhr stellen*
la religione	die Religion
'rendere (reso)	zurück-, wiedergeben; leisten, einbringen
'render(e) pos'sibile/felice	*möglich/glücklich machen*
questo lavoro rende poco	*diese Arbeit bringt wenig ein*
re'sistere (a) (resistito)	widerstehen, Widerstand leisten (gegen); aushalten
re'sistere al calore/freddo	*hitze-/kältebeständig sein*
re'spingere (respinto)	zurückstoßen, zurückweisen; ablehnen
re'spingere il nemico/ l'attacco	*den Feind/Angriff zurückschlagen*
è stato respinto	*er ist durchgefallen (Examen)*
respirare	atmen, *fig* aufatmen
il respiro	der Atem, *fig* die Ruhe; Frist

restare	(übrig)bleiben, übrig sein
restar(e) seduto/in piedi/	*sitzen/stehen/liegen bleiben*
coricato	
il resto	der (Über-)Rest; *pl* Trümmer
del resto	*übrigens, im übrigen*
la rete	das (Gepäck-)Netz; der Torschuß
	(*Sport*)
la ricchezza	der Reichtum
ricco, a, pl ricchi,	reich (an); herrlich, prachtvoll
ricche (di)	
ricco d'acqua/di fantasia	*wasserreich/phantasievoll*
la ricerca, pl le ricerche	die Suche, (Nach-)Forschung,
	Untersuchung
ri'cevere	empfangen, erhalten
la ricevuta	die Quittung, Empfangs-
	bescheinigung
richiamare	zurückrufen; wieder einberufen *mil*;
	abberufen; anlocken (*Kunden*)
richiamare l'attenzione su	*die Aufmerksamkeit lenken auf*
rico'noscere (riconosciuto)	(wieder-)erkennen, anerkennen
ricordare (qc a qn)	(jdn an etw) erinnern, erwähnen
ricordarsi di qn/qc	*sich an jdn/etw erinnern*
'ridere (di) (riso)	lachen (über)
ri'dicolo, a	lächerlich
ridurre (a) (ridotto)	verringern (auf); zwingen (zu)
ridurre qn alla ragione	*jdn wieder zur Vernunft bringen*
riempire (di)	füllen (mit); ausfüllen (*Formular*)
rifiutare	ablehnen, abschlagen, verweigern
la riflessione	die Überlegung; Spiegelung
ri'flettere (a, su)	überlegen, nachdenken (über);
	spiegeln
il riguardo	die Rücksicht; Behutsamkeit
una persona di riguardo	*eine angesehene Persönlichkeit*
un uomo senza riguardo	*ein rücksichtsloser Mensch*
(in) riguardo a	*in bezug, im Hinblick auf*
rimanere (rimasto)	bleiben, übrigbleiben
ri'mettere (rimesso)	überbringen, -geben; verschieben,
	vertagen; wieder hinlegen/-setzen/
	-stellen
ha rimesso	*er hat sich übergeben, erbrochen*
rimproverare	vorwerfen, -halten, tadeln
ringraziare (qn di, per qc)	jdm für etw danken
rinunciare (a)	verzichten (auf), aufgeben (etw)
riparare	reparieren, ausbessern; ersetzen
	(*Schaden*)

ri'petere	wiederholen
riportare	zurück-, einbringen; berichten; übertragen (*Zahl*)
riportare un'impressione/un danno	*einen Eindruck gewinnen, erhalten/Schaden erleiden*
riposare	ruhen, liegen, begraben sein
riposarsi	*(sich) ausruhen; sich erholen*
il riposo	die Ruhe, Erholung, der Schlaf
buon riposo!	*angenehme Ruhe!*
il riscaldamento	die Heizung; *fig med* Entzündung
il riscaldamento a carbone/ a(d) olio/a termosifone	*die Kohle-/Öl-/Zentralheizung*
rischiare (di)	wagen; aufs Spiel setzen, Gefahr laufen (zu)
riservare	zurücklegen, reservieren
riservarsi (di)	*sich vorbehalten (zu)*
il riso	der Reis; das Lachen
la risorsa	das (Hilfs-)Mittel; *pl* Geldmittel
non aver(e) risorse/alcuna risorsa	*mittellos sein*
il rispetto	die (Hoch-)Achtung, der Respekt, die Ehrfurcht
il rispetto della legge	*die Achtung vor dem Gesetz*
mancar(e) di rispetto (a)	*sich respektlos benehmen (gegen)*
ri'spondere (a) (risposto)	(be)antworten (auf); entsprechen
ri'spondere di qc	*für etw bürgen, einstehen, haften*
la risposta	die Antwort, Beantwortung, Erwiderung
il ristorante	das Restaurant
il risultato	das Ergebnis, Resultat
ritardare	sich verspäten; verzögern, aufschieben
abbiamo ritardato di un'ora	*wir haben uns um eine Stunde verspätet*
il ritardo	die Verspätung, Verzögerung, der Verzug
sono in ritardo di dieci minuti	*ich bin 10 Minuten zu spät dran*
ritenere	(zurück-)behalten, -halten, halten (für) abhalten (von)
ritener(e) necessario/buono	*es für nötig/gut halten*
lo ritengo un galantuomo	*ich halte ihn für einen Ehrenmann*
ritirare	heraus-, zurückziehen, -nehmen, abholen

ritirare una cambiale	*einen Wechsel einlösen*
ritirarsi	*sich zurückziehen; zurücktreten,*
	einlaufen (Stoff)
il ritorno	die Rückkehr, -fahrt, -sendung
la riunione	die Vereinigung, Zusammenkunft
riunire	(wieder-)vereinigen; verbinden,
	versammeln [*sich versammeln*
riunirsi	*zusammenkommen, sich treffen,*
riuscire	gelingen, Erfolg haben
(ci) sono riuscito	*es ist mir gelungen*
rivedere (rivisto, riveduto)	wiedersehen, durchsehen (*Arbeit*)
rivedere i prezzi	*die Preise revidieren, ändern*
a rivederci! (arrivederci!)	*auf Wiedersehen!*
ri'volgere (da) (rivolto)	richten; wenden; abwenden (von)
ri'volgersi (a)	*sich wenden, richten (an)* [(*Blick*)
mi rivolgo a Lei/te	*ich wende mich an Sie/dich*
la rivoluzione	die Revolution
la roba	Sachen *pl*; das Zeug, der Kram
'rompere (rotto)	(zer)brechen, zerreißen, zerstören
'rompersi la testa	*sich den Kopf zerbrechen*
rosa adj	rosa
l''abito (color di) rosa	*das rosa(farbene) Kleid*
la rosa	die Rose
rosso, a	rot
rosso chiaro/cupo	*hell-/dunkelrot*
dai capelli rossi	*rothaarig*
rotondo, a	rund
rubare	stehlen
il ruolo	die Rolle *theat*, das Verzeichnis
la ruota	das Rad

S

'sabato m (*cf* do'menica)	Samstag, Sonnabend
la sabbia	der Sand
il sacco, pl i **sacchi**	der Sack; *fig* die Unmenge
un sacco di soldi	*eine Menge Geld*
il sacrificio, pl i **sacrifici**	das (die) Opfer(gabe)
far(e) un sacrificio	*Opfer bringen*
sacro, a	heilig, geweiht
la sala	der Saal, das große Zimmer
la sala d'aspetto/da pranzo	*der Warte-/Speisesaal, das*
	Eßzimmer

salato, a salzig; *fig* witzig, bissig
  un conto salato   *eine gepfefferte Rechnung*
  risposta salata   *bissige Antwort*
il sale das Salz
salire itr ('essere)/tr (avere) an-, auf-, ein-, hineinsteigen; *fig*
  emporsteigen
  sono salito sul treno   *ich bin in den Zug eingestiegen*
saltare (über)springen
  saltare in aria   *in die Luft fliegen, explodieren*
  saltar(e) dall'alto in basso   *von oben herunterspringen*
  far(e) saltare un ponte   *eine Brücke sprengen*
salutare (be)grüßen
la salute die Gesundheit
  di buona salute   *gesund, wohlauf, gesund und*
  munter
  alla Sua/tua salute!   *auf Ihr/dein Wohl!, prosit!*
il saluto der Gruß, die Begrüßung
  con cordiali saluti   *mit herzlichen Grüßen*
salvare retten, in Sicherheit bringen
  salvarsi (da qc)   *sich (vor etw) schützen, bewahren,*
  sich in Sicherheit bringen
  si salvi chi può!   *rette sich, wer kann!*
il sangue das Blut, Geblüt
sano, a gesund; heil
  sano e salvo/una mela sana   *wohlbehalten/ein ganzer Apfel*
santo, a adj heilig
il santo/la santa der/die Heilige
sapere (di) wissen, können; kennen; schmecken
  (nach)
  sa nuotare/l'italiano   *er kann schwimmen/italienisch*
  non so dove 'abiti   *ich weiß nicht, wo er wohnt*
  mi faccia/fammi sapere   *lassen Sie/laß mich wissen, was*
  quanto costa   *es kostet*
  questo vino sa d'aceto   *dieser Wein schmeckt nach Essig*
la sapienza die Weisheit, Gelehrsamkeit
il sapone die Seife
il sarto/la sarta der Schneider/die Schneiderin
sbagliare/sbagliarsi Fehler machen/sich irren, täuschen
  sbagliare porta/strada   *sich in der Tür/Straße irren*
lo sbaglio, pl **gli sbagli** der Fehler, Irrtum, das Versehen
  far(e), com'mettere uno   *einen Irrtum begehen, sich irren*
  sbaglio
  per (i)sbaglio   *aus Versehen, versehentlich*
sbrigare erledigen; abfertigen

sa'persela sbrigare	*sich zu helfen wissen*
si sbrighi/'sbrigati!	*beeilen Sie sich/beeile dich!*
la scala	die Treppe; Leiter; Skala, der Maßstab
salire/'scendere le scale	*eine Treppe hinauf-/hinuntergehen*
sulle scale/per le scale	*auf der Treppe*
scambiare (con)	aus-, vertauschen, verwechseln (mit)
scappare	entweichen, -kommen, -gleiten; weglaufen
gli è scappato	*es ist ihm herausgerutscht*
la scarpa	der Schuh
'scegliere (scelto)	(aus)wählen, aussuchen
la scelta	die Wahl, Auswahl, Auslese
a scelta	*nach Wahl, Belieben*
la scena	die Szene; Bühne, der Schauplatz
'scendere (sceso)	hinunter-, heruntergehen; hinab-, herab-, aussteigen; sinken *(Preise)*
lo scherzo	der Scherz, Witz; das Scherzo
per scherzo/scherzi a parte!	*aus Spaß/Spaß bei Seite!*
la scienza	die Wissenschaft
lo scolaro/la scolara	der Schüler/die Schülerin
scontento, a (di)	unzufrieden (mit), ungehalten (über)
sconosciuto, a	unbekannt, fremd, völlig neu
lo scopo	der Zweck, das Ziel, die Absicht
allo/con lo scopo di	*zwecks* + gen
scoppiare	explodieren, knallen, (los)platzen
la rivoluzione/guerra/ malattia/il fuoco scoppia	*die Revolution/der Krieg/die Krankheit/das Feuer bricht aus*
una gomma scoppia	*ein Reifen platzt*
far(e) scoppiare	*sprengen*　　　　　*[sich (halb)tot*
scoppia a/dal 'ridere	*er bricht in Lachen aus, er lacht*
scorso, a	letzter, vergangener, voriger
l'anno scorso/do'menica scorsa	*voriges Jahr/vorigen Sonntag*
'scrivere a qn/con qc (scritto)	an jdn/mit etw schreiben
la scuola	die Schule
andare a scuola	*in die (zur) Schule gehen*
'essere a scuola	*in der Schule sein*
la scusa	die Entschuldigung, Ausrede; Rechtfertigung
con la scusa di	*unter dem Vorwand*
domandare scusa a qn	*jdn um Verzeihung bitten*
scusare	entschuldigen
mi scusi/'scusami!	*entschuldigen Sie/entschuldige!*

se conj — wenn, ob, falls
se no — *wenn nicht, sonst, andernfalls*
sè prn — sich
da sè (stesso) — *selbst, allein; selbständig, von selbst*
dentro di sè, tra sè e sè — *bei sich selbst*
secco, a, pl **secchi, secche** — trocken, dürr; herb (*Wein*)
il 'secolo — das Jahrhundert; Zeitalter; *fig* die Ewigkeit   [nach

secondo adj/prp — zweite(r); gemäß, entsprechend,
sedere — nieder-, hinsetzen
'esser(e), star(e) seduto — *sitzen*
sedersi — *sich setzen*
la sedia — der Stuhl
segreto, a — geheim(nisvoll), verschwiegen
il segreto — das Geheimnis
seguente — folgend, nachstehend
seguire — folgen; entlanggehen, befolgen (*Rat*)
segue — *Fortsetzung folgt*
il 'seguito — die Folge; das Gefolge
in/di 'seguito — *dann, darauf, anschließend/ hintereinander*

sei — sechs
il sesto/la sesta — *der/die sechste*
sembrare — (er-)scheinen, den Anschein haben
sembra triste/felice — *er sieht traurig/glücklich aus*
sembra che sia malato — *er scheint krank zu sein*
'semplice — einfach, schlicht; einfältig
sempre — immer (noch), stets
sempre che sia pos'sibile — *vorausgesetzt, daß es möglich ist*
il senso — der Sinn, die Bedeutung; Richtung
il buonsenso — *der gesunde Menschenverstand*
i cinque sensi — *die fünf Sinne*
in questo senso — *in diesem Sinne; in dieser Richtung*
(ciò, questo) non ha senso — *es ist sinnlos, es hat keinen Sinn*
il sentimento — das Gefühl, die Meinung; der Sinn
sentire — fühlen, (be-)merken; hören;
non sente bene — *er hört nicht gut*   [empfinden
sentirsi — *sich fühlen*
senza (di) — ohne, ohne zu
senza che + subj/*senza motivo* — *ohne daß/ohne Grund, grundlos*
senza dir(e) nulla/niente — *ohne etw zu sagen*
separare — trennen, entzweien

la sera	der Abend (*Zeitpunkt*)
stasera	*heute abend* [Abendgesellschaft
la serata	der Abend (*Zeitdauer*), die
la serie	die Serie, Reihe, der Satz; die Folge
la serietà	der Ernst
serio, a	ernst(haft), zuverlässig
servire	(be-)dienen, servieren
gli servì da pretesto	*das diente ihm als Vorwand*
non serve a nulla/niente	*er, es taugt (zu) nichts*
servirsi (di qn/qc)	*sich (jds/einer Sache) bedienen*
si serva/'serviti!	*bedienen Sie sich/bediene dich!*
il servizio	der (die) Dienst(stelle); die Bedienung; das Tafelgeschirr
'esser(e) di servizio	*Dienst haben*
'render(e) servizio a qn	*jdm einen Dienst erweisen*
la seta	die Seide
la sete	der Durst
aver(e) sete	*Durst haben, durstig sein*
sette	sieben
il s'ettimo/la s'ettima	der/die siebente
settembre , (*cf* agosto)	September
la settimana	die Woche
in settimana	*im Laufe dieser, der Woche*
la sfortuna	das Unglück, Unheil, Pech
sfortunato, a adj/	unglücklich/unglücklicherweise
sfortunatamente adv	
lo sforzo	die Anstrengung, Bemühung
lo sguardo	der Blick
dar(e) uno sguardo a qc	*einen Blick auf etw werfen*
sì	ja
si prn	man; sich
si vede, 'vedono	*man sieht*
si è lavato/pettinato	*er hat sich gewaschen/gekämmt*
la sicurezza	die Sicherheit
sicuro, a	sicher, gewiß; zuverlässig
la sigaretta	die Zigarette
significare	bedeuten
che (cosa) sig'nifica ciò?	*was soll das heißen, bedeuten?*
il significato	die Bedeutung
la signora	die (Ehe-)Frau; Herrin
il signore	der Herr
la signorina	das Fräulein
il silenzio	das Schweigen, die Stille, Ruhe
silenzio!	*still! Ruhe!*

silenzioso, a	still, ruhig, schweigsam
'simile (a)	ähnlich; gleich + *Dat;* derartig, solch
'singolo, a	einzeln
la sinistra	die Linke, linke Hand
a sinistra (di)	*links (von), nach links*
il sistema, pl **i sistemi**	das System; der Plan
la situazione	die Lage; Stellung; das Verhältnis
smarrire, smarrirsi	verlegen *(Bücher),* sich verirren
smarrito	bestürzt, verwirrt
sociale	sozial, Sozial-
la società inv	die Gesellschaft, Vereinigung; der Verein
il soffio, pl **i soffi**	der Atem(zug), Hauch/das Blasen
soffocare	ersticken, erwürgen, unterdrücken *(Aufruhr)*
soffrire (di) (sofferto)	leiden (an, unter); (er)dulden
soffre la fame/la sete	*er leidet (unter) Hunger/Durst*
non mi può soffrire	*er kann mich nicht leiden, ausstehen*
il soggetto	der Gegenstand; das Thema, der Stoff; die Idee *(Film);* das Subjekt
sognare	träumen
il sogno	der Traum
il sole	die Sonne
splende/c'è il sole	*die Sonne scheint*
al sole	*an die, in der Sonne; im Sonnenschein*
'solito	gewöhnlich, üblich
come al 'solito	*wie gewöhnlich*
solo, a adj **solamente** adv	allein/nur, erst
solo, solamente ieri/io	*erst gestern/nur ich*
la somma	die Summe, der Betrag
il sonno	der Schlaf
aver(e) sonno	*schläfrig, müde sein*
sopra prp/adv	auf; über; an/oben
soprattutto	*vor allem, besonders*
sordo, a adj	taub
il sordo, la sorda	der/die Taube *(Gehör)*
la sorella	die Schwester
'sorgere (sorto)	sich erheben, hervorkommen, entstehen
il sole sorge	*die Sonne geht auf*
sor'prendere (sorpreso)	überraschen, erwischen, ertappen

la sorpresa	die Überraschung, das Erstaunen
sor'ridere (di)/(a qn) (sorriso)	lächeln (über)/zulächeln
la sorte	das Los, Schicksal, Geschick
sostenere	(unter)stützen, -halten; tragen; behaupten
sostenere gli esami	*Prüfungen ablegen*
sostituire	ersetzen, vertreten
sottile	dünn; fein; *fig* scharf; spitzfindig
sotto prp/adv	unter/unten
sotto'scrivere (sottoscritto)	unterzeichnen
la spalla	die Schulter, Achsel
le spalle/alle spalle di qn	*der Rücken/hinter jds Rücken*
spaventare qn/spaventarsi	jdn erschrecken/erschrecken
lo spazio, pl **gli spazi**	der Raum, freie Raum, Platz; Weltraum
lo spazzolino (per/da denti)	die Zahnbürste
lo specchio, pl **gli specchi**	der Spiegel
speciale	besonderer, Sonder-, Spezial-
la specie inv	die Gattung, das Geschlecht; die
che specie di ...	*was für (ein) ...* [Art
spedire (con, per, 'tramite/a)	schicken, senden (mit, durch/an)
'spegnere (spento)	(aus)löschen, ausmachen
spenga/spegni (la luce)!	*löschen Sie/lösch das Licht aus!*
la speranza	die Hoffnung, Zuversicht, Erwartung
pieno di/senza speranza	*hoffnungsvoll/-los*
sperare	(er)hoffen, erwarten
la spesa	die Ausgabe; *pl* Kosten, Auslagen
è andata a far(e) la spesa	*sie ist einkaufen gegangen*
spesso adv	oft
lo spet'tacolo	die Vorstellung, das Schauspiel; der Anblick
la spiaggia, pl **le spiagge**	der Strand
spiegare	erklären, auseinandersetzen, klarstellen
spiegarsi	*sich ausdrücken*
non so se mi spiego!	*verstehen Sie, verstehst du mich recht!*
'spingere (spinto)	stoßen, drücken, schieben, *fig* treiben
lo 'spirito	der Geist, Verstand; Witz; Spiritus
sporco, a, pl **sporchi, sporche**	schmutzig, dreckig; gemein, unanständig

sposare qn	jdn heiraten, trauen (mit)
sposarsi (con)	*sich verheiraten (mit), heiraten*
stabilire	festsetzen, -legen, -stellen
stabilire un primato/una data	*einen Rekord aufstellen/Termin anberaumen*
stabilirsi	*sich niederlassen*
la stagione	die Jahreszeit; Spielzeit *theat*
la stampa	der (Buch-)Druck; die Presse
stampe/in corso di stampa	*Drucksache/im Druck*
la stanchezza	die Müdigkeit, Ermüdung
stanco, a, pl **stanchi, stanche**	müde, ermüdet, abgespannt
sono stanco di aspettare	*ich habe es satt, zu warten*
la stanza	die Stube, das Zimmer; *poet* die Stanze
stare	stehen, sein; bleiben; wohnen; passen
come sta/stai?	*wie geht es Ihnen/dir?*
questo cappello mi sta bene/male	*dieser Hut steht mir gut/schlecht*
questo gli starebbe (bene)	*das würde ihm (gut) passen*
ben Le/ti sta!	*es geschieht Ihnen/dir recht!*
dove sta/stai di casa?	*wo wohnen Sie/wohnst du?*
sta mangiando	*er ist bei Tisch, beim Essen, er ißt gerade*
lo stato	der Staat; Stand, Zustand
la stazione	der Bahnhof; die Station, Haltestelle
la stella	der Stern; *fig* Star; das Rädchen *tech*
stesso, a adj/adv	gleich/selbst
io stesso/essi stessi	*ich/sie selbst* pl
la stima	die Schätzung, Wertschätzung
con tutta stima	*hochachtungsvoll* (in Briefen)
stimare	(ein)schätzen, bewerten, (hoch)achten
la storia	die Geschichte *(a. Wissenschaft)*
la strada	die (Land-)Straße, der (Reise-)Weg
la prima strada a destra/sinistra	*die erste Straße rechts/links*
un pezzo di strada	*ein Stück Wegs*
questa strada conduce a 'Genova	*diese Straße führt nach Genua*
strada facendo	*unterwegs*
straniero, a adj	ausländisch

lo straniero	der Ausländer
strano, a	seltsam, merkwürdig, sonderbar
straordinario, a pl **-ari, -arie** adj	außergewöhnlich, -ordentlich
lo straordinario	Überstunden *pl*
stretto, a adj	eng, schmal, knapp
un'amicizia stretta	*eine enge, innige Freundschaft*
lo stretto	der Engpaß, die Meerenge
'stringere (stretto)	(zusammen)drücken; schließen *(Freundschaft)*; ballen *(Faust)*; drängen *(Zeit)*
'stringere la mano a qn	*jdm die Hand drücken*
studiare	lernen, studieren; untersuchen, forschen
lo studio, pl gli studi	das Studium, die Forschung; das Atelier, Arbeitszimmer
la stufa	der Ofen
'stupido, a adj	dumm
lo 'stupido	der Dummkopf
su prp/adv	auf; über/oben, hinauf, herauf, an
su!/sul Po	*auf!, vorwärts!/am Po*
su per giù/su e giù	*ungefähr/auf und ab*
subire	erleiden
'subito	sofort, gleich, bald [(nach)folgen
suc'cedere (successo)	geschehen, vorkommen, passieren;
che cosa è successo?	*was ist hier passiert, geschehen?*
il successo	der Erfolg
con/senza successo	*erfolgreich/-los*
il sud	der Süden
a sud (di)	*südlich (von), im Süden*
il suolo	der (Erd-)Boden; *fig* die Scholle
suonare	klingeln, läuten; klingen; spielen *mus*
su'onano/hanno suonato	*es klingelt/hat geklingelt*
le otto suonate/su'onano le sette	*acht Uhr genau/es schlägt sieben (Uhr)*
il suono	der Klang, Ton, Laut; Schall
superare	überwinden, übertreffen; überholen
superare gli esami/un pe'ricolo	*Examen bestehen/eine Gefahr überstehen*
superbo, a (di) adj	stolz (auf)
il superbo /la superba	der/die Stolze
superiore (a) adj	oberer, höher (als), überlegen
il superiore	der Vorgesetzte; Prior

supporre (supposto)   annehmen, vermuten; voraussetzen
  supponiamo che + subj   *nehmen wir an, daß*
  supponga/supponi che sia   *nehmen Sie/nimm einmal an, es sei*
  vero!   *wahr!*
svegliare/svegliarsi   wecken/aufwachen
la svista   das Versehen
  per svista   *aus Versehen, versehentlich*

T

il tabacco, pl **i tabacchi**   der Tabak
tacere (taciuto)   schweigen, verschweigen
tagliare   zu-, ab-, beschneiden; verschneiden
    (Wein)
tale   solch, so ein, derartig
  in tal caso   *in solchem Fall*
  tale e quale   *so wie es ist, unverändert, genauso*
  il Signor/la Signora Tal dei   *der Herr/die Frau Soundso*
  Tali
talvolta   manchmal, gelegentlich, mitunter
tanto, a adj/adv   so sehr, so viel, so lange
  tanto meglio/peggio   *um so besser/schlimmer*
  tanto quanto   *soviel wie*
  di tanto in tanto/ogni tanto   *dann und wann/ab und zu*
  ha tanti libri che   *er hat so viele Bücher, daß*
tardare (a far qc)   auf sich warten lassen; sich ver-
    späten; (ver)zögern
tardi   spät
  più tardi/al più tardi   *später/spätestens*
  far(e) tardi   *sich verspäten*
la 'tavola   der (Eß)Tisch, die Tafel; Tabelle
  apparecchiare la 'tavola   *den Tisch decken*
  'mettersi, sedersi a 'tavola   *sich zu Tisch, zum Essen setzen*
  'metter(e), portar(e) in   *auftragen*
  'tavola
il tavolino   das Tischchen, der Arbeitstisch
  stare a tavolino   *bei der Arbeit sitzen*
  'mettersi al tavolino   *sich an die Arbeit machen*
la tazza   die Tasse
  una tazza di/da caffè   *eine Tasse Kaffee/Kaffeetasse*
te prn   dich
  di te   *deiner, von dir*
  come te/'povero te!   *wie du/du Armer!*

il tè inv	der Tee
il teatro	das Theater; die Bühne; der Schauplatz
tedesco, a, pl **-schi, sche** adj (*cf* italiano)	deutsch
il tedesco/la tedesca	der/die Deutsche
telefonare (a qn)	(jdn) anrufen, telefonieren (mit)
il te'lefono	das Telefon
dar(e) un colpo di te'lefono a qn	*jdn anrufen*
il telegramma, pl **i telegrammi**	das Telegramm
la televisione/il televisore	das Fernsehen
temere	(be)fürchten
temere qn	*sich vor jdm fürchten*
il tempo	die Zeit; das Wetter; das Tempus; das Tempo *mus*
a tempo d'ebito, giusto/ in tempo	*zur passender Zeit/rechtzeitig*
al tempo di	*zur Zeit + gen*
di tempo in tempo	*von Zeit zu Zeit, hin und wieder*
un'ora di tempo	*eine Stunde Zeit*
con un tempo 'simile	*bei einem derartigen, solchen Wetter*
fa bel/brutto tempo	*es ist gutes/schlechtes Wetter*
il temporale	das Gewitter, Unwetter
'tendere(a) (teso)	streben (nach); reichen, spannen
'tendere la mano a qn	*jdm die Hand reichen*
'tender(e) l'orecchio	*die Ohren spitzen, horchen*
tenere	(fest-, be-, ent)halten; führen (*Bücher*)
tenerci a	*Wert darauf legen*
tentare	versuchen, reizen, in Versuchung führen
il 'termine	das Ende, Ziel; der Schluß; die Frist; der Termin
'termine 'tecnico	*Fachausdruck*
mezzo 'termine	*Ausweg*
la terra	die Erde; das Land(gut); *pl* Ländereien
a/per terra	*auf dem, den/zu Boden*
ter'ribile	schrecklich, furchtbar, fürchterlich
il tessuto	der Stoff, das Gewebe (*a. des Körpers*)
i tessuti	*die Textilien*

la testa	der Kopf, das Haupt; Kopfende; die Spitze
il tetto	das Dach
il tipo	der Typ, das Muster; *fam* der Kerl
tirare	ziehen; schießen; werfen
tirare a sorte	*(aus)losen*
tirare un sasso	*einen Stein werfen*
tirarsi indietro	*sich aus der Affäre ziehen*
il 'titolo	der Titel; die Anrede; der Rechtstitel; das Wertpapier
a 'titolo di	*(in der Eigenschaft) als*
toccare	anfassen, berühren; angreifen; -stoßen
i bambini 'toccano tutto	*Kinder fassen alles an*
tocca i novecento marchi al| il mese	*er bezieht fast 900 Mark monatlich*
a chi tocca?|tocca a me (di)	*wer ist an der Reihe?|ich bin an der Reihe, es ist an mir (zu)*
'togliere (tolto)	weg-, abnehmen; entziehen
'togliere la parola a qn	*jdm das Wort abschneiden*
'togliersi	*ausziehen (Kleidung)*
la toletta	die Toilette *(Handlung)*; Kleidung
far(e) toletta	*sich waschen, kämmen, anziehen, Toilette machen*
il tono	der Ton; Farbton
'torbido, a	trübe, unklar, unrein
tornare	zurückkommen; umkehren
il torto	das Unrecht
aver(e) torto	*unrecht haben*
far(e) torto a qn	*jdm schaden, Unrecht tun, zufügen*
a torto	*zu Unrecht*
tra (cf fra)	zwischen; unter; in, binnen; bei
la tradizione	die Tradition, Überlieferung
il 'traffico, pl i 'traffici	der Verkehr/(das Verkehrswesen); Handel
arteria del 'traffico	*Hauptverkehrsstraße*
tramontare	untergehen
tranquillo, a	ruhig, friedlich, still *(Schlaf)*, unbesorgt
stia|sta tranquillo!	*seien Sie|sei unbesorgt!*
trasportare	fortschaffen, transportieren, befördern
trattare	be-, verhandeln
trattar(e) bene|male|da amico	*gut|schlecht|als Freund behandeln*

trattar(e) la pace	*über den Frieden verhandeln*
di che (cosa) si tratta?	*worum handelt es sich?*
il trattato	der Vertrag, das Abkommen; die Abhandlung
il tratto	der Strich; (Charakter-)Zug, das Merkmal; die Strecke
d'un/a(d) un tratto	*auf einmal, plötzlich, in einem Nu*
tre	drei
il terzo/la terza	*der/die dritte*
tremare (di, da)	zittern (vor)
trema di/dal freddo	*er zittert vor Kälte*
il treno	der Zug; *fig* Aufwand
trenta	dreißig
il tribunale	das Gericht, der Gerichtshof
triste (per)	traurig, betrübt (über); düster
la tristezza	die Traurigkeit, Schwermut
troppo, a adj/adv	zuviel, zu sehr, zu + *adj*
troppo lavoro	*zuviel Arbeit*
troppo grande/poco/tardi/ presto	*zu groß/wenig/spät/früh*
Le/ti piace? — non troppo	*gefällt es Ihnen/dir? — Nicht besonders*
trovare	finden, treffen; erfinden
dove posso trovar(e)	*wo kann ich bekommen*
trovarsi/bene	*sich (be)finden/wohl fühlen*
il tuono	der Donner
turbare	stören, trüben, verwirren
tuttavia conj/adv	jedoch, dennoch; noch immer, trotzdem
tutto, a adj/adv	ganz, all, alles; *pl* alle
tutti, tutte e due	*alle beide*
tutti i giorni/mesi	*alle Tage/Monate*
del tutto/in tutto	*vollständig, ganz und gar/im ganzen*
tutto d'un colpo	*plötzlich, mit einem Schlag*
questo è tutto	*das ist alles*
è tutto contento	*er ist ganz, sehr zufrieden*

U

l'uccello	der Vogel
uc'cidere (ucciso)	töten, umbringen, erschlagen
ufficiale adj	offiziell, amtlich
l'ufficiale m	der Offizier; Beamte

l'ufficio, pl **gli uffici** — das Büro, Amt; die Amtsstube
'ultimo, a — letzte(r, s), äußerste(r)
  'ultime notizie/in/da 'ultimo — *neueste Nachrichten/zuletzt*
l'umanità f — die Menschheit; Menschlichkeit
umano, a — menschlich, menschenfreundlich
  il 'genere umano — *das Menschengeschlecht*
'umido, a — feucht, naß
l'umore m — die Stimmung, Laune, der Humor
  di buon/cattivo umore — *guter/schlechter Laune*
'undici — elf
'unico, a, pl **'unici, 'uniche** — einzig(artig), unvergleichlich; allein
  è figlio 'unico/è figlia — *er ist der einzige Sohn/sie ist die*
  'unica — *einzige Tochter; er/sie ist ein*
  Einzelkind
l'unione f — die Einigung, der Zusammenschluß, die Vereinigung
l'unità f inv — die Einheit
un/uno/una — ein/e; eins
  il primo/la prima — *der/die erste*
  il ventu'nesimo/la — *der einundzwanzigste/die einund-*
  trentu'nesima — *dreißigste*
l'uomo, pl **gli u'omini** — der Mensch; Mann
l'uovo, pl **le uova** — das Ei
  un uovo sodo/uova ad — *ein hartgekochtes Ei/Spiegeleier*
  occhio di bue, al tegamino
urtare (contro) — stoßen (gegen); anfahren, *fig* verletzen
usare — anwenden, gebrauchen, (ver)brauchen   *[bedienen*
  usare qc — *etw benutzen, sich einer Sache*
  mi usi/'usami la cortesia di — *seien Sie/sei so liebenswürdig und*
usato, a — ver-, gebraucht, abgenutzt, abgetragen
uscire (di, da) — heraus-, hinausgehen, -fahren, -kommen
  è uscito — *er ist hinausgegangen, nicht zu*
  Hause   *[lichung)*
  è uscito proprio ora — *soeben erschienen (Veröffent-*
l'uscita f — der Ausgang, -weg, die Ausfahrt, -reise; -gabe
  trovar(e) una via d'uscita — *einen Ausweg finden*
l'uso m — der Brauch, Gebrauch; die Benutzung; Anwendung; Sitte
  in uso/d'uso — *gewöhnlich*

fuori d'uso	*unbrauchbar, nicht mehr in Gebrauch*
è d'uso in Italia	*das ist in Italien Sitte, üblich*
far(e) buon uso di qc	*etw gut verwenden*
'utile	nützlich, nutzbar, brauchbar
in tempo 'utile	*zur rechten Zeit*
questo Le/ti può 'essere 'utile	*das kann für Sie/dich nützlich sein*
l'uva f	die Weintraube

V

le vacanze pl	die Ferien, der Urlaub
andare in vacanze	*in die Ferien reisen* [wagen
il vagone	der Waggon, Eisenbahn-, Güter-
valere (valso)	wert sein, gelten; *fig* nützen
non vale nulla, niente	*das ist nichts wert*
che vale?	*was nützt das?*
vale a dire che	*das bedeutet, daß*
la valigia, pl **le valig(i)e**	(Hand-)Koffer
far(e) le valig(i)e	*die Koffer packen*
la valle	das Tal
a valle	*talwärts*
il valore	der Wert, die Bedeutung, Wichtigkeit; Tapferkeit
di valore/del valore di	*wertvoll/im Werte von*
vano, a	vergeblich, unnütz, leer, hohl, *fig* eitel
il vantaggio, pl **i vantaggi**	der Vorteil, Vorzug, Vorsprung, Nutzen
il vapore	der Dampf, Dunst; (Fracht-)Dampfer
vasto, a	weit, ausgedehnt, umfangreich
vecchio, a, pl **vecchi, -ie** adj	alt
il vecchio, pl **i vecchi**	der Greis
vedere (visto, veduto)	sehen
vedere con i propri occhi	*mit eigenen Augen sehen*
far(e) vedere qc	*etw sehen lassen, zeigen*
vedremo!	*wir wollen sehen!, abwarten!*
veda/vedi se è già tornato!	*sehen Sie/sieh nach, ob er schon zurückgekommen ist!*
vederci/ci vedo/non ci vedo	*sehen können/ich kann sehen/ich kann nicht sehen*

la velocità inv	die Geschwindigkeit, Schnelligkeit
a tutta velocità	*in aller Eile, mit voller Geschwindig-*
'vendere	verkaufen [*keit*
'vender(e) a caro prezzo	*teuer verkaufen*
la 'vendita	der Verkauf
venerdì m (*cf* do'menica)	Freitag
venire (da) (venuto)	(her)kommen (von)
far(e) venire	*kommen lassen*
mi vien(e) fame	*ich bekomme Hunger, ich werde*
	hungrig
vengo chiamato/veniamo	*ich werde/wir werden gerufen,*
chiamati	*genannt*
venti	zwanzig
ven'tesimo, -ma	der/die zwanzigste
il vento	der Wind
verde	grün
la verdura	das Gemüse
la verità inv	die Wahrheit
vero, a adj/**veramente** adv	wahr, wahrhaft, echt
versare	aus-, verschütten; eingießen
versar(e) vino/denaro	*Wein einschenken/Geld einzahlen*
verso	in Richtung auf, nach; gegen *(zeit-*
	lich)
il verso	der Vers; Schrei *(anderer Tiere);*
	Schlag *(Vögel)*
il vestiario, pl **i vestiari**	die Kleidung
il vestito	das Kleid, der Anzug
il vetro	das Glas; die Fensterscheibe
via adv	weg
andar(e) via	*weggehen*
su via!	*los!*
la via	die Straße *(in Ortschaft)*
'abita in Via Dante,	*er wohnt (in der) Dante-Straße 3*
'numero tre	
via 'Brennero/mare	*über den Brenner/auf dem Seeweg*
viaggiare	(be)reisen
il viaggiatore/la	der/die Reisende, der Fahrgast
viaggiatrice	
il viaggio, pl **i viaggi**	die Reise, Fahrt
far(e) un viaggio in Italia/	*eine Reise nach Italien/ins Ausland*
all''estero	*machen*
vicino, a adj/prp	benachbart, Nachbar-/nahe bei
qui vicino /vicino a me	*in der Nähe/neben mir, mich*
il vicino/la vicina	der Nachbar, die Nachbarin

vietare	verbieten, untersagen
vietato l'ingresso!	*Eintritt verboten!*
vietato toccare la merce!	*das Berühren der Ware verboten!*
la vigna	der Weinberg
il villaggio, pl **i villaggi**	die Ortschaft, das Dorf
il vino	der Wein
violento, a	heftig, gewalttätig, stark
la violenza	die Gewalt, Gewalttätigkeit, Heftigkeit
la virtù inv	die Tugend
in virtù di	*kraft* + gen
la 'visita	der Besuch; die Besichtigung; Untersuchung *(Kranke)*
visitare	besuchen; besichtigen; durchsuchen
visitare un malato	*einen Kranken untersuchen/besuchen*
la vista	die An-, Aussicht, der Ausblick; das (der) Gesicht(ssinn), die Sehkraft, das Sehvermögen
a prima vista	*auf den ersten Blick*
alla vista di	*beim Anblick* + gen
ha la vista 'debole	*er hat schwache Augen*
con'oscer(e) qn di vista	*jdn vom Sehen kennen*
la vita	das Leben; der Lebensunterhalt; die Taille
la 'vittima	das Opfer *(Mensch/Tier)*
la vittoria	der Sieg
vivace	lebhaft; munter; aufgeweckt
vivente	lebendig, lebend
'vivere	leben (von); verleben
vive a Milano/in Sicilia	*er lebt in Mailand/Sizilien*
ha vissuto una bella vita	*er hat ein schönes Leben geführt, gelebt*
vivo, a	lebhaft; lebendig, lebend
la voce	die Stimme; *fig* das Gerücht
parlar(e) a bassa/ad alta voce	*leise/laut sprechen*
corre voce che	*es geht das Gerücht um, daß*
volare	fliegen; *fig* eilen
volentieri	gern
volere	wollen, mögen
gli/le voglio bene	*ich habe ihn/sie gern*
vorrei aiutarLa/aiutarti	*ich möchte Ihnen/dir helfen*
che vuol dir(e) questa parola?	*was bedeutet dieses Wort?*

non me ne voglia/non *vo'lermene!*	*Seien Sie/sei mir nicht böse!*
ci vuole/ci 'vogliono	es ist/es sind nötig
la volontà inv	der Wille
contro la mia/tua volontà	*gegen meinen/deinen Willen*
a volontà	*nach Belieben*
volontario, a, pl **-ari, -arie** adj	freiwillig
il volontario, pl **i volontari**	der Freiwillige
la volta	das Mal; die Wendung; das Gewölbe, die Wölbung
una volta/un'altra volta	*einmal/ein andermal*
qualche volta/a mia volta	*manchmal/meinerseits*
ogni volta	*jedes Mal*
voltare	wenden; (her)umdrehen
voltar(e) le 'pagine	*umblättern*
volti/volta a destra/sinistra	*biegen Sie/biege rechts/links ab*
voltarsi	*sich umdrehen, wenden*
vuoto, a adj	leer
il vuoto	die Leere, der Hohl-, Zwischenraum, das Vakuum

Z

lo zero	die Null; *fig* das Nichts
non vale uno zero	*er ist nichts wert*
la zona	die Zone
lo 'zucchero	der Zucker

Der Aufbauwortschatz

I. Quantität

1. Zahlen (cf 68)

Grundwortschatz: cifra, conto, differenza, divisione, dozzina, metà, 'numero, operazione, parte, resto, risultato, somma, volta, zero — 'numeri principali da 0 a 100; mille, milione, miliardo — centinaio, decina, migliaio — aumentare, comporre, contare, diminuire, di'videre, restare — doppio, mezzo, quarto, 'semplice — differente, eguale, giusto, intero, numeroso, 'unico — meno, più.

il totale	der Gesamtbetrag, die Summe
la frazione	der Bruch
il prodotto	das Produkt, der Ertrag
il 'calcolo	die Zahlenrechnung, das Rechnen, die Berechnung
l'addizione f	die Addition, das Zusammenzählen
il problema, pl i problemi	das Problem; die (Mathematik-) Aufgabe
la 'virgola	das Komma
il 'numero intero	die ganze Zahl
il 'numero cardinale/ ordinale	die Grund-/Ordnungszahl
il paio/la coppia	das Paar *(Sachen)*/Paar *(Mann und Frau)*
una quindicina/una quindicina di giorni	(etwa) fünfzehn/14 Tage
'tredici	dreizehn
quat'tordici	vierzehn
'quindici	fünfzehn
'sedici	sechzehn
diciassette	siebzehn
diciotto	achtzehn
diciannove	neunzehn
con'sistere (in)	bestehen (aus)
calcolare	(aus-, be)rechnen
ag'giungere	hinzufügen
moltiplicare (per)	vermehren, multiplizieren (mit)
sottrarre	abziehen, subtrahieren

addizionare	zusammenzählen, addieren

totale	Gesamt-, gesamt, vollständig
('dis)pari	(un)gerade
(in)definito, a	(un)bestimmt
esatto, a	genau, exakt, richtig
sbagliato, a	verzählt, verrechnet, geirrt, getäuscht

Sätze und Redewendungen: *qual è il quarto/qual è la metà di . . .?* wieviel ist ein Viertel/die Hälfte von . . .? — *quanto fa(nno) . . .?* wieviel ist/sind . . .? — *cinque più sette fa(nno)* '*dodici* $5 + 7 = 12$; *venti meno nove fa(nno)/uguale* '*undici* $20 - 9 = 11$; *sei per due (uguale)* '*dodici* $6 \times 2 = 12$; *ottanta diviso (per) dieci (uguale) otto* $80 : 10 = 8$ — *è esatto/giusto* das stimmt/es ist richtig — *si è sbagliato a contare/ha calcolato male* er hat sich verzählt/verrechnet — *ha fatto/commesso un errore di* '*calcolo* er hat einen Rechenfehler gemacht/sich verrechnet — *tre quarti* $^3/_4$ — *quattro quinti* $^4/_5$ — *due cen'tesimi* $^2/_{100}$ — *tre* '*virgola cinque* $3,5$ — *venire a cento a cento/a mille a mille* zu Hunderten/Tausenden kommen — *uno e mezzo* $1^1/_2$ — *due chili e mezzo* $2^1/_2$ kg — *la metà della classe* die halbe Klasse — *mezza dozzina di calze* ein halbes Dutzend Strümpfe — *a due a due/a tre a tre* zu zweit/dritt — *un paio di scarpe* ein Paar Schuhe — *una coppia* ein Paar (Mann und Frau) — *qualche libro/alcuni libri* ein paar Bücher.

2. Maße, Ausmaße und Gewichte

Grundwortschatz: chilo, chi'lometro, distanza, litro, metro, misura, peso, profondità, quintale, sistema, spazio — di'videre, misurare, paragonare, pesare — alto, basso, corto, enorme, fine, grande, grosso, immenso, largo, leggero, lungo, pesante, piatto, 'piccolo, profondo, sottile, stretto, vasto — forte, molto, solamente, tutto.

l'altezza f	die Höhe
la lunghezza	die Länge
la larghezza	die Breite
la superficie, pl -ci	die Fläche, Oberfläche
il volume	der Rauminhalt, das Volumen
la misura di lunghezza/di superficie/di volume	das Längen-/Flächen-/Raummaß
il grammo	das Gramm
il cen'timetro	das Zentimeter

il mil'limetro	das Millimeter
il metro quadrato/cubo	das Quadrat-,/Kubikmeter
il grado	der Grad
l'et'tolitro m	das Hektoliter
calcolare	berechnen
'esser(e) diviso, a (in)	zerteilt (in)
quadrato, a	quadratisch, Quadrat-
cubo	kubisch, Kubik-

Sätze und Redewendungen: *questa casa è alta 'dodici metri/lunga venticinque (metri)* dieses Haus ist 12 m hoch/25 m lang — *la via della stazione è larga trentotto metri* die Bahnhofstraße ist 38 m breit — *questo lago (non) è molto profondo* dieser See ist (nicht) sehr tief — *è fatto su misura* es ist nach Maß angefertigt — *la nostra squadra ha vinto di misura* unsere Mannschaft hat knapp gewonnen — *non ha preso molto spazio* es hat nicht viel Platz eingenommen.

3. Mengenangaben

Grundwortschatz: bicchiere, bottiglia, divisione, goccia, gruppo, massa, mucchio, pacco, parte, pezzo, resto, sacco, serie, vuoto — aumentare, bastare, colmare, diminuire, mancare, ridurre, riempire, riunire, superare — abbastanza, altrettanto, ancora, bene, molto, più, poco, quanto, quasi, tanto, troppo — completo, conside'revole, estremo, forte, intero, leggero, nessuno, niente, nullo, numeroso, ogni, pieno, profondo, qualche, tutto, vuoto — affatto, assolutamente, completamente.

la quantità inv	die Quantität, Menge
la proporzione	das Verhältnis, die Proportion
il miscuglio	die Mischung, das Gemisch
la piccolezza	die Kleinigkeit
la partita	der Posten, die Menge, Partie
privare qn di qc	jdm etw entziehen, jdn um etw bringen
contribuire (a)	beitragen, beisteuern (zu)
'crescere (in)	zunehmen (an), wachsen
ac'crescere	vergrößern, steigern
abbassare	senken, vermindern, herabsetzen
esaurire	erschöpfen, ver-, aufbrauchen
ammassare	an-, aufhäufen, zusammentragen

sufficiente/sufficiente- **mente**	genügend, ausreichend
interamente	gänzlich, ganz

Sätze und Redewendungen: *un poco/un po' (di pane)* ein wenig (Brot) — *in quantità/a mucchi* in Menge/haufenweise — *tutt'al più* höchstens — *in 'piccoli quantitativi* in kleinen Mengen — *in proporzione a* im Verhältnis zu — *averne abbastanza di qc* genug haben/ mit etw auskommen — *si so'migliano come due gocce d'acqua* sie ähneln sich wie ein Ei dem anderen — *in gran massa* massenhaft — *del resto* übrigens.

II. Zeit

4. Zeitpunkt, Zeitraum

Grundwortschatz: avvenire, 'epoca, estremità, età, fine, giovinezza, passato, presente, principio, ritardo, tempo, vacanze, volta — affrettarsi, at'tendere, cessare, cominciare, continuare, durare, finire, fuggire, guadagnare, inter'rompere, passare, ri'mettere, scappare, 'stringere, tardare, volare — eterno, immediato, improvviso, moderno, nuovo, originale, passato, presente, pronto, raro, scorso, vecchio — adesso, allora, ancora, anzitutto, da, dopo, già, immediatamente, improvvisamente, infine, mai, ora, poi, presto, quando, 'subito, talvolta, tanto, tardi.

il pe'riodo	der Zeitabschnitt, -raum, die Periode
l'infanzia f	die Kindheit, das Kindesalter
la vecchiaia	das (Greisen-, hohe) Alter
l'apertura f	die Eröffnung, der Beginn
la fretta	die Hast, Eile
'scorrere	verstreichen, -rinnen, -fließen
ri'mettersi (a)	wieder anfangen/beginnen (mit)
antico, a, pl **antichi, antiche**	antik, alt(modisch)
attuale/attualmente	gegenwärtig, augenblicklich
futuro, a	künftig, zukünftig
recente/recentemente	neu/neulich, vor kurzem
brusco, a, pl **bruschi,** **brusche**	plötzlich, unerwartet, brüsk
breve	kurz *(zeitlich)*
primitivo, a	primitiv, ursprünglich, einfach

Sätze und Redewendungen: *in avvenire/nel futuro* in Zukunft, künftig — *al momento attuale* gegenwärtig — *da tempi antichi* von jeher — *di tanto in tanto* von Zeit zu Zeit, hin und wieder — *non ho tempo di* ich habe keine Zeit zu — *è ormai tempo (di)* es ist höchste Zeit — *alla fine* am Ende, schließlich — *c'era una volta . . .* es war einmal . . . — *all'età di trent'anni* im Alter von 30 Jahren — *ogni principio è dif'ficile* aller Anfang ist schwer — *è arrivato in ritardo* er ist mit Verspätung angekommen — *si affretti/aff'rettati!* beeilen Sie sich/beeile dich! — *non è durato molto* es hat nicht lange gedauert — *arrivederci presto!* auf bald, auf baldiges Wiedersehen, bis nachher!

5. Kalender

Grundwortschatz: agosto, annata, anno, aprile, autunno, dicembre, do'menica, estate, febbraio, gennaio, giornata, giorno, giovedì, giugno, inverno, luglio, lunedì, maggio, martedì, marzo, mercoledì, mese, novembre, ottobre, primavera, 'sabato, 'secolo, settembre, settimana, stagione, venerdì — avant'ieri, domani, dopodomani, ieri, mai, oggi, sempre, spesso, talvolta.

la data	das Datum
l'anniversario m	der Jahrestag
il compleanno	der Geburtstag
l'ono'mastico m	der Namenstag
il Capodanno	Neujahr
Pasqua	Ostern
la Pentecoste	Pfingsten
Natale	Weihnachten

Sätze und Redewendungen: *che giorno (della settimana) è oggi?* welchen (Wochen-)Tag haben wir heute? — *quanti ne abbiamo oggi?* der wievielte ist/den wievielten haben wir heute? — *oggi ne abbiamo 'sedici/oggi è il 'sedici (di) maggio* heute haben wir den/heute ist der 16. Mai — *do'menica passata/scorsa* vergangenen/letzten Sonntag — *il mese passato/scorso* (im) vergangenen Monat — *oggi a otto* heute in 8 Tagen — *domani a 'quindici* morgen in 14 Tagen — *di giorno in giorno* von Tag zu Tag — *nel ven'tesimo 'secolo* im 20. Jahrhundert — *a Pasqua/Pentecoste/Natale* zu Ostern/Pfingsten/Weihnachten — *Natale è arrivato* Weihnachten ist gekommen/da — *buona Pasqua!* fröhliche Ostern! — *Buon Anno!* Gutes Neues Jahr! — *oggi è il mio compleanno/ono'mastico* heute ist mein Geburtstag/Namenstag — *è stata una brutta giornata/annata* es war ein schlechter Tag/ein schlechtes Jahr — *mai e poi mai!* nie und nimmermehr! — *a metà gennaio/febbraio, etc* Mitte Januar/Februar, etc.

6. Uhrzeit, Uhr

Grundwortschatz: an'ticipo, giornata, istante, mattina, mattino, mezzanotte, mezzogiorno, momento, notte, ora, orologio, pomeriggio, quarto, ritardo, sera, serata, 'termine — caricare, indicare, regolare, suonare, svegliare, svegliarsi — lento, mezzo, passato, preciso, 'rapido, scorso.

il cro'nometro	die Stoppuhr
la campana	die Glocke, Klingel
la sveglia	der Wecker
la lancetta	der Zeiger
la lancetta 'piccola/grande	der Stunden-/Minutenzeiger
il minuto	die Minute
il secondo	die Sekunde
andare avanti/indietro	vor-,/nachgehen
'mettere avanti/indietro	vor-,/nachstellen
fermarsi	stehenbleiben

Sätze und Redewendungen: *oggi/ieri/domani pomeriggio* heute/ gestern/morgen nachmittag — *questa notte, stanotte* heute nacht — *una notte* eines Nachts, in einer Nacht — *un giorno/una sera* eines Tages, einst/eines Abends — *la mattina/il pomeriggio/la sera/la notte* am Morgen, morgens/am Nachmittag, nachmittags/am Abend, abends/in der Nacht, nachts — *a mezzogiorno* mittags, um 12 Uhr mittags — *(oggi) a mezzogiorno* heute mittag — *di buon'ora/di primo mattino* am frühen Morgen, in aller Frühe — *nel corso della/ entro la mattinata* im Laufe des Vormittags — *questa mattina* heute vormittag — *(durante) tutto il giorno* den ganzen Tag — *per ore e ore/per settimane e settimane, etc* stunden-/wochenlang — *per qualche tempo* für einige Zeit/eine Zeitlang — *dalla mattina alla sera/ da mane a sera* von morgens bis abends/von früh bis spät.
a che ora/quando ritornerà (Lei)? wann/um welche Zeit werden Sie kommen? — *alle dieci e mezzo* um $^1/_2$11 Uhr — *sono le tre precise/in punto/spaccate* es ist Punkt 3 (Uhr) — *sono le tre e dieci/venti/ ventinove* es ist 10/20 Minuten nach 3/1 Minute vor $^1/_2$4 (Uhr) — *sono le sei meno cinque/venti* es ist 5/20 Minuten vor 6 (Uhr) — *sono sonate le cinque/sono le cinque sonate* es hat gerade 5 (Uhr) geschlagen — *sono le dieci passate* es ist 10 Uhr vorbei.
due ore di 'seguito/consecutive 2 Stunden hintereinander — *guardare l'orologio* nach der Uhr sehen — *il mio orologio fa/segna le otto* nach meiner Uhr ist es 8 (Uhr) — *ho regolato il mio orologio con quello della stazione* ich habe meine Uhr nach der Bahnhofsuhr gestellt, ge-

richtet — *il tuo orologio va avanti/il mio indietro* deine Uhr geht vor/
meine nach — *ho messo l'orologio avanti/indietro (di cinque minuti)*
ich habe meine Uhr (5 Minuten) vor-/nachgestellt — *ha l'ora
precisa/esatta?* haben Sie (die) genaue Zeit? — *'mettere l'orologio/la
sveglia alle sette* die Uhr/den Wecker auf 7 Uhr stellen — *andare
bene/'esser(e) esatto* richtig gehen *(Uhr)*/pünktlich sein — *al momento,
per ora* im Augenblick, im Moment — *nel momento in cui* in dem
Augenblick, als.

III. Weltall

7. Himmel und Weltall

Grundwortschatz: cielo, est, luce, luna, materia, mondo, natura,
nord, orizzonte, ovest, raggio, sole, spazio, stella, sud — girare,
levarsi, mu'overe, mu'oversi, tramontare — brillante, immenso,
im'mobile, infinito, lontano, naturale, 'prossimo.

il chiarore	die Helligkeit, der Licht(schimmer), Glanz
il riflesso	der Widerschein, Reflex
il fe'nomeno	die (Natur-)Erscheinung, das Phänomen
l'arcobaleno m	der Regenbogen
il punto cardinale	die Himmelsrichtung
l'universo m	das Weltall, Universum
l'alba f	die Morgendämmerung
l'aurora f	die Morgenröte
il tramonto	die Abenddämmerung, der Sonnenuntergang
brillare	leuchten, strahlen, scheinen, glänzen
'splendere	leuchten, schimmern, scheinen
abbagliare	blenden
alzarsi/spuntare	aufgehen
'spegnersi	erlöschen, aus-, vergehen
'crescere	zunehmen, wachsen
de'crescere	abnehmen
calare	sinken, untergehen *(Sonne);* abnehmen *(Mond)*
splendente	strahlend, hell leuchtend
(in)vi'sibile	(un)sichtbar

'**fisico**   physikalisch, physisch
spaziale   Weltraum-

Sätze und Redewendungen: *col levarsi del sole* bei Sonnenauf-
gang — *al tramonto/col calar(e) del sole* bei Sonnenuntergang —
mentre scende la notte/col calar(e) delle 'tenebre bei Einbruch der
Nacht — *il giorno spunta* der Tag bricht an — *i giorni 'crescono* die
Tage nehmen zu/werden länger — *la luna cresce/è luna crescente* der
Mond nimmt zu — *la luna decresce/è luna calante* der Mond nimmt
ab/es ist abnehmender Mond — *dormire all'albergo della luna*
unter freiem Himmel schlafen — *lavorare all'aperto/all'aria aperta*
draußen/im Freien arbeiten — *grazie al cielo!* Gott sei Dank! — *per
amor del cielo!* um Gottes willen! — *le stelle 'splendono in cielo* die
Sterne leuchten am Himmel.

8. Wetter

Grundwortschatz: aria, caldo, freddo, fresco, cielo, ghiaccio,
goccia, lampo, nebbia, neve, pioggia, tempo, temporale, tuono,
vento — bagnare, cadere, cambiare, gelare, pi'overe, scoppiare,
tirare — asciutto, bello, brutto, caldo, cattivo, chiaro, freddo,
fresco, pesante, secco, 'umido, violento.

la temperatura	die Temperatur
il ter'mometro	das Thermometer
il ba'rometro	das Barometer
il grado	der Grad
il clima	das Klima
la 'nuvola	die Wolke
la tempesta	der Sturm, das Unwetter
il 'fulmine	der Blitz(schlag)
la brina	der (Rauh-)Reif
la ru'giada	der Tau
la 'grandine	der Hagel
tremare (di/da)	zittern (vor), erschauern
nevicare	schneien
gonfiare	aufblasen, anschwellen lassen
tuonare	donnern
guizzare	zucken *(Blitz)*
lampeggiare	blitzen

Sätze und Redewendungen: *il ba'rometro è salito/sceso* das
Barometer ist gestiegen/gefallen — *è segno di bel tempo/di pioggia*

das ist ein (Vor-)Zeichen für schönes Wetter/für Regen — *il ter'mometro segna dieci gradi sotto/sopra zero* das Thermometer zeigt 10⁰ unter/über Null — *sono 'quindici gradi sotto zero* es ist minus 15⁰ — *tira/c'è vento* es ist windig/es zieht — *lampeggia/è (ha) lampeggiato* es blitzt/hat geblitzt — *il 'fulmine cade su di un 'albero* der Blitz schlägt in einen Baum ein — *pare che voglia pi'overe/far(e) bello* es sieht nach Regen/schönem Wetter aus — *piove a catinelle/ a rovesci, a dirotto* es regnet in Strömen/es gießt — *'esser(e) bagnato come un pulcino* bis auf die Haut naß/durchnäßt sein — *il tempo si cambia* das Wetter schlägt um/ändert sich — *tempo permettendo* wenn es das Wetter erlaubt — *qui è ben caldo/fresco* hier ist es angenehm warm/kühl — *con qualunque tempo* bei jedem Wetter — *dopo la pioggia viene il sereno* auf Regen folgt Sonnenschein.

9. Erd- und Länderkunde

Grundwortschatz: abitante, acqua, bordo, bosco, cammino, campagna, campo, capitale, città, corso, deserto, fiume, foresta, frontiera, gola, lago, letto, mare, montagna, onda, orizzonte, paese, pianura, pietra, porto, quartiere, regione, sabbia, spiaggia, strada, valle, via, villaggio, vista — circondare, coprire, formare, separare, tremare — alto, basso, calmo, chiaro, corrente, piatto, puro.

il continente	der Kontinent, Erdteil; das Festland
la colonia	die Kolonie
la me'tropoli inv	die Großstadt
il capoluogo di regione/ provincia	die Landes-/Provinzhauptstadt
la popolazione	die Bevölkerung
il paesaggio, pl **i paesaggi**	die Landschaft
il parco, pl **i parchi**	der Park
il pendio, pl **i pendii**	der (Ab-)Hang, die Böschung, das Gefälle
la collina	der Hügel
l'altopiano m	die Hochebene, das Plateau
la catena dei monti	die Gebirgskette
l'altezza f	die Höhe
la sommità inv/**cima/ vetta**	der Gipfel, die Spitze, der höchste Punkt
la roccia, pl **le rocce**	der Fels(en)
lo scoglio, pl **gli scogli**	die Klippe
la cascata	der Wasserfall
il ruscello	der Bach

il torrente	der Wildbach
la costa	die Küste
il corso superiore/inferiore	der Ober-/Unterlauf
la foce	die Mündung
l'o'ceano m	der Ozean
la baia/il golfo	die Bai, Bucht/der Golf
il bacino	das (Hafen-)Becken, Bassin
l''isola f	die Insel
la pe'nisola	die Halbinsel
il vulcano	der Vulkan
la profondità marina	die Meerestiefe
lo stretto	die Meerenge
l'alta montagna f	das Hochgebirge
il canale	der Kanal
'esser(e) situato, a (su)	liegen, gelegen sein (an)
sbarrare	(ver)sperren
'ergersi	sich erheben, emporragen, stehen
spiccare (su)	sich abheben (von, gegen)
sboccare/gettarsi (in)	münden, sich ergießen (in)
gonfiare	anschwellen *(Fluß)*
zampillare	hervorsprudeln
'stendersi	sich erstrecken/ausbreiten, -dehnen
'ripido, a	steil, jäh *(Hang)*
'torbido, a	trübe, schmutzig

Sätze und Redewendungen: *in alto mare/o'ceano* auf hoher See/ mitten im Ozean — *'vivere su (di) un''isola* auf einer Insel leben — *oltremare* jenseits des Meeres, in Übersee — *i paesi/il commercio d'oltremare* Überseeländer/-handel — *il fiume Po sbocca nel Mar Adri'atico* der Po mündet ins Adriatische Meer — *l'Italia Meridionale è 'povera di fiumi* Süditalien ist arm an Flüssen — *nella pianura padana c'è spesso nebbia* in der Po-Ebene gibt es oft Nebel — *l'Italia è una pen'isola* Italien ist eine Halbinsel — *la Sicilia è la più grande delle 'isole italiane* Sizilien ist die größte italienische Insel — *l'Italia conta venti regioni e cento province* Italien zählt 20 Regionen und 100 Provinzen — *il capoluogo di regione delle Puglie (della Puglia) é Bari* die Hauptstadt der Region Apulien ist Bari — *la capitale d'Italia è Roma* die Hauptstadt Italiens ist Rom — *i vulcani: Etna, 'Stromboli e Vesuvio sono ancora attivi* die Vulkane: Ätna, Stromboli und Vesuv sind noch aktiv — *il fiume 'Tevere bagna Roma, il fiume Arno bagna Firenze* der Tiber fließt durch Rom, der Arno fließt durch Florenz — *la catena dei monti degli*

Appennini attraversa tutta l'Italia dal Nord al Sud die Gebirgskette des Apennin durchzieht Italien von Norden nach Süden.

Ländernamen

l'Europa f	Europa	europeo, a	
l'Austria f	Österreich	aust'riaco, a	Vienna
la Francia	Frankreich	francese	Parigi
la Germania	Deutschland	tedesco, a	Berlino
l'Inghilterra f	England	inglese	Londra
la Spagna	Spanien	spagn(u)olo, a	Madrid
la 'Svizzera	die Schweiz	'svizzero, a	Berna
la Svezia	Schweden	svedese	Stoccolma
l'Ungheria f	Ungarn	ungherese	Budapest
il Portogallo	Portugal	portoghese	Lisbona
l'Unione Sovi'etica f	Sowjet-union	sovi'etico, a	Mosca
la Grecia	Griechenland	greco, a	Atene
l''Africa f	Afrika	africano, a	
l'Asia f	Asien	asi'atico, a	
la Cina	China	cinese	Pechino
il Giappone	Japan	giapponese	Tokio
l'India f	Indien	indiano, a	Nuova Delhi
l'A'merica f	Amerika	americano, a	
gli Stati Uniti pl	Vereinigte Staaten	statunitense	Washington
l'Australia f	Australien	australiano, a	Canberra

Merke: *il tedesco* Deutsch; die deutsche Sprache — *l'italiano* Italienisch; die italienische Sprache usw — *un libro italiano/tedesco* ein italienisches/deutsches Buch (Herkunft: aus Italien/Deutschland) — *un libro d'italiano/di tedesco* ein Italienisch-/Deutschbuch (*Sprache:* Lehrbuch der italienischen/deutschen Sprache) — *un professore/insegnante d'italiano* ein Italienischlehrer.

Geographische Bezeichnungen

il Piemonte	das Piemont	piemontese	Torino
la Lombardia	die Lombardei	lombardo, a	Milano
il 'Veneto	Venezien	'veneto, a	Venezia
la Liguria	Ligurien	'ligure	'Genova
la Toscana	die Toskana	toscano, a	Firenze
il Lazio	das Latium	laziale	Roma
la Campania	Kampanien	campano, a	'Napoli

le Marche	die Marken	marchigiano, a	Ancona
l'Umbria	Umbrien	umbro, a	Perugia
la Sicilia	Sizilien	siciliano, a	Palermo
la Sardegna	Sardinien	sardo, a	'Cagliari
la Calabria	Kalabrien	calabrese	Reggio Calabria

il Mar Adri'atico	die Adria, das Adriatische Meer
il Mar Tirreno	das Tyrrhenische Meer
il Mar Ionio	das Ionische Meer
il Mar Mediter'raneo	das Mittelmeer
il Mar 'Ligure	das Ligurische Meer
l''Adige m	die Etsch
il Ticino	der Ticino
il Piave	die Piave
il Reno	der Reno
il Lago di Como	der Comersee
il Lago di Garda	der Gardasee
il Lago di Bolsena	der Bolsenasee
il Lago di 'Lesina	der Lesinasee
le Alpi pl	die Alpen
gli Appennini pl	die Apenninen
il Monte Cervino	das Matterhorn
il Monte Bianco	der Mont Blanc
il Gran Sasso	der Gran Sasso
il Passo del 'Brennero	der Brennerpaß
il Passo dello Stelvio	der Stilfserjochpaß
il Passo di Resia	der Reschenpaß

10. Raum, Lage im Raum

Grundwortschatz: ambiente, 'angolo, bordo, campo, centro, distanza, estremità, faccia, fine, fondo, fronte, frontiera, luogo, piede, posizione, posto, punto, situazione, spazio, tratto, vuoto, zona — allontanare, attraversare, 'mettere, misurare, occupare, piegare, porre, ri'mettere, superare — alto, basso, chiuso, diritto, esterno, estremo, inferiore, infinito, largo, 'libero, lontano, superiore, vasto, vicino, vuoto — altrove, attraverso, dappertutto, davanti, a destra, dentro, dietro, dove, fuori, intorno, là, lì, lontano, qui, sopra, sotto, vicino.

l'estensione f	die Ausdehnung, Größe
la superficie	die Oberfläche, der Flächeninhalt
la direzione	die Richtung

il 'limite	die Grenze
la soli'tudine	die Einsamkeit, Abgelegenheit
la base	die Grundlage, Basis, der Ausgangspunkt
la parte superiore	der obere Teil
la parte inferiore	der untere Teil
la portata	die Reichweite
la larghezza	die Breite
la lunghezza	die Länge
l'altezza f	die Höhe
il pianterreno	das Erdgeschoß, Parterre
il primo/secondo/terzo piano	der erste/zweite/dritte Stock
(e)s'tendersi	sich erstrecken, ausbreiten
piazzare/piazzarsi	(sich) stellen/setzen
racchi'udere	ein-, umschließen
esteso, a	ausgedehnt, weitläufig, umfangreich
spazioso, a	geräumig
(in)definito, a	(un)bestimmt
arioso, a	luftig
diretto, a	direkt, unmittelbar
interno, a	innen, Innen-
fuori (di) mano	abgelegen, abseits
lassù	da, dort oben

Sätze und Redewendungen: *misurare una superficie* eine Fläche ausmessen — *perchè rimani (rimane Lei) fuori?* warum bleibst du (bleiben Sie) draußen? — *non è lontano da qui* es ist nicht weit von hier — *a portata di mano* greifbar, zur Hand — *'esser(e) alla base* zugrunde liegen — *'prender(e) per base* zugrunde legen — *qua e là* hier und da — *in fondo* schließlich, im Grunde — *tutt'in fondo* ganz hinten — *ai piedi dell'Appennino* am Fuße des Apennins — *all'angolo della strada* an der Straßenecke — *siamo andati fino al centro* wir sind bis zur Stadtmitte gegangen — *è andato in questa direzione* er ist in diese Richtung gegangen — *non 'abita più al primo piano ma al secondo* er wohnt nicht mehr im ersten, sondern im zweiten Stock — *lo si trova dappertutto* man findet (ihn) es überall — *a due passi da/di qui* ganz nahe, in der Nähe.

IV. Mensch

11. Körper

Grundwortschatz: barba, bocca, braccio, capello, collo, corpo, cuore, dente, dito, faccia, gola, lingua, mano, membro, naso, occhio, pancia, pelle, petto, piede, sangue, soffio, spalla, testa — bianco, biondo, blu, 'debole, diritto, forte, grasso, grosso, nero, nudo, sottile, umano.

la gamba	das Bein
la guancia, pl le guance	die Wange
il 'gomito	der Ellbogen
lo 'stomaco, pl gli 'stoma-chi	der Magen
il mento	das Kinn
la 'costola	die Rippe
il nervo	der Nerv
il pugno	die Faust
il seno	der Busen
la vena	die Ader
il viso/volto	das Gesicht
l'orecchio m, pl gli orecchi, le orecchie	das Ohr
l'osso m, pl gli ossi, le ossa	der Knochen
il labbro, pl i labbri, le labbra	die Lippe
il ginocchio, pl i ginocchi, le ginocchia	das Knie
l'unghia f	der Nagel
il 'pollice	der Daumen
l''alluce m	die große Zehe
il 'muscolo	der Muskel
la vita	die Taille
l''organo m	das Organ
il sudore	der Schweiß
robusto, a/vigoroso, a	kräftig, stark
maschile	männlich
femminile	weiblich
bruno, a	braun, dunkelhaarig
magro, a	mager
calvo, a	kahl(köpfig)
snello, a	schlank

dimagrire	mager werden
ingrassare	dick, fett werden

Sätze und Redewendungen: *dalla testa ai piedi* von Kopf bis
Fuß — *col sudore della fronte* im Schweiße seines Angesichts — *in
carne ed ossa* leibhaftig, wie er leibt und lebt — '*mettere/poggiare i
'gomiti sul 'tavolo* sich aufstützen — *in bocca al lupo!* Hals und Bein-
bruch! — *a pancia all'aria* auf dem Rücken — *a petto a petto* Auge
in Auge — *aver(e) la lingua lunga* eine böse Zunge sein — *ce l'ho
sullo 'stomaco* ich kann ihn (es) nicht leiden — '*darsela a gambe* sich
aus dem Staube machen — *è un osso duro* es ist eine harte Nuß —
in seno alla famiglia im Schoße der Familie — *lontan dagli occhi
lontan dal cuore* aus den Augen, aus dem Sinn.

12. Aussehen und Bewegungen (cf 61/62)

Grundwortschatz: apparenza, aria, aspetto, bellezza, caduta,
calma, colpo, forza, gesto, grazia, marcia, passo, tratto — abbassare,
affrettarsi, allontanare, andare, (ap)poggiare, arrestare, arrestarsi,
avanzare, avvicinare, avvicinarsi, 'battersi, evitare, girare, mangiare, mu'overe, mu'oversi, nas'condere, rac'cogliere, respirare,
ritirare, sedere, sedersi, 'tendere — a'mabile, bello, brutto, calmo,
comune, cupo, 'debole, diritto, dolce, fine, fresco, 'pallido, pesante,
pia'cevole, tranquillo, vivo.

la fisionomia	die Physiognomie, der Gesichts-ausdruck
il 'fisico, pl i 'fisici	die Konstitution, das Äußere
il contegno	das Verhalten
la corsa	der Lauf, das Rennen
l'urto m	der (Zusammen-)Stoß, Aufprall
dondolare	baumeln lassen, wackeln *(Beine, Kopf)*
piegarsi	sich bücken
'stendersi, sdraiarsi	sich hinlegen
sollevarsi	sich aufrichten, -stellen, erheben
impallidire	(v)erblassen, blaß werden
arrossire	erröten, rot werden
alzarsi	aufstehen, sich erheben
attivo, a	aktiv, tatkräftig, handelnd
medio, a	mittelmäßig, durchschnittlich
sorridente	lächelnd, freundlich

grazioso, a	graziös, anmutig, lieblich
affascinante	bezaubernd
svelto, a	flink, schnell

Sätze und Redewendungen: *in apparenza* scheinbar — *a giudicare dall'apparenza* dem Anschein nach zu urteilen — *l'apparenza inganna* der Schein trügt — *sotto quest'aspetto* unter diesem Gesichtspunkt — *la bellezza di mille marchi* die Kleinigkeit von tausend Mark — *sul colpo* auf der Stelle — *ha fatto colpo* es hat Eindruck gemacht — *a viva forza* mit Gewalt — *per forza* notgedrungen — *ad ogni passo* auf Schritt und Tritt — *d'un tratto* auf einmal — *gli ha girato le spalle* er hat ihm den Rücken zugekehrt.

13. Sinne

Grundwortschatz: aspetto, calore, dolore, gusto, impressione, luce, memoria, occhiali, occhio, odore, senso, sguardo, suono, vista, voce — ascoltare, considerare, dis'tinguere, guardare, notare, osservare, provare, sentire, toccare — acuto, amaro, buono, caldo, cattivo, cieco, delicato, delizioso, dolce, duro, freddo, fresco, muto, secco, sordo, 'umido.
Farben cf 70

l'udito m	das Gehör
il contatto	der Kontakt, die Berührung
il tatto	der Tast-, Gefühlssinn; das Anfühlen
la sensazione	die Empfindung, das Gefühl
la chiarezza	die Helligkeit
l'osservazione f	die Beobachtung
il profumo	das Parfüm, der Duft, Wohlgeruch
l''organo m **(dei sensi)**	das (Sinnes-)Organ
la mente	der Geist, das Gedächtnis
assaggiare/gustare	schmecken, kosten, probieren
'scorgere/intravedere	erblicken/flüchtig sehen
udire	hören
vi'sibile (a)	sichtbar
invi'sibile	unsichtbar, verborgen
gra'devole	angenehm
spia'cevole	unangenehm, widerwärtig
agro, a	sauer
mo'notono, a	monoton, eintönig, gleichförmig

doloroso, a	schmerzhaft
sen'sibile	spürbar, sinnlich wahrnehmbar, empfindsam; empfindlich
insen'sibile	unempfindlich; seelenlos
liscio, a	glatt
'ruvido, a	rauh
percet'tibile	wahrnehmbar *(durch den Geist, durch die Sinne)*

Sätze und Redewendungen: *avere buon gusto* gut schmecken, guten Geschmack haben — *'perder(e) qn di vista* jdn aus den Augen verlieren — *non è di mio gusto* es schmeckt (gefällt) mir nicht — *a memoria/a mente* auswendig — *ha una memoria di ferro* er hat ein gutes Gedächtnis — *con la coda dell'occhio* verstohlen — *a quattr'occhi* unter vier Augen — *occhio per occhio, dente per dente* Auge um Auge, Zahn um Zahn — *mi fa senso* es ekelt mich.

14. Leben und Tod

Grundwortschatz: cimitero, esistenza, morte, soffio, vita, 'vittima — e'sistere, 'essere, morire, 'nascere, respirare, soffocare, uc'cidere, 'vivere — morto, nato, oscuro, umano, vivente.

la 'nascita	die Geburt; der Anfang; die Entstehung
il bat'tesimo	die Taufe
il matrimonio	die Hochzeit
il funerale	die Beerdigung, Bestattung, das Begräbnis
la cassa da morto	der Sarg
la tomba	das Grab
la 'lapide	der Grabstein
la risurrezione	die Auferstehung
venire al mondo	auf die Welt kommen
'crescere	wachsen
fidanzarsi	sich verloben
sposarsi	(sich ver-)heiraten
divorziare	sich scheiden lassen
suicidarsi	sich das Leben nehmen, Selbstmord verüben
affogare/affogarsi	ertränken/ertrinken
avvelenare/avvelenarsi	vergiften/sich vergiften
seppellire	begraben

Sätze und Redewendungen: *alla 'nascita* bei der/seiner Geburt —
sin dalla 'nascita von Geburt an — *il giorno della (sua) 'nascita* am
Tage seiner Geburt — *mi fa morir(e) di rabbia* er ärgert mich zu
Tode — *mi fa morir(e) di noia* es ist zum Sterben langweilig —
andar(e) al funerale (ai funerali) zur Beerdigung gehen — *deporre
fiori su (di) una tomba* Blumen auf ein Grab legen.

15. Gesundheit, Krankheit, Heilung

Grundwortschatz: caduta, conoscenza, cura, dolore, dottore,
farmacia, farmacista, febbre, follia, goccia, infermiera, infermiere,
malato, malattia, male, medicina, 'medico, occhiali, operazione,
ospedale, salute, sangue, stato — andare, cader(e) malato, calmare,
cessare, curare, di'fendere, esaminare, ferire, guarire, ordinare,
raccomandare, 'rompere, salvare, salvarsi, sentire, sentirsi, soffrire,
subire, trattare — delicato, grasso, grave, malato, maligno, 'pallido,
pazzo, sano, stanco, violento.

il be'nessere	das Wohlbefinden, -behagen
la ferita	die Wunde, Verwundung, Ver- letzung
la sofferenza	das Leid(en), der Schmerz
il lamento	die Klage(n)
l'accesso m	der Anfall
la crisi inv	die Krise, Krisis, die (der) Wende- (punkt)
la circolazione del sangue	der Blutkreislauf
la 'perdita di sangue	der Blutverlust
la trasfusione del sangue	die Blutübertragung
la rabbia	die Tollwut; Wut
il raffreddore	der Schnupfen, die Erkältung (Katarrh)
la Croce Rossa	das Rote Kreuz
il pronto soccorso	die Erste Hilfe
l'infiammazione f	die Entzündung
l'influenza f	die Grippe
la tosse	der Husten
la fasciatura provvisoria	der Notverband
il son'nifero	das Schlafmittel
il calmante	das Beruhigungsmittel
la 'pillola/la pasticca, pl le pasticche	die Pille, Tablette
la cassa malattia	die Krankenkasse
il veleno	das Gift

il referto 'medico	der Krankheitsbericht
il rimedio	das (Heil-)Mittel, die Arznei
il servizio notturno	der Nachtdienst
stancare	ermüden
svenire	ohnmächtig werden, in Ohnmacht fallen
trascurare	vernachlässigen
abusare di qc	etw mißbrauchen
logorare	zerrütten, erschüttern
rovinare	untergraben, ruinieren
nu'ocere (a)	schaden, schädigen, nachteilig/ schädlich sein
circolare	kreisen, zirkulieren *(Blut)*
gonfiare	anschwellen
irritare	reizen, angreifen
consultare	konsultieren, zu Rate ziehen
pre'scrivere	verordnen
ingoiare	schlucken
tormentare	quälen
disinfettare	desinfizieren
operare	operieren
guarire	heilen; genesen
visitare	untersuchen
contagiare	anstecken
illeso, a	unverletzt, unbeschädigt, unversehrt
gravemente malato, a	schwer/ernstlich krank, erkrankt
doloroso, a	schmerzhaft
crudele	grausam
'critico, a, pl 'critici, 'critiche	kritisch, ernst, entscheidend
ingua'ribile	unheilbar
cu'rabile, gua'ribile	heilbar
convalescente	genesend

Sätze und Redewendungen: *come stai/sta?* wie geht es dir/Ihnen ? — *sto bene/benone/male* es geht mir gut/sehr gut/schlecht — *star(e) bene/'esser(e) di buona salute* gesund/bei guter Gesundheit sein — *aver(e) una salute di ferro* eine eiserne Gesundheit haben, kerngesund sein — *salvarsi la vita* mit dem Leben davonkommen — *'prendersi una malattia/un raffreddore/la tosse* sich eine Krankheit/ einen Schnupfen/einen Husten holen — *'rompersi un braccio/una* *gamba* sich einen Arm/ein Bein brechen — *sottoporsi ad un'operazione* sich einer Operation unterziehen — *mandar(e) a chiamare/far(e) chiamare il 'medico* den Arzt holen/holen lassen — *com'battere un male* eine Krankheit bekämpfen — *'esser(e) completamente guarito* völlig geheilt sein — *era una malattia contagiosa/ereditaria* es war eine ansteckende Krankheit/Erbkrankheit — *ha perduto la conoscenza* er ist ohnmächtig geworden — *ha riacquistato/ripreso la conoscenza* er ist wieder zu sich gekommen/hat das Bewußtsein wiedererlangt — *il 'medico gli ha ordinato/prescritto nuove 'pillole* der Arzt hat ihm neue Tabletten verordnet/verschrieben.

V. Seelen- und Gefühlsleben (cf 22)

16. Gute Eigenschaften, Tugenden

Grundwortschatz: attenzione, ca'rattere, coraggio, coscienza, cuore, cura, dolcezza, intelligenza, onore, pietà, qualità, rispetto, sacrificio, valore, virtù — aiutare, meritare, obbedire, perdonare, ringraziare, rinunciare — a'mabile, bravo, buono, coraggioso, degno, delicato, dolce, fedele, fiero, franco, giusto, intelligente, morale, 'nobile, ones to, perfetto, pulito, puro, semplice, serio, sicuro, silenzioso, tranquillo.

il dono	die Gabe, Fähigkeit, das Talent
la facoltà inv	die Fähigkeit, Gabe, Eigenschaft
la bontà	die Güte, Freundlichkeit
il 'merito	das Verdienst, der Wert
la riconoscenza	die Dankbarkeit, Erkenntlichkeit
il riconoscimento	die Erkennung, Anerkennung
la semplicità inv	die Einfachheit, Schlichtheit, Natürlichkeit
la riservatezza	die Zurückhaltung
la gentilezza	die Höflichkeit, Liebenswürdigkeit
la pazienza	die Geduld, Ausdauer
la prudenza	die Vorsicht, Umsicht, Behutsamkeit
l'economia f	die Sparsamkeit, Wirtschaftlichkeit
la fierezza	der Stolz
l''animo m	das Gemüt
adoperarsi	sich bemühen, sich anstrengen
rispettare (qn/qc)	achten, Rücksicht nehmen (auf jdn/etw)

sacrificare	opfern, zum Opfer bringen
attento, a (a)	aufmerksam, bedacht (auf)
diligente	fleißig
ragio'nevole	vernünftig, verständig
sincero, a	aufrichtig, offen
modesto, a	bescheiden, einfach, anspruchslos
'umile	demütig, schlicht, einfach
rispettoso, a	ehrerbietig, respektvoll
ardito, a	kühn, wagemutig, unerschrocken
e'roico, a, pl e'roici, e'roiche	heldenhaft, heroisch
prudente	vorsichtig, umsichtig
generoso, a	großmütig, großzügig, freigebig
gentile	liebenswürdig, freundlich, höflich
ideale	ideal, vollkommen
significativo, a	bezeichnend, bedeutungsvoll, vielsagend
corretto, a	korrekt, tadellos
innocente	unschuldig, naiv; harmlos
decoroso, a	anständig, würdig
spiritoso, a	geistreich; witzig
accurato, a	sorgfältig, genau, gewissenhaft
saggio, a, pl saggi, sagge	weise
discreto, a	verschwiegen; mäßig; halbwegs gut; bescheiden

Sätze und Redewendungen: *verso di me, nei miei riguardi/ confronti* mir gegenüber, gegen mich — *è ben per me* es ist gut für mich — *è buono verso di me* er ist gut zu mir — *abbia (Lei) la bontà di . . .* haben Sie die Güte und . . . — *avere un buon cuore/un buon ca'rattere* ein gutes Herz/einen guten Charakter haben — *dare il buon esempio* mit gutem Beispiel vorangehen — *un 'giovane per bene/a modo/ordinato* ein anständiger/ordentlicher junger Mann — *un galantuomo mantiene sempre la parola (data)* ein Ehrenmann hält immer sein Wort.
non perda/'perdere la pazienza! verlieren Sie/verliere nicht die Geduld! — *lo dica/dillo sinceramente/a cuore aperto* sagen Sie/sag es frei heraus/ganz offen — *dimostrare il proprio rispetto/es'primere la propria simpatia* seine Achtung bezeigen/Teilnahme aussprechen — *agire con prudenza* überlegt/umsichtig handeln — *'essere obbligato verso qn/'essere grato a qn per qc* jdm für etw dankbar/zu Dank verpflichtet sein.

17. Fehler, Laster

Grundwortschatz: 'collera, curiosità, difetto, invidia, orgoglio, sbaglio, violenza — burlare, burlarsi, ingannare, litigare, mentire, of'fendere, 'prendere in giro, rubare — cattivo, col'pevole, curioso, 'debole, duro, falso, fiero, furioso, maligno, ri'dicolo, sporco, violento, vivo — male.

l'ingiustizia f	die Ungerechtigkeit, das Unrecht
la vanità inv	die Eitelkeit, Einbildung
l'ambizione f	der Ehrgeiz
il disprezzo	die Verachtung, Geringschätzung
l'impazienza f	die Ungeduld
la menzogna	die Lüge
il vizio, pl i vizi	das Laster, die Unzulänglichkeit
l'eccesso m	die Maßlosigkeit, Ausschweifung, der Exzeß
la vendetta	die Rache
la ri'vincita	die Vergeltung, Rache, Revanche
la lite	der Streit, Zank
la vergogna	die Schande
abusare di qn/di qc	jdn/etw ausnutzen, mißbrauchen
trascurare	vernachlässigen
lusingare qn	jdm schmeicheln
sospettare	verdächtigen
irritarsi (per qc/con qn)	sich ärgern, aufregen (über etw/jdn)
nu'ocere (a)	schaden, schädigen
vendicare	rächen
vendicarsi di qc contro/su qn	sich an jdm für etw rächen
avvelenare	vergiften
geloso, a (di)	eifersüchtig; ängstlich bedacht (auf)
indifferente (a/verso)	gleichgültig, teilnahmslos (gegen)
ingiusto, a	ungerecht
vile	feige, niederträchtig, gemein
pigro, a	faul, träge
vergognoso, a	schändlich
orgoglioso, a (di)	stolz, hochmütig, dünkelhaft
vanitoso, a	eitel
presuntuoso, a	dünkelhaft, selbstgefällig
sfacciato, a	dreist, unverschämt, frech

brutale	brutal, rücksichtslos, grob
crudele	grausam, unmenschlich
bugiardo, a	lügnerisch

Sätze und Redewendungen: *fare qc per ambizione/invidia/curiosità etc* etw aus Ehrgeiz/Neid/Neugier usw tun — *arrossire dalla vergogna* vor Scham erröten — *è vergognoso/è una vergogna mentire così* es ist schändlich/eine Schande, so zu lügen — *non bisogna arrabbiarsi* man darf sich nicht aufregen — *si è vendicato* er hat Rache genommen/sich gerächt — *sono curioso di sapere se verrete* ich bin neugierig, ob ihr kommt.
in mancanza di meglio in Ermangelung von etwas Besserem, weil nichts Besseres da ist — *per mancanza di denaro, io ...* in Ermangelung von Geld, weil ich kein Geld habe ... — *chi si scusa s'accusa* wer sich entschuldigt, klagt sich an.

18. Gefühle, Seelenzustände

a) Indifferenter Art

Grundwortschatz: 'anima, calma, coscienza, cuore, disposizione, emozione, impressione, sentimento, sorpresa, stato, umore — agitare, calmare, dimostrare, eccitare, nas'condere, provare, raccomandare, sentire, sor'prendere, svegliare, toccare — calmo, tranquillo.

la sensazione	die Empfindung, der Eindruck
lo stupore	das Erstaunen, die Verwunderung
commu'overe	ergreifen, Mitleid erregen
animare	beseelen, beleben
intenerire	erweichen, rühren
affettare	berühren, in Mitleidenschaft ziehen, vorgeben; so tun, als ob
manifestare	äußern, an den Tag legen
dissimulare	verheimlichen, nicht merken lassen
indifferente (a/verso)	gleichgültig, teilnahmslos (gegen)
sen'sibile (a)	empfindlich (gegen), empfänglich (für)
commosso, a	gerührt, ergriffen
in'genuo, a	unbefangen, kindlich, naiv

Sätze und Redewendungen: *dare 'libero corso ai propri sentimenti* seinen Gefühlen freien Lauf lassen — *lottare inutilmente contro la commozione* vergeblich gegen die Rührung ankämpfen — *affettare la* *calma* sich ruhig stellen — *andare a genio* gerade recht sein/kommen — *far pi'angere* zum Weinen bringen — *intenerirsi per* gerührt werden von — *che cosa Le fa?* was macht Ihnen das aus? — *non mi fa niente* das macht mir nichts aus — *lontan dagli occhi, lontan dal cuore* aus den Augen, aus dem Sinn.

b) Heiterer, angenehmer Art

Grundwortschatz: amicizia, amore, bacio, entusiasmo, felicità, fortuna, gioia, invidia, passione, piacere, scherzo, speranza — accontentare, accontentarsi, amare, baciare, confidare, desiderare, divertire, divertirsi, piacere, 'ridere, sor'ridere, sperare — a'mabile, caro, contento, familiare, felice, 'intimo, pia'cevole.

la simpatia	die Sympathie, Zuneigung, das Mitgefühl
l'affetto m	die Zuneigung, Liebe
l'ardore m	die Leidenschaft, das Feuer *(Gefühl)*
la gaiezza	die Fröhlichkeit, Heiterkeit
la brama	das Verlangen, die Sehnsucht
l'illusione f	die Illusion, Sinnestäuschung
il 'fascino	der Zauber
il sorriso	das Lächeln
la sod(d)isfazione	die Befriedigung, Genugtuung, Abfindung
gioire	sich freuen
rallegrare	erfreuen
sod(d)isfare	befriedigen; begleichen, nachkommen
scherzare	scherzen, spaßen
congratularsi (con qn di/ per qc)	beglückwünschen, gratulieren (zu)
fidarsi (di)	(ver)trauen, sich verlassen (auf)
accarezzare	streicheln, liebkosen
abbracciare	umarmen
affettuoso, a	zärtlich, liebevoll, herzlich
gaio, a	fröhlich, heiter
gioioso, a	fröhlich
'tenero, a	zart, weich
ardente	leidenschaftlich, sehnlich, heiß

Sätze und Redewendungen: *farsi (delle) illusioni* sich täuschen, sich Illusionen machen — *il'ludere qn* jdn täuschen — *saltare dalla* *gioia* vor Freude in die Luft springen — *fare qc per amicizia* etw aus Freundschaft tun — *dire per 'ridere/per scherzo* zum Scherz sagen — *sono contento per lui* ich gönne es ihm — *'prendersi gusto a qc* Gefallen an etw finden.

andare alla caccia della/'correre dietro alla fortuna dem Glück nachjagen — *mi faccia il piacere/'usami la cortesia di* seien Sie so gut/ tu' mir den Gefallen und ... — *l'amore di Dio/della famiglia* die Liebe zu Gott/zu seiner Familie — *per amor mio/tuo* mir/dir zuliebe — *me ne sono rallegrato molto* ich habe mich sehr darüber gefreut.

c) Düsterer, unangenehmer Art

Grundwortschatz: amarezza, 'collera, disgrazia, dispiacere, dolore, dubbio, inquie'tudine, 'lacrima, orrore, paura, pena, pietà, sfortuna, tristezza — consolare, dispiacere, dubitare, ingannare, rimproverare, soffrire, spaventare, spaventarsi, temere, tremare — furioso, grave, inquieto, sfortunato, ter'ribile, triste.

la noia	die Langweile; der Ärger
la nostalgia (del proprio paese)	das Heimweh
il sospiro	der Seufzer
il singhiozzo	der Schluchzer, das Schluchzen
la disperazione	die Verzweiflung, Hoffnungslosigkeit
la malinconia/la melancolia	die Melancholie, Schwermut, Wehmut
il rim'provero	der Vorwurf, Tadel
il terrore	der Schrecken, Terror
il timore	die Furcht, Angst
l'ira f	die Wut
la sofferenza	das Leiden, der Schmerz
la minaccia, pl le minacce	die Drohung, Bedrohung
l'odio m **(per/contro)**	der Haß (gegen), die Feindschaft, der Abscheu
il disprezzo	die Verachtung, Geringschätzung
lo spavento	der Schrecken, das Entsetzen, die Furcht
l'ansietà f /**l'ansia** f	die Angst, Beklemmung, das Bangen
l'esitazione f	das Zaudern, Zögern, Schwanken
il ribrezzo	der Schauder, Abscheu
il rimorso	der Gewissensbiß
il disappunto	die Unannehmlichkeit, Ungelegenheit, Enttäuschung

il rincrescimento	das Bedauern
il peccato	die Sünde
annoiare/annoiarsi	(sich) langweilen, ärgern
disperare (di)	verzweifeln (an), die Hoffnung aufgeben
inquietare	beunruhigen, ängstigen
guastare	verderben *(Freude, Spaß)*
indispettire qn	jdn kränken, ärgern
adirarsi (per qc/con, contro qn)	sich ärgern/aufregen (über etw/jdn)
sgridare qn	jdn ausschimpfen
sospettare	verdächtigen, vermuten, argwöhnen
sopportare	ertragen
detestare, odiare	verabscheuen, hassen, nicht ausstehen können
desolare	(tief) betrüben, zur Verzweiflung bringen
preoccuparsi (per)	sich sorgen (um)
sconcertare	erschrecken, verwirren
scoraggiare (qn)	entmutigen, die Lust nehmen
tormentare	quälen, Kummer machen
op'primere	niederdrücken, überwältigen
irritare/irritarsi	ärgern/sich ärgern
irritato, a (per)	aufgebracht, gereizt (über)
timoroso, a	ängstlich, bang, unruhig
malin'conico, a pl malin'conici, malin'coniche	melancholisch, schwermütig
doloroso, a	schmerzlich, schmerzhaft
vergognoso, a (di)	beschämt (über)
agitato, a	hin- und hergerissen, aufgewühlt
stupefatto, a	bestürzt, verblüfft
or'ribile	schrecklich
noioso, a	langweilig, unangenehm, peinlich
schifoso, a	ekelhaft, widerlich
a dispetto di	trotz, zum Trotz

Sätze und Redewendungen: *per noia* aus Langweile — *a noia* zum Überdruß — *morir di noia* vor Langweile umkommen/sterben — *annoiarsi fino alla morte/a morire* sich zu Tode langweilen — *rovinare la gioia/lo scherzo a qn* jdm die Freude/den Spaß verderben — *cadere in/nella disperazione* in Verzweiflung geraten — *avere* *ribrezzo di/per qn/qc* vor jdm/etw Abscheu haben — *tremare dalla paura* vor Angst zittern — *vergognarsi di* sich schämen über — *fare pietà* Mitleid erregen — *'essere in 'collera* zornig, wütend sein — *avere dei rimorsi* Reue empfinden — *es'primere il proprio disappunto* sein Mißfallen ausdrücken — *con mio grande rincrescimento* zu meinem großen Bedauern — *spezzare il cuore* das Herz brechen — *gli fa dispiacere* das macht ihm Kummer — *è peccato che* (+ subj) (es ist) schade, daß.

19. Religion, religiöses Gefühl (cf 31)

Grundwortschatz: 'anima, bene, canto, chiesa, cielo, coscienza, croce, di'avolo, dio, fede, grazia, male, papa, passione, perdono, pietà, preghiera, religione, sacrificio, santo, speranza, spirito — as'sistere, com'mettere, consolare, creare, 'credere, dire, pregare, salvare, salvarsi, sperare — col'pevole, eterno, fedele, perfetto, sacro, santo.

la creatura	die Kreatur, das Geschöpf, Wesen
il cristiano/la cristiana	der Christ/die Christin
l'ebreo/l'ebrea	der Jude/die Jüdin
la 'Vergine	die Jungfrau Maria, Madonna
la Sacra Scrittura/la Bibbia	die Heilige Schrift, Bibel
il prete/il sacerdote	der Priester/Geistliche
il voto	das Gelübde
la missione	die (das) Mission(shaus), die Sendung
l'abate m	der Abt, Abbé
il 'vescovo	der Bischof
il/la credente	der/die Gläubige
la messa	die Messe, der Gottesdienst
l'amore m **del 'prossimo**	die Nächstenliebe
il bat'tesimo	die Taufe
la salvezza	das (Seelen-)Heil, die Seligkeit; Rettung
il 'libero arbitrio	die Willensfreiheit, der freie Wille
l''angelo m	der Engel
la tentazione	die Versuchung, Verlockung
il rimorso	der Gewissensbiß
il tempio, pl i tempi	der Tempel, die Kirche
la cerimonia	die feierliche Handlung, Zeremonie
il 'canone	die Kirchensatzung, der Kanon, die Regel
il campanile	die Glockenturm

benedire (qc)	segnen, den Segen sprechen (über)
lodare	loben
confessare qn	jdm die Beichte abnehmen
confessarsi	beichten
consacrare	weihen
rivelare	offenbaren, enthüllen
rac'cogliersi	sich sammeln, in Ruhe nachdenken
celebrare	feiern, zelebrieren, abhalten
tentare	versuchen, in Versuchung führen
convertire	bekehren
tradire	verraten
violare	schänden, verletzen, brechen
pio, a	fromm
devoto, a	andächtig
divino, a	göttlich, Gottes-
immortale	unsterblich, unvergänglich
cristiano, a	christlich
ebreo, a	jüdisch
religioso, a	religiös, fromm
credente	gläubig
miscredente	ungläubig
spirituale	geistlich, geistig
solenne	feierlich, festlich
bigotto, a	scheinheilig
ateo, a	gottlos

Sätze und Redewendungen: *pregare Dio* zu Gott beten — *dire/ celebrare la messa* die Messe lesen/zelebrieren — *andare a messa* in die Messe gehen — *fare, dare le preghiere* sein Gebet verrichten/beten — *farsi il segno della croce* ein Kreuz schlagen, sich bekreuzigen — *il giudizio universale* das jüngste Gericht — *ho fatto un voto* ich habe ein Gelübde abgelegt.

20. Wollen, Absicht (Handeln, Tat) (cf 30/31)

Grundwortschatz: accordo, atto, azione, consiglio, decisione, desiderio, domanda, dovere, energia, forza, intenzione, invidia, libertà, motivo, occasione, pena, potenza, ragione, scelta, sforzo, volontà — accettare, accontentare, accontentarsi, affermare, agire, augurare, augurarsi, cominciare, consigliare, consigliarsi, con'vincere, dare, de'cidere, de'cidersi, desiderare, domandare, dovere, esitare, finire, guardare, guardarsi, imporre, in'sistere, obbedire, oc'correre, occupare, opporre, per'mettere, preferire, pre'tendere, pro'mettere, proporre, realizzare, regolare, rifiutare, rinunciare, rischiare, riservare, subire, volere — dif'ficile, 'facile, faticoso, fermo, in'utile, 'libero, necessario, pronto, vano, volontà — perchè.

l'arbitrio m	das Belieben, Gutdünken, die Willkür, Eigenmächtigkeit
il 'libero arbitrio	die Willensfreiheit, der freie Wille
il pregiudizio pl **i pregiudizi**	die vorgefaßte Meinung, das Vorurteil
la pretesa	der Anspruch, die Forderung, Anmaßung
la proposta	der Vorschlag, das Angebot
il rifiuto	die Ablehnung, (Ver-)weigerung
lo 'scrupolo	der Skrupel, Gewissensbiß, das Bedenken
l'imbarazzo m	die Verlegenheit, Notlage, Klemme
la responsabilità inv	die Verantwortung, Haftung, Verantwortlichkeit
il potere	die Macht, Gewalt
la risolutezza	die Entschlossenheit, Entschlußkraft
destinare (a)	bestimmen (für, zu)
persuadere (a/di)	überreden (zu), überzeugen (von)
rassegnarsi (a qc)	sich (in etw) fügen, resignieren
fissare	bestimmen, festmachen, festsetzen
attivo, a	aktiv, tätig, tatkräftig
e'nergico, a, pl **e'nergici, e'nergiche**	energisch, tatkräftig
apposta adv	absichtlich, extra
sebbene/benchè + subj	obgleich, obwohl

Sätze und Redewendungen: *darsi premura* sich Mühe geben — *come mai?* wieso? — *per quale motivo/ragione?* aus welchem Grund, in welcher Absicht? — *a che pro/scopo?* zu welchem Zweck? — *ha i suoi (buoni) motivi* er hat seine (guten) Gründe (dafür) — *si è adirato senza motivo* er hat sich ohne Grund/grundlos geärgert — *ha le sue (buone) ragioni per ...* er hat seine (guten) Gründe zu ... — *per/a questo scopo/fine* zu diesem Zweck — *non vale la pena/non ha senso* es ist nicht der Mühe wert/es hat keinen Sinn/Zweck — *(non c'è) niente da fare* (es ist) nichts zu machen — *perciò/per questo l'ha fatto* daher hat er es getan.

a piacere/a volontà nach Belieben/Wunsch — *per amore o per forza* wohl oder übel — *agisce di testa propria/fa come vuole* er macht, was er will.

Le/ti esprimo i miei migliori auguri ich sende Ihnen/dir meine besten Wünsche — *ho da/devo farLe/farti una proposta* ich habe Ihnen/dir einen Vorschlag zu machen — *(Lei) si premura inutilmente* Sie bemühen sich umsonst/vergebens — *sotto la (sua) propria responsabilità* auf eigene Verantwortung — *trovare i mezzi per* Mittel und Wege finden, zu — *avere pieni poteri* Vollmacht haben.

VI. Gesellschaft

21. Familie

Grundwortschatz: bambino, cugina, cugino, donna, famiglia, figlia, figlio, fratello, mamma, marito, nipote, nonna, nonno, papà, sorella.

i nonni pl	die Großeltern *pl*
la zia/lo zio	die Tante/der Onkel
la coppia	das Paar *(Mann und Frau)*
il fidanzato/la fidanzata	der Bräutigam/die Braut; der/die Verlobte
lo sposo/la sposa	der Gatte/die Gattin; der Gemahl/die Gemahlin
i genitori pl	die Eltern *pl*
il 'genero/la nuora	der Schwiegersohn/die Schwiegertochter
il su'ocero/la su'ocera	der Schwiegervater/die Schwiegermutter
il cognato/la cognata	der Schwager/die Schwägerin
il 'vedovo/la 'vedova	der Witwer/die Witwe
l''orfano/l''orfana	die Waise, das Waisenkind
'orfano di padre e/o di madre	die Voll-/Halbwaise

22. Soziale Gruppen und Beziehungen

Grundwortschatz: a) amico, bambino, borghese, compagna, compagno, conoscente, conoscenza, contadino, donna, figlia, 'giovane, gruppo, individuo, ministro, nazione, nemico, parente, partito, persona, personalità, 'popolo, presidente, 'pubblico, ragazzo, razza, saluto, signora, signore, signorina, società, umanità, vecchio, vicino — qualcuno.

b) abi'tudine, amicizia, 'circolo, costume, educazione, età, festa, gi(u)oco, matrimonio, riguardo, rispetto, riunione, serata, 'titolo, tradizione, unione, uso, 'visita — accettare, ac'cogliere, adottare, attaccare, ballare, dispiacere, incontrare, invitare, legare, ordinare, piacere, presentare, ri'cevere, rifiutare, riunire, sposare, visitare — 'giovane, 'intimo, pia'cevole, popolare, presente, 'pubblico, 'simile, sociale, umano, vecchio, vicino.

l'oste/l'ostessa	der Wirt/die Wirtin
l'ospite m, f	der Gast, der/die Gastgeber/in;
lo spettatore/la spettatrice	der Zuschauer/die Zuschauerin
il buonuomo, pl i buonu'omini	der gutmütige Mensch/Kerl
il monello/la monella	der Bengel, Schlingel/die Range, Göre
la 'vergine	die Jungfrau
la gente	die Leute *pl*
l'infanzia f	die Kindheit, das Kindesalter
la vecchiaia	das (hohe) Alter, Greisenalter
l'assenza f	die Abwesenheit
l'appuntamento m	die Verabredung, das Treffen; Rendezvous
la condotta	das Benehmen, Betragen, die Führung
la gentilezza	die Höflichkeit, Zuvorkommenheit
la forma di cortesia	die Höflichkeitsform(el)
l'invito m	die Einladung, Aufforderung
il legame	das Band, die (Ver-)Bindung
il divorzio	die Ehescheidung
la danza/il ballo	der (das) Tanz(vergnügen), der Ball
l'anniversario m	der Jahrestag
il compleanno	der Geburtstag
l'ono'mastico m, pl -ci	der Namenstag
il regalo	das Geschenk
il gio'cattolo	das Spielzeug
l'usanza f	die Gewohnheit, Sitte, der Brauch
le usanze pl	die Sitten, Gebräuche *pl*
la civiltà inv	die Kultur, Zivilisation
comportarsi	sich benehmen, sich betragen
frequentare (qn)	verkehren (mit jdm), „gehen mit", häufig besuchen
rispettare	achten, respektieren
apprezzare	schätzen, achten

abbagliare	blenden, betören
fidanzare/fidanzarsi	verloben/sich verloben
celebrare	feiern *(Verlobung, Hochzeit)*
unire	vereinigen, verbinden, trauen
divorziare (da qn)	sich von jdm scheiden lassen
chiunque	wer auch immer; jeder, der

Sätze und Redewendungen: *'essere in famiglia* unter sich/im engsten Familienkreis sein — *dare/organizzare una festa/un ballo* ein Fest/einen Ball geben/veranstalten — *feli'cissimo/fortuna'tissimo/ molto lieto di fare la Sua conoscenza* es freut mich sehr, Ihre Bekanntschaft zu machen, sehr angenehm — *'essere ben educato/avere buona educazione* gut erzogen/wohlerzogen sein — *avere buoni modi* Manieren/Lebensart haben — *non sa comportarsi in società* er weiß sich nicht zu benehmen — *non ha buoni modi/non è fine* er hat keine Manieren — *chi'edere la mano di qn* um jds Hand anhalten, um jdn werben — *non c'è di che!* keine Ursache!, gern geschehen! — *di niente/si figuri!* macht nichts/keine Ursache! — *sarei molto lieto/mi farebbe tanto piacere se . . .* ich würde mich sehr freuen, wenn . . . — *presenti i miei omaggi/ossequi alla Signora . . .* empfehlen Sie mich bitte Frau . . . — *'mettere qn alla porta* jdn hinauswerfen — *oggi è il mio compleanno* heute habe ich Geburtstag.

23. Sprache (cf 9 Merke; 66—68; 71)

a) Das gesprochene und geschriebene Wort (cf 66—68; 71)

Grundwortschatz: accento, appello, ca'rattere, conversazione, discorso, discussione, espressione, giornale, grazie, grido, impressione, indirizzo, italiano, 'lettera, libro, lingua, nome, parola, racconto, senso, 'termine, voce — ap'prendere, avvertire, chiamare, com'prendere, comunicare, dire, dis'cutere, es'primere, gridare, indirizzare, inter'rompere, 'leggere, nominare, parlare, possedere, prevenire, pronunciare, raccontare, ringraziare, salutare, sapere, 'scrivere, spiegare, studiare — alto, basso, chiaro, 'debole, dolce, forte, italiano, moderno, morto, 'nobile, pulito, raro, sordo, straniero, tedesco, vecchio, vivente.

la forma di cortesia	die Höflichkeitsform(el)
l'addio m/**addio!**	der Abschied/lebe wohl!
il congedo	der Abschied
la conferenza	die Konferenz, der Vortrag
la letteratura	die Literatur
il vo'cabolo ('tecnico)	das Wort (der Fachausdruck)
la scrittura	die (Hand-)Schrift

la calligrafia	die Schönschreibekunst, Schrift
la copia	die Abschrift, Kopie
il linguaggio, pl -ggi	die Sprache, Sprech-, Ausdruckweise
l'argomento m/**il tema della conversazione**	das (Gesprächs-)Thema
lo spagn(u)olo	das Spanisch, spanische Sprache
l'inglese m	das Englisch, englische Sprache
il francese	das Französisch, französische Sprache
il russo	das Russisch, russische Sprache
il latino	das Latein, lateinische Sprache
il tedesco	das Deutsch, deutsche Sprache
informare (qn di qc)	jdm etw mitteilen, jdn von etw benachrichtigen
informarsi (di)	sich erkundigen (nach)
intrattenersi (su)	sich unterhalten (über)
recitare	aufsagen, vortragen *(Gedicht)*
mormorare	murmeln
proclamare	proklamieren, bekanntmachen
pubblicare	veröffentlichen, bekanntmachen, herausgeben
stampare	drucken
conversare	sich unterhalten
insegnare qc a qn/a + inf	jdn etw lehren, jdm etw beibringen
conveniente	angemessen, passend *(Ausdruck)*
elegante	elegant, fein, vornehm

Sätze und Redewendungen: *l'ha/hai sentito, inteso dire* er hat/du hast es gehört — *ho sentito parlare di lui* ich habe von ihm gehört — *credo di sì/di no* ich glaube ja/nein — *non mi ha informato* er hat mich nicht verständigt — *secondo quello/stando a quello che dice, secondo la sua opinione* wie er sagt, seiner Meinung nach — *in brutta copia* im Konzept — *in bella copia* in Reinschrift.
ap'prendere/studiare una lingua viva (moderna)/morta (antica) eine moderne/alte Sprache lernen/studieren.
cambiare argomento/tema das Gesprächsthema wechseln — *la parola (spetta, tocca) a lui* er hat das Wort — *gli ha rivolto/indirizzato la parola* er hat ihn angeredet/das Wort an ihn gerichtet — *'prendere la parola* das Wort ergreifen — *ritirarsi la parola* sein Wort/sein Versprechen zurücknehmen.

b) Sprachliche Ausdrucksformen (cf 66—68; 71)

Grundwortschatz: augurio, avviso, canto, canzone, consiglio, domanda, opinione, 'ordine, preghiera, questione, rapporto, risposta, scusa, silenzio — affermare, am'mettere, annunciare, avvisare, cantare, consigliare, convenire, dichiarare, domandare, esporre, giurare, interrogare, mentire, negare, ordinare, pregare, presentare, proporre, rifiutare, ri'flettere, ri'petere, riportare, ri'spondere, scusare, tacere — corto, delicato, fine, giusto, lungo, saggio, 'stupido — dopo, secondo.

la richiesta	der Antrag, das Gesuch, die Frage, Anfrage, Bitte
l'informazione f (su)	die Auskunft, Angabe(n) (über)
la descrizione	die Beschreibung, Schilderung
la proposta	der Vorschlag, Antrag, das Angebot
la spiegazione	die Erklärung
la lite	der Streit, Zank
l'argomento m	das Argument, der Beweisgrund
il 'critico, pl i 'critici	der Kritiker
la 'critica, pl le 'critiche	die Kritik
il complimento	das Kompliment, die Schmeichelei
il rifiuto	die Ablehnung
la convenzione	das Abkommen, die Abmachung, Vereinbarung
il questionario pl -ri	der Fragebogen
la recensione	die Buchbesprechung
la revisione	die Revision, Über-, Nachprüfung
de'scrivere	beschreiben, schildern
esagerare	übertreiben, zu weit gehen
consultare	befragen, zu Rate ziehen
informare (qn di qc)	(jdm über etw) Auskunft erteilen
informarsi (di)	sich erkundigen
suggerire	suggerieren, einflüstern, nahelegen
sgridare	(aus)schimpfen
replicare	erwidern, entgegnen
testimoniare di qc	etw bezeugen, bekunden
congratularsi con qn/di, per qc	beglückwünschen, gratulieren (zu)
ragio'nevole	vernünftig, verständig
spiritoso, a	geistreich, witzig
ardito, a	kühn

prudente	um-, vorsichtig
vergognoso, a	schändlich, schimpflich

Sätze und Redewendungen: *dare a qn una risposta su qc* jdm eine Antwort auf etw geben — *ha appoggiato la domanda del suo amico* er hat das Gesuch seines Freundes unterstützt — *trova sempre una scusa* er findet für alles eine Entschuldigung — *servire da/di scusa a qc/qn* für etw/jdn als Entschuldigung dienen — *fare/presentare le proprie scuse a qn* sich bei jdm entschuldigen — *mi scusi/'scusami se La/ti disturbo* entschuldigen Sie/entschuldige, wenn ich Sie/dich störe — *hanno fatto lite* sie haben sich gestritten.
i miei complimenti/i miei auguri! herzlichen Glückwunsch!/ich gratuliere — *eseguire un 'ordine* einen Befehl ausführen — *ac'cogliere bene/male le proposte di qn* jds Vorschläge gut/schlecht aufnehmen — *silenzio!* Ruhe! — *'rompere il silenzio* das Schweigen brechen — *far tacere qn* jdn zum Schweigen bringen — „*sì*" *fece/disse lui* „ja" sagte er.

24. Kleidung und Schmuck

Grundwortschatz: 'abito, bastone, biancheria, borsa, bottone, calza, calzoni, camicetta, camicia, cappello, cappotto, cuoio, fazzoletto, giacca, gonna, imperme'abile, lana, moda, ombrello, oro, orologio, paglia, pietra (preziosa), roba, sacco, sarto, scarpa, seta, toletta, vestiario, vestito — andare, cambiare, cambiarsi, cucire, fare la maglia, levare, 'mettere, ornare, portare, ritirare, ritirarsi, 'togliere — bello, brillante, brutto, falso, fine, largo, leggero, mag'nifico, moderno, naturale, nuovo, pesante, prezioso, ricco, 'semplice, straordinario, stretto, superbo, usato, vecchio, vero.

il modello	das Modell(kleid), Muster
la tenuta	der Anzug, die Kleidung, Uniform
l'uniforme f	die Uniform
la tasca, pl **le tasche**	die Tasche
il panno	das Tuch
il so'prabito	der Mantel, Überzieher
il golf(o)	die Strickjacke
la cintura	der Gürtel
il cotone	die Baumwolle
la cucitura	die Naht, das Nähen
la maglia	die Masche; der Pullover, Trikot, die Unterjacke
le mutande/le mutandine pl	die Unterhose, der Schlüpfer
la sottana/la sottoveste	der Unterrock

la 'manica, pl le 'maniche	der Ärmel
la piega, pl le pieghe	die Falte, Bügelfalte
la cravatta	die Krawatte
lo spillo da cravatta	die Krawattennadel
il guanto	der Handschuh
un paio di guanti	ein Paar Handschuhe
il velo	der Schleier
il berretto	die (Schirm)mütze
la cuffia	die Haube, Kappe
lo stivale	der Stiefel
gli 'zoccoli pl	die Holzschuhe, -sandalen pl
il borsellino	die Geldbörse, das Geldtäschchen
l'ornamento m	der (die) Schmuck(garnitur)
il gioiello	das Schmuckstück, Juwel, der Schmuck
la collana	das Halsband, die Halskette
l'anello m	der Ring
vestirsi	sich anziehen, sich ankleiden
spogliarsi	sich ausziehen
'mettersi in gala	sich in Gala werfen
far fare	machen/arbeiten lassen
trasformare	ab-, um-, verändern
stirare	bügeln
rammendare	ausbessern, flicken, stopfen
brillare	glänzen, funkeln, strahlen
'solido, a	fest, haltbar
orgoglioso, a	prächtig, prachtvoll, großartig
di gran (de) valore	(sehr) wertvoll
grazioso, a	anmutig, hübsch

Sätze und Redewendungen: *fare delle pieghe* Falten werfen — *'perdere il colore* die Farbe verlieren — *questo cappello le/gli sta a meraviglia/a pennello* dieser Hut steht ihr/ihm wunderbar/sitzt ihr, ihm wie angegossen — *non è più moderno/alla moda, è fuori moda* das ist nicht mehr Mode/modern, das ist aus der Mode — *in grande uniforme/tenuta* im Festanzug, in Galauniform — *con le/colle 'maniche lunghe* mit langen Ärmeln — *in 'maniche di camicia* in Hemdsärmel — *'mettersi i gioielli* seinen Schmuck anlegen — *la parola è d'argento, il silenzio è d'oro* Reden ist Silber, Schweigen ist Gold.

25. Nachtruhe

Grundwortschatz: letto, notte, riposo, sogno, sonno, stanchezza — addormentare, addormentarsi, andare a letto, dormire, riposare, riposarsi, sognare, 'spegnere, svegliare, svegliarsi, turbare — calmo, dolce, leggero, pia'cevole, profondo, stanco, tranquillo.

la coperta	die Bettdecke, Decke
il materasso	die Matratze
il lenzuolo	das Bettuch
il comodino da notte	der Nachttisch
la sveglia	der Wecker
stancare	ermüden *tr*
stancarsi/'prendere sonno	ermüden, müde werden
aprire un po' gli occhi	(die Augen) halb/ein wenig öffnen
stropicciarsi gli occhi	sich die Augen reiben
coricarsi	sich hinlegen, zu Bett gehen
sfinito, a	erschöpft, abgespannt

Sätze und Redewendungen: *morire di/dalla stanchezza* vor Müdigkeit umfallen/umsinken — *avere un sonno leggero* einen leichten Schlaf haben — *scu'otersi dal sonno* aus dem Schlaf auffahren/hochfahren — *fa finta/finge di dormire* er tut so, als ob er schläft.

26. Morgentoilette

Grundwortschatz: acqua, bagno, barba, bicchiere, capello, corpo, dente, faccia, gabinetto, mano, 'pettine, piede, rasoio, spazzolino, specchio, 'tavola, toletta — asciugare, curare, farsi la barba, lavare, pettinare, pulire — bello, caldo, corrente, e'lettrico, freddo, pulito, sporco.

il lavandino	das Waschbecken
la spugna	der Schwamm
il sapone	die Seife
l'asciugamano m	das Handtuch
il dentifricio, pl i dentifrici	die Zahnpasta
il profumo	das Parfüm, der Duft
la permanente	die Dauerwelle(n)
la messa in piega [barba	die Wasserwelle
la lametta da (per la)	die Rasierklinge
la crema (per la pelle)	die Hautcreme

la crema da barba	die Rasiercreme
la cipria	der Puder
il rossetto	der Lippenstift
la cura di bellezza	die Gesichts-/Schönheitspflege
spazzolare	bürsten
stirare	bügeln
accuratamente ·	sorgfältig

Sätze und Redewendungen: *pulirsi i denti* sich die Zähne putzen — *farsi tagliare i capelli* sich das Haar schneiden lassen — *asciugarsi la faccia/le mani* sich das Gesicht/die Hände abtrocknen.

VII. Ordnung

27. Einteilung und Wichtigkeit (Bedeutung)

Grundwortschatz: classe, divisione, gruppo, idea, importanza, individuo, maniera, massa, membro, misura, modo, originale, parte, particolare, società, specie, tipo, 'titolo — costituire, di'videre, formare, importare, in'sistere, preferire, separare, valere — estremo, importante, particolare, principale, speciale, 'unico.

il 'genere	die Art, Sorte
il primo piano	der Vordergrund
lo sfondo	der Hintergrund
con'sistere (di, in)	bestehen (aus, in)
suddi'videre	unterteilen
generale	allgemein, gewöhnlich
(uno) qualunque	irgendein, (x-)beliebig
chiunque + subj	wer auch immer; jeder, der
qualunque cosa + subj	was auch immer

Sätze und Redewendungen: *in 'massimo grado* in höchstem Grade/Maße — *di 'massima importanza* von größter Bedeutung — *è una cosa secondaria/di second' 'ordine* das ist zweitrangig/nebensächlich — *'mettere l'accento su qc* etw betonen — *insisto sul fatto che ...* ich betone, daß ... — *chiunque sia/chicchesia* wer es auch immer sei/sein mag — *qualunque cosa faccia* was er auch immer tut/tun mag.

28. Reihenfolge (cf 1)

Grundwortschatz: cambiamento, dis'ordine, disposizione, elemento, fine, giro, 'ordine, posto, principio, 'seguito, serie, sistema —
cambiare, cominciare, disporre, finire, inter'rompere, mischiare,
ordinare, organizzare, regolare, scambiare, seguire, sostituire,
suc'cedere — altro, estremo, nuovo, principio, 'prossimo, seguente,
'ultimo — altrimenti, così, dopo.

modificare	ab-, verändern, modifizieren
mutare	abändern, abwechseln, variieren
rovesciare	umstürzen, durcheinanderbringen
comandare	befehlen
disordinare	in Unordnung bringen, verwirren
pre'cedere	voran-, vorausgehen
sistemare	regeln, in Ordnung bringen, unter-bringen
isolato, a	isoliert, einzeln, vereinzelt
supremo, a	höchste(r, s), äußerste(r, s), oberste(r, s)
nondimeno	nichtdestoweniger, trotzdem, dennoch
quindi	also

Sätze und Redewendungen: *'mettere 'ordine in qc* Ordnung in etw
bringen — *'mettere qc in 'ordine* etw in Ordnung bringen — *ordinare
per materia/secondo il contenuto* nach Sachgebieten/dem Inhalt
ordnen — *ristabilire/disturbare l''ordine* die Ordnung wiederher-
stellen/stören.
l'un l'altro/gli uni con gli altri einander, sich gegenseitig — *l'un(a)
dopo l'altro/a* (eine)r nach dem (der) anderen.
ha fatto dieci chi'lometri di 'seguito er hat 10 km hintereinander zu-
rückgelegt — *due volte di 'seguito* zweimal hintereinander — *non c'è
'ordine nelle sue idee* er denkt nicht logisch/folgerichtig — *e così
via/di 'seguito* und so weiter.

29. Vergleich

Grundwortschatz: differenza, paragone — dis'tinguere, opporre,
paragonare — comune, contrario, differente, diverso, eguale,
ordinario, raro, 'simile, stesso, straordinario — meglio, meno, più,
tale, tanto — in maniera/modo che, di/in modo che, ordinariamente.

l'uguaglianza f	die Gleichheit, Gleichwertigkeit
l'opposizione f	der Gegensatz, die Opposition
somigliare	ähnlich sein, gleichen
comparativo, a	vergleichend
costante	konstant, beständig, stetig
peggiore	schlimmer, ärger, schlechter
migliore	besser
maggiore	größer; älter
così (grande) che	ebenso (groß) wie

Sätze und Redewendungen: *c'è una gran(de) differenza tra i due* es besteht ein großer Unterschied zwischen den beiden — *a paragone di/con* im Vergleich zu/mit — *al contrario di* im Gegensatz zu — *in generale* im allgemeinen, allgemein — *ognuno a modo suo* jeder auf seine Art/wie er will — *in cambio/compenso* hingegen, dafür — *è diverso da tutti* es unterscheidet sich von allen — *meglio tardi che mai* besser spät als nie.

30. Ursache, Wirkung, Zusammenhang (cf 19/20; 31; 63/64)

Grundwortschatz: causa, condizione, conseguenza, considerazione, effetto, fonte, o'rigine, rapporto, riguardo, risultato, 'seguito — causare, 'metter/far capo, venire — necessario.

il fe'nomeno	das Phänomen, die (Natur-)Erscheinung
il giudizio, pl i giudizi	die Urteil(skraft), Meinung
la conclusione	der (die) Schluß(folgerung), das (End-)Ergebnis
la proporzione	das Verhältnis, Ausmaß, die Proportion
il punto di vista	die Hinsicht; der Gesichts-, Standpunkt
di'pendere (da)	abhängen (von)
risultare (di, da)	sich ergeben (aus), resultieren
riferirsi (a)	sich beziehen (auf)
con'cludere	(ab)schließen, folgern
terminare	(be)enden
'logico, a, pl 'logici, 'logiche	logisch, folgerichtig
relativo, a	relativ, bezüglich + *gen*

Sätze und Redewendungen: *dipende/a seconda* das kommt darauf an, je nachdem — *risulta che* ... daraus ergibt sich/folgt, daß ... — *senza causa nessun effetto* keine Wirkung ohne Ursache — *così che* ... so, daß ... — *deriva da ciò che* daher kommt es, daß ... — *per quale ragione/motivo?* aus welchem Grund? — *per questa ragione/questo motivo* aus diesem Grunde/daher — *perciò/a causa di ciò* deshalb — *aver motivo/tutti i motivi di* allen Grund/Anlaß haben zu — *non c'è motivo di agitarsi* es ist kein Anlaß, sich aufzuregen.

aver conseguenze spia'cevoli unangenehme Folgen haben — *a condi- zione che egli faccia/eseguisca il lavoro da solo* unter der Bedingung, daß er selbst die Arbeit macht — *a queste condizioni* unter diesen Umständen — *derivare per conseguenza* zur Folge haben — *in considerazione della sua età* im Hinblick auf sein Alter.

a questo pro'posito in diesem Zusammenhang — *sotto questo rapporto* in dieser Beziehung/Hinsicht — *in rapporto a* im Verhältnis zu — *'essere in rapporto con* entsprechen, in Zusammenhang stehen mit — *noi stiamo in buoni rapporti* wir stehen gut miteinander.

per quel che mi riguarda/quanto concerne me was mich (an)betrifft — *per conto mio/parte mia* was mich betrifft, meinerseits — *sul conto tuo/nei tuoi riguardi* über dich.

dal punto di vista della scienza vom Standpunkt der Wissenschaft aus — *da/sotto questo punto di vista* unter diesem Gesichtspunkt — *cambiare punto di vista* sich auf einen anderen Standpunkt stellen.

31. Schicksal (cf 19/20; 30)

Grundwortschatz: avvenimento, avvenire, avventura, caso, circo- stanza, condizione, decisione, destino, disposizione, favore, fortuna, incidente, necessità, occasione, prova, sbaglio, situazione, sorte — de'cidere, disporre, minacciare, obbedire, opporre, provare, re'sistere, scappare, subire — cattivo, favo'revole, felice, necessario, triste.

il fato	das Schicksal
l'influsso m	der Einfluß, die Einwirkung
la sfortuna	das Unglück, *fig* Pech
la sventura	das Unglück
schiacciare	zerstören
destinare (a)	bestimmen, ausersehen (für, zu)
indurre (a)	veranlassen, bewegen (zu)
sopportare	ertragen
sotto'mettere	unterwerfen
fissare	feststellen, -machen, bestimmen
lottare (contro/per)	kämpfen, ringen (gegen/um, für)

rassegnarsi (a)	sich ergeben/fügen (in)
brutale	brutal, rücksichtslos
crudele	grausam, hart, unmenschlich
esteriore	äußerlich
interiore	innerlich
sciagurato, a	unglücklich, unglückselig

Sätze und Redewendungen: *tirare a sorte* (aus)losen — *buona fortuna!* viel Glück! — *se dovesse morire* wenn er sterben sollte — *avere influsso su qc/qn* auf etw/jdn Einfluß haben — *nell'/in avvenire* künftig, in Zukunft — *all'occasione* aus Anlaß, gelegentlich (+ Gen) — *aver l'occasione di* Gelegenheit haben zu — *egli l'ha indotto a fare ciò* er hat ihn dazu gezwungen — *non lo posso sopportare più* ich kann ihn (es) nicht mehr ausstehen — *per caso* zufällig — *a caso* aufs Geratewohl — *in nessun caso* auf keinen Fall — *pensare ai casi suoi* sich um seine Angelegenheiten kümmern — *andare in cerca di avventure* auf Abenteuer ausgehen — *in queste circostanze* unter diesen Umständen — *mi ha fatto un grande favore* er hat mir einen großen Gefallen getan — *ha fatto uno sbaglio grave* er hat einen groben Fehler gemacht — *a tutta prova* bewährt — *a prova di bomba* bombensicher — *salvo prova contraria* Gegenbeweis vorbehalten.

VIII. Staatliche Ordnung

32. Volk, Staat, Regierung

Grundwortschatz: accordo, amministrazione, autorità, bandiera, capo, cittadino, consigliere, consiglio, corte, decisione, diritto, discussione, disposizione, forza, gabinetto, governo, legge, libertà, ministro, nazione, paese, parola, partito, 'popolo, potenza, presidente, progetto, riunione, rivoluzione, soggetto, stato, unione, uomo, voce — accordare, adottare, appartenere, appoggiare, costituire, de'cidere, di'fendere, dis'cutere, formare, impedire, imporre, mantenere, nominare, obbligare, opporre, ordinare, organizzare, proibire, proporre, pro'teggere, rappresentare, regolare, re'spingere, ritirare, riunirsi, sostenere, suc'cedere, vietare — borghese, civile, contrario, eguale, 'libero, nazionale, particolare, po'litico, popolare, potente, 'pubblico, straniero, ufficiale.

la po'litica	die Politik
lo stato 'libero	der Freistaat
la re'pubblica, pl le re'pubbliche	die Republik

la patria	das Vaterland
il potere	die Macht, Gewalt
la democrazia	die Demokratie
la democrazia popolare	die Volksdemokratie
il regime	die Regierung; das System
la lotta di classe	der Klassenkampf
l'opposizione f	die Opposition(spartei), der Wider-stand
l'elezione f	die Wahl
il seggio pl i seggi	das Wahlbüro
il risultato delle elezioni	das Wahlergebnis
il voto, la votazione	die Abstimmung, Wahlstimme
la scheda elettorale	der Stimmzettel, Wahlzettel
il diritto di voto	das Wahl-, Stimmrecht
la 'carica, pl le 'cariche	das Amt
l'assemblea nazionale f	die Nationalversammlung
il congresso	der Kongreß, die Zusammenkunft, Tagung
la risoluzione	der Beschluß, die Entschließung, Resolution
il ministero	das Ministerium
il Presidente del Consiglio	der Ministerpräsident
il primo ministro	der Premier(minister)
il ministro degli affari 'esteri delle finanze/della difesa	der Außen-/Finanz-/Verteidigungs-minister
il deputato/il parlamentare	der Abgeordnete, Parlamentarier
la 'Camera dei Deputati	die Abgeordnetenkammer
il Parlamento	das Parlament
la rappresentanza	die Vertretung
la rappresentanza nazionale	die Volksvertretung
il rappresentante (popolare)	der (Volks-)Vertreter
l'eguaglianza f	die Gleichheit
la convinzione po'litica	die politische Überzeugung
l'istituzione f	die Einrichtung
l'indipendenza f	die Unabhängigkeit, Selbständig-keit
le guerre d'indipendenza	die Unabhängigkeitskriege
l'influenza f	der Einfluß, die Geltung
il be'nessere	das Wohl
la funzione	die Funktion, das Amt, der Posten, Beruf
la carriera	die Karriere, Laufbahn, der Beruf

il colpo di Stato	der Staatsstreich
la decorazione	der Orden, das Ehrenzeichen
la disposizione	der Erlaß, die Verfügung
il regolamento	die Vorschrift
il provvedimento	die Maßnahme
il divieto	das Verbot
il comitato	der Ausschuß, das Komitee
la seduta	die Sitzung
l'apertura f	die Eröffnung *(Sitzung)*
il segretario/la segretaria	der Sekretär/die Sekretärin
la proposta	der Vorschlag
la proposta di pace	der Friedensvorschlag
il premio della pace	der Friedenspreis
la conferenza al 'vertice	die Gipfelkonferenz, das Gipfel-treffen
il Capo dello Stato	das Staatsoberhaupt
il capo del governo	der Regierungschef
il gruppo parlamentare	die Fraktion
il congresso del partito	der Parteikongreß, -tag, die Partei-tagung
la manifestazione di protesta	die Protestkundgebung
la seduta plenaria	die Plenarsitzung
il gabinetto federale	das Bundeskabinett
il rimpasto del governo	die Regierungsumbildung
il segreto di stato	das Staatsgeheimnis
la crisi delle trattative	die Verhandlungskrise
la tensione	die Spannung
la po'litica sociale	die Sozialpolitik
il Presidente della 'Camera	der Bundestagspräsident
proclamare	proklamieren, verkünden, ausrufen
regnare (su)	herrschen, regieren (über)
governare	regieren, führen, verwalten
e'leggere	wählen, erwählen
votare qc	abstimmen (über etw)
modificare	ab-, verändern
rovesciare	umstürzen, durcheinanderbringen
autorizzare (a)	autorisieren, ermächtigen
contribuire (a)	beitragen (zu)
unirsi	(sich) verein(ig)en/zusammen-schließen
sop'primere	aufheben, abschaffen
sos'pendere	unterbrechen; aufhängen, einstellen

| e'sigere | verlangen |
| forzare | zwingen, forcieren |

demo'cratico, a, pl demo'cratici, demo'cra- tiche	demokratisch
parlamentare	parlamentarisch
generale	allgemein
saldo, a	fest, stark, kräftig
radicale	radikal

Sätze und Redewendungen: *per motivi po'litici* aus politischen Gründen — *'essere iscritto/appartenere ad un partito* Mitglied einer Partei/Parteimitglied sein — *chi'edere la parola* ums Wort bitten — *domandare i pieni poteri* absolute Vollmacht fordern/erbitten — *porre la questione di fiducia* die Vertrauensfrage stellen — *presentare un progetto di legge* einen Gesetzentwurf einbringen — *votare/ adottare una legge* ein Gesetz annehmen —*i diritti dell'uomo* die Menschenrechte — *'prendere/adottare una risoluzione* eine Entschließung/einen Entschluß fassen/annehmen — *'prendere delle disposizioni* Verfügungen/Anordnungen treffen — *rovesciare il governo* die Regierung stürzen — *nominare qn capo del governo* jdn zum Regierungschef ernennen — *'mettere qn a/in riposo* jdn in den Ruhestand versetzen — *'essere al potere* an der Macht sein — *la conquista del potere* die Machtergreifung — *appellarsi al 'popolo/alla nazione* das Volk/die Nation befragen — *pro'cedere alle/fare le elezioni* Wahlen durchführen/abhalten — *avere diritto a qc* Anspruch auf etw haben — *in forza di legge* kraft des Gesetzes — *non avere nulla in contrario* nichts dagegen haben — *ieri sera si formò/ formarono/fu formato il nuovo governo* gestern abend wurde die neue Regierung gebildet.

33. Rechtsprechung

Grundwortschatz: affare, appello, causa, circostanza, cliente, corte, delitto, difesa, diritto, errore, giustizia, grazia, istruzione, ladro, libertà, morte, parte, pena, prova, ragione, sbaglio, torto, tribunale, verità — com'mettere, condannare, con'vincere, di'fendere, esaminare, giurare, interrogare, minacciare, 'prendere, pronunciare, provare, punire, rubare, scusare, uc'cidere — col'pevole, falso, giusto, 'libero, vero.

| la corte d'appello | das Appellations-, Berufungsgericht |
| il 'giudice istruttore | der Untersuchungsrichter |

il tribunale del commercio	das Handelsgericht
il diritto civile/penale	das Zivil-/Strafrecht
il 'codice civile/penale	das Zivil-/Strafgesetzbuch
il 'crimine	das Verbrechen
la menzogna	die Lüge
l'accusato, a/l'imputato, a	der/die Angeklagte
l'accusa f	die Anklage
il 'carcere	das Gefängnis *(a. Gebäude)*, die Haft
il banco degli accusati/ imputati	die Anklagebank
l'assassinio m	der Mord
l'assassino, a	der Mörder/die Mörderin
l'avvocato m	der Rechtsanwalt
il teste/il testimone (oculare)	der (Augen-)Zeuge
il/la mandante	der Mandant/die Mandantin
il giurato	der Geschworene
la contumacia	das Nichterscheinen *(vor Gericht)*
il procedimento penale	das Strafverfahren
il processo	der Prozeß, Rechtsstreit
la querela	der Antrag auf Strafverfolgung
l'atto m di citazione	die Klageschrift
il capo d'accusa	der Anklagepunkt
i precedenti pl	das Vorleben
il corpo del reato	das Beweisstück
la sentenza	das Urteil, der Spruch
i lavori forzati pl	die Zwangsarbeit; Zuchthausstrafe
il diritto di grazia	das Begnadigungsrecht
il precedente	der Präzedenzfall
l'ingiustizia f	die Ungerechtigkeit, das Unrecht
l'innocenza f	die Unschuld
sospettare	verdächtigen
accusare (qn di qc)	anklagen, beschuldigen + *gen*
giudicare	urteilen
citare in tribunale	vor Gericht laden, vorladen
deporre	aussagen *(vor Gericht)*
confessare	gestehen
testimoniare (qc)	(etw) bezeugen/als Zeuge aussagen
incolpare/scolpare qn	jdn belasten/entlasten
giustificare qn/qc	rechtfertigen, begründen
fornire le prove (di)	den Beweis liefern (für)
protestare (contro)	protestieren (gegen)

fare opposizione	Einspruch erheben
negare	leugnen, ab-, bestreiten
revocare	aufheben *(Urteil)*
giudiziario, a	gerichtlich, richterlich, Rechts-
innocente	unschuldig, schuldlos
veritiero, a	wahrheitsliebend, -getreu
ingiusto, a	ungerecht
severo, a	streng
premesso/supposto che + subj	vorausgesetzt, daß
a meno che non + subj	wenn nicht; es sei denn, daß

Sätze und Redewendungen: *per via legale* auf dem Rechtswege — *di diritto* rechtsmäßig — *aver a che fare con* zu tun haben mit — *di chi è la colpa?* wer ist Schuld daran? — *'essere in causa con qn* mit jdm einen Prozeß führen — *'rendersi col'pevole di un furto* sich eines Diebstahls schuldig machen — *il fatto è/sta di fatto che . . .* Tatsache ist, daß . . . *ha perduto/vinto la causa* er hat den Prozeß verloren/ gewonnen — *ha avuto torto* er hat Unrecht gehabt — *è stato condannato a tre mesi/anni* er ist zu 3 Monaten/Jahren verurteilt worden.

Aktionsreihe: *si sospetta che egli abbia commesso il delitto/il 'crimine* er wird verdächtigt, der Täter zu sein — *ha protestato la sua innocenza* er hat seine Unschuld beteuert — *ha gettato la colpa sul suo vicino* er hat die Schuld auf seinen Nachbarn geschoben — *egli fornisce/ produce delle prove* er bringt Beweise bei — *a/come/quale prova di . . .* als Beweis für . . . — *l'avvocato ha accettato il processo* der Rechts anwalt hat den Prozeß übernommen — *difende il suo mandante/ cliente* er verteidigt seinen Mandanten — *chiede che il suo mandante venga rimesso in libertà per mancanza di prove* er fordert, seinen Mandanten wieder auf freien Fuß zu setzen, mangels Beweisen — *il col'pevole è stato condannato a morte* der Schuldige ist zum Tode ver urteilt worden — *ha presentato appello* er hat Berufung eingelegt — *la corte d'appello ha confermato la sentenza* das Berufungsgericht hat das Urteil bestätigt — *ha rigettato l'appello del condannato a morte* es hat die Berufung des zum Tode Verurteilten verworfen — *che ne pensa Lei?/che ne pensi?* was halten Sie davon?, wie denken Sie darüber?/was hältst Du davon?, was denkst du darüber?

34. Verwaltung und Polizei

Grundwortschatz: agente, amministrazione, atto, autorità, carta d'identità, consigliere, consiglio, diritto, divisione, guardia, 'modulo, municipio, 'ordine, o'rigine, permesso di circolazione, permesso di lavoro, pezzo, polizia, ufficio — adottare, arrestare, dichiarare, domandare, 'giungere, mantenere, turbare — civile, segreto, ufficiale.

l'in'dagine f	die Untersuchung, (Nach)forschung
il 'sindaco, pl i 'sindaci	der Bürgermeister, Gemeinde-vorsteher
la 'Pubblica Sicurezza	die Sicherheits-, Kriminalpolizei
la polizia segreta	die Geheimpolizei
il posto di polizia/ l'ufficio urbano m	die Polizeiwache
il tribunale correzionale	das Polizeigericht
il regolamento di polizia	die Polizeiverordnung, -vorschrift
il commissariato di polizia	das (Polizei-)Revier
il commissario, pl i commis-sari	der (Polizei-)Kommissar
l'ispettore m di polizia	der (Polizei-)Inspektor
la 'Celere/la squadra 'mobile	das Überfallkommando
l'intervento m	das Eingreifen, Einschreiten
il 'carcere	das Gefängnis *(Gebäude und Strafe)*
il furto	der Diebstahl, Raub
la lite	der Streit, Zank [Zivilstand
lo stato civile	das Standesamt, der Personen-,
la petizione	der Antrag, das Gesuch
il certificato (di 'nascita)	der (Geburts-)Schein
la copia	die Abschrift, Kopie
il domicilio/la residenza	der Wohnsitz
il paese d'o'rigine	das Herkunftsland
l'autorizzazione f	die Genehmigung, die (der) Er-laubnis(schein)
il passaporto	der (Reise-)Paß
il visto	das Visum, der Sichtvermerk
la dogana	der (die) Zoll(behörde)
l'ufficio doganale m	das Zollamt
i diritti doganali pl	die Zollgebühren *pl*
la seduta	die Sitzung
re'digere/rilasciare	aufsetzen; ausstellen *(Urkunde)*
approvare	billigen, genehmigen

vigilare	überwachen
ricercare (qn/qc)	suchen, fahnden (nach jdm/etw)
consultare (qn/qc)	nachschlagen, nachsehen in/ befragen
copiare	abschreiben, kopieren
firmare	unterschreiben
scoprire	entdecken; *fig* bloßlegen
pubblicare	bekanntmachen, veröffentlichen
ristabilire	wiederherstellen *(Ordnung)*
sos'pendere	des Amtes entheben, suspendieren
rigoroso, a	rigoros, streng, unnachsichtig

Sätze und Redewendungen: *fare una domanda/avanzare una petizione* einen Antrag stellen, ein Gesuch machen/einreichen — *appoggiare una richiesta* einen Antrag befürworten — *letto (visto) e approvato* (vor)gelesen (gesehen) und genehmigt — *per maggior(e) sicurezza* sicherheitshalber — *'prendere misure di sicurezza* Sicherheitsmaßnahmen ergreifen — *segnarsi il nome e l'indirizzo di qn* jds Namen und Adresse aufschreiben — *assicurare l''ordine* für Ordnung sorgen — *'essere in prigione/'carcere* im Gefängnis sein/sitzen — *'rendere 'pubblico* öffentlich bekanntmachen — *avviso al 'pubblico* Bekanntmachung — *proibito l'ingresso/ingresso proibito* Eintritt verboten — *proibito per misure di polizia* polizeilich verboten — *con'cedere il permesso di lavoro/di soggiorno* die Arbeits-/Aufenthaltsgenehmigung erteilen.

35. Militär: Heer

Grundwortschatz: arma, bandiera, capitano, capo, classe, colpo, compagnia, corpo, difesa, divisione, fila, gruppo, guardia, infermiere, istruzione, marcia, 'medico, 'ordine, paga, posto, rapporto, servizio, ufficiale — armare, di'fendere, esercitare, evitare, guardare, ordinare, pro'teggere, servire, tirare — 'debole, espresso, inferiore, militare, moderno, potente, speciale, superiore, volontario.

l'es'ercito m	das Heer
le forze armate	die Streitkräfte
le forze di terra/ d'occupazione	die Landstreitkräfte/Besatzungs- streitkräfte, -macht
il servizio militare	der Wehrdienst
la legge marziale	das Kriegs-, Standrecht
la riserva	die Reserve, das Ersatzheer, die Ersatztruppen

il servizio (d')informazioni	der Nachrichtendienst
la truppa	die Truppe
il reggimento	das Regiment
la colonna	die Kolonne
il generale	der General
il superiore	der Vorgesetzte
il subalterno	der Untergebene
il sottotenente	der Leutnant
il tenente	der Oberleutnant
il comandante	der Führer, Chef, Major, Kommandant
il soldato	der Soldat
l'uniforme f/la divisa	die Uniform *allg*
l'arma f da fuoco	die Schußwaffe
il fucile	das Gewehr
il cannone	die Kanone
la pal'lottola	die Kugel *(Schußwaffe)*
la tenda	das Zelt
la portata	die Reichweite
lo scarto	die Abweichung
la protezione	der Schutz, Beistand; die Deckung
la ronda	der Rundgang, die Patrouille
la parata (militare)	die Parade, Besichtigung
la leva	die Musterung, Aushebung
il genio, pl i geni	das Pionierskorps, die Pioniere
la licenza	der Urlaub
assegnare (a)	(einer Einheit) zuteilen, zuweisen, bestimmen für
comandare	befehlen, kommandieren
marciare	marschieren
vigilare	überwachen
mirare	zielen
conveniente	zweckmäßig, geeignet, passend

Sätze und Redewendungen: *fare/prestare il servizio militare* seiner Wehrpflicht genügen, dienen — *chiamare sotto le armi* einberufen — *'essere/stare sotto le armi, fare il soldato* Soldat sein — *'essere in licenza* in/auf Urlaub sein — *montare la/di guardia* Wache stehen — *'essere di guardia* Wache haben — *dare il cambio della guardia* die Wache ablösen — *'essere di ronda* seine Runde/seinen Rundgang machen — *a tiro di fucile/cannone* in Schußweite.
ai vostri 'ordini, Signor Generale! zu Befehl, Herr General! — *'essere*

alla testa dell'armata an der Spitze der Armee stehen — *'essere il comandante supremo/in capo* Oberbefehlshaber sein/Oberster Befehlshaber sein — *passare le truppe in rassegna/rivista* Truppenbesichtigung/Parade abhalten.

36. Militär: Marine, Luftwaffe (cf 57/58)

Grundwortschatz: cf 57/58

le forze a'eree e navali pl	die Luft- und Seestreitkräfte *pl*
il miglio marino	die Seemeile (1852 m)
la nave scuola	das Schulschiff
la nave da guerra	das Kriegsschiff
la corazzata	das Schlachtschiff
il porto militare/di guerra	der Kriegshafen
il rifugio/ri'covero antia'ereo	der Luftschutzkeller
il bombardamento/ l'attacco a'ereo m	der Luft-/Fliegerangriff
la contra'erei	die Luftabwehr, Flak
la veduta a'erea	das Luftbild
il combattimento a'ereo	der Luftkampf
la battaglia navale	die Seeschlacht
la base a'erea/navale	der Luft-/Flug-/Marinestützpunkt

Sätze und Redewendungen: *far saltare in aria una nave* ein Schiff in die Luft sprengen — *ab'battere un a'ereo* ein Flugzeug abschießen/herunterholen.

37. Krieg und Frieden

Grundwortschatz: attacco, battaglia, compagnia, condizione, coraggio, entrata, fronte, fuga, guerra, incontro, linea, lotta, materiale, misura, morte, nemico, operazione, orrore, pace, 'perdita, posizione, rivoluzione, successo, vantaggio, violenza, 'vittima, vittoria — abbandonare, attaccare, avanzare, bruciare, 'cedere, com'battere, conquistare, dichiarare, di'struggere, entrare, ferire, fuggire, minacciare, morire, occupare, prendere, re'sistere, rico'noscere, ri'mettere, riparare, rischiare, ritirarsi, salvare, scappare, scoppiare, turbare, uc'cidere — coraggioso, morto, nemico, ter'ribile, violento.

la minaccia, pl le minacce	die Drohung, Be-, Androhung
la minaccia di guerra	die Kriegsgefahr
la dichiarazione di guerra	die Kriegserklärung

la guerra civile/di posizione/di movimento	der Bürger-/Stellungs-/Bewegungs- krieg
l'avversario m, pl gli avversari	der Gegner, Feind
la ricognizione del terreno	die Geländeerkundung
la 'carica, pl le cariche	der (Sturm-)Angriff
il posto di combattimento	der Gefechtsstand
la presa	die Einnahme, Eroberung, Gefangennahme
la conquista	die Eroberung
l'occupazione f	die Besetzung, Besatzung
la resistenza	der Widerstand
l'inseguimento m	die Verfolgung
il trionfo	der Triumph, Sieg, glänzende Erfolg [die Ruine
la rovina	der Zusammenbruch, Ruin,
la distruzione	die Zerstörung, Vernichtung
il vincitore	der Sieger
il vinto	der Besiegte
la ritirata	der Rückzug, -marsch
l'eroe/l'eroina m/f	der Held/die Heldin
il vigliacco, pl i vigliacchi	der Feigling
il prigioniero/la prigioniera	der/die Gefangene
il disperso	der Vermißte, Verschollene
il ferito	der Verwundete
la ferita	die Wunde, Verwundung, Verletzung
il pronto soccorso	der Verbandplatz
la convenzione	das Ab-, Übereinkommen, die Abmachung
la pace separata	der Sonderfriede(n)
il trattato di pace	der Friedensvertrag
la conclusione	der Abschluß *(Vertrag)*
scoppiare	ausbrechen *(Krieg)*
aprirsi un varco	durchbrechen, eindringen (in)
accerchiare	umfassen, umzingeln
'vincere	siegen, besiegen
scon'figgere	schlagen, besiegen
in'vadere (un paese)	einfallen *(in ein Land)*
far(e) prigioniero	gefangennehmen
tradire	verraten
rovinare	ruinieren
devastare	verwüsten
inseguire	verfolgen

annientare	vernichten, dem Erdboden gleich machen
ar'rendersi	sich ergeben
liberare	befreien
stipulare/concl'udere	abschließen
firmare	unterschreiben

ineguale	ungleich, verschieden
ardito, a	tapfer, mutig
glorioso, a	ruhm-, glorreich, ruhmvoll
e'roico, a, pl e'roici, e'roiche	heldenhaft, heroisch
vittorioso, a	siegreich
sanguinante	blutend
prigioniero, a	gefangen
caduto, a	gefallen
pericoloso, a	gefährlich
or'ribile	schrecklich
disperso, a	vermißt, verschollen
vile	feige

Sätze und Redewendungen: *in caso di guerra* im Kriegsfall —
durante la guerra im Krieg — *in tempo di guerra/di pace* in Kriegs-/
Friedenszeit(en) — *dichiarare la guerra a qn* jdm den Krieg er-
klären — *la guerra è già finita* der Krieg ist schon beendet — *dare
l''ordine di attaccare* den Befehl zum Angriff geben — *opporre
resistenza a qn* jdm Widerstand leisten — *'essere superiore/inferiore
di 'numero* an Zahl überlegen/unterlegen sein — *'mettere in fuga il
nemico* den Feind in die Flucht schlagen — *subire delle 'perdite
conside'revoli* erhebliche Verluste erleiden — *'battere in ritirata* den
Rückzug antreten — *cadere in mano al nemico* in die Hände des
Feindes fallen — *fare il suo (loro) ingresso vittorioso in* seinen (ihren)
siegreichen Einzug halten in — *coprirsi di gloria* sich mit Ruhm be-
decken — *riportare la vittoria (su)* den Sieg davontragen (über) —
alla fine della guerra bei Kriegsende, am Ende des Krieges.

IX. Wirtschaft

38. Arbeit und Arbeitsbedingungen

Grundwortschatz: accordo, bisogno, esperienza, 'fabbrica, fatica,
ferie, giornata, impiegato, lavoratore, lavoro, maestro, paga,
personale, posto, ufficio, vacanze — aumentare, cessare, gua-

dagnare, lavorare, occupare, regolare — 'abile, capace, faticoso, incapace, sociale.

l'ufficio m del lavoro	das Arbeitsamt
il rappresentante (industriale/di commercio)	der (Industrie-/Handels-)Vertreter
il segretario/la segretaria	der Sekretär/die Sekretärin
il disoccupato	der Arbeitslose
l'impiego m, pl gli impieghi	die (An-)Stellung, der Dienst
l'operaio m, pl gli operai	der Arbeiter
l'officina f	die Werkstätte
la disoccupazione	die Arbeitslosigkeit
l'occupazione f	die Beschäftigung, Tätigkeit
le condizioni di lavoro pl	die Arbeitsverhältnisse/-bedingungen *pl*
l'economia f	die Wirtschaft, Wirtschaftlichkeit
l'economia po'litica f	die Volkswirtschaft
la convenzione	das Abkommen, die Vereinbarung, Abmachung
la riserva	der Vorbehalt
stancare	ermüden, erschöpfen
sod(d)isfare	befriedigen, zufriedenstellen
'compiere	erfüllen
terminare	(be)endigen
ri'prendere	wiederaufnehmen
eco'nomico, a, pl eco'nomici, eco'nomiche	wirtschaftlich, Wirtschafts-
industriale	industriell, Industrie-, Gewerbe-
diligente	eifrig, sorgfältig
'pratico, a, pl 'pratici, 'pratiche	praktisch, zweckmäßig
e'nergico, a, pl e'nergici, e'nergiche	energisch, tatkräftig, wirksam
pigro, a	faul, träge, arbeitsscheu
indispensabile	unentbehrlich, unbedingt notwendig
schiacciante	erdrückend, übermäßig

Sätze und Redewendungen: *'essere disoccupato/stare senza lavoro* stellungslos/arbeitslos sein — *'mettersi al lavoro* sich an die Arbeit machen — *uc'cidersi dalla fatica* sich totarbeiten — *in giornata* im

Laufe des Tages — *'vivere alla giornata* in den Tag hinein leben — *venire ad un accordo* zu einer Einigung kommen — *non ha esperienza in questo campo* er hat auf diesem Gebiet keine Erfahrung — *la 'prossima settimana prendiamo le ferie* nächste Woche gehen wir in die Ferien.

39. Handwerk (cf 46)

Grundwortschatz: calzolaio, 'carico, cuoco, falegname, filo, 'forbici, 'macchina, mano, martello, mec'canico, mestiere, motore — ap'prendere, attaccare, cambiare, coprire, costruire, cucire, di'pingere, esercitare, fare, ornare, produrre, riparare, tagliare, trasportare, usare.

Weitere Verben sowie Adjektive cf 38

il muratore	der Maurer, Bauarbeiter
il carpentiere	der Zimmermann
l'imbianchino m	der Anstreicher, Maler
il sarto	der Schneider
il panettiere	der Bäcker
il macellaio, pl -ai	der Metzger, Fleischer
il fabbro	der Schmied
l'ago m, pl gli aghi	die Nadel
l'arnese m	das Werkzeug
la macelleria	die Metzgerei, Fleischerei
il panificio, pl i panifici	die Bäckerei
la fucina	die Werkstätte
ap'pendere qc	etw aufhängen
rammendare	flicken, stopfen
stirare	bügeln, plätten
(in)dorare	vergolden
con'giungere	zusammenfügen
impiallacciare	be-, auslegen, furnieren
affilare	schleifen, schärfen, wetzen
curvare	biegen, beugen, krümmen
fabbricare	fertigen, herstellen
procurare	ver-, beschaffen, besorgen
utilizzare	gebrauchen, verwenden, benutzen
decorare	dekorieren, verzieren
a mezzo	mittels + *gen*

40. Industrie (cf 38/39)

Grundwortschatz: apparecchio, compagnia, 'fabbrica, 'macchina, martello, materia prima, materiale, società, studio.

Verben und Adjektive cf 38/39

l'industria f	Industrie, Gewerbe, Wirtschaft
l'industria f automobi'listica/e'lettrica/pesante/chiave/edile	Auto-/Elektro-/Schwer-/Schlüssel-industrie/Baugewerbe, -industrie
l'impresa f	das Unternehmen, der Betrieb
lo stabilimento	das Unternehmen, Werk, die Anlage
la miniera	das Bergwerk, die Grube
la miniera di carbone/d'oro	das Kohlen-/Goldbergwerk
il bacino carbo'nifero	das Kohlenbecken
il fumai(u)olo	der Schlot, Kamin
la cava (delle pietre)	der Steinbruch
l'altoforno m	der Hochofen
il processo	das Verfahren, der Vorgang, Prozeß
l'invenzione f	die Erfindung
la 'pratica, pl le 'pratiche	die Praxis, praktische Erfahrung
l'industriale m	der Industrielle
il prodotto	das Erzeugnis, Fabrikat, Produkt
la provvigione	die Provision
il centro industriale	das Industriezentrum
la città industriale	die Industriestadt

Adjektive cf 38

41. Rohstoffe und Materialien

Grundwortschatz: acqua, argento, carbone, cuoio, ferro, filo, lana, materia, materiale, metallo, oro, petrolio, pietra, sabbia, seta, 'tavola — fare, 'fondere, impiegare, lavorare — caldo, duro, fine, freddo, leggero, pesante, 'piccolo, prezioso, pulito, puro, secco.

il carbon(e) 'fossile	die (Stein-)Kohle
il carbon(e) bianco/la forza idr'aulica	die weiße Kohle/Wasserkraft
il rame	das Kupfer
l'ottone m	das Messing
l'acciaio m	der Stahl

il piombo	das Blei
lo zinco	das Zink
l'ardesia f	der (die) Schiefer(tafel)
il gesso	die Kreide
il minerale	das Mineral, Erz
i minerali pl	die Mineralien, Gesteine *pl*
il 'liquido	die Flüssigkeit
utilizzare	an-, verwenden, benutzen
colare	schmelzen
forgiare	schmieden, formen
carbo'nifero, a	(Stein-)Kohle-
'liquido, a	flüssig
'solido, a	fest; haltbar
'tenero, a	weich, zart
finto, a	unecht

Vergleiche in adjektivischer Bedeutung: „di" + Stoffnamen:

un martello di ferro	ein eiserner Hammer
un vestito di seta	ein seidenes Kleid, Seidenkleid
una camicia di cotone	ein baumwollenes Hemd
un orologio d'oro	eine goldene Uhr
un piatto d'argento	ein silberner Teller, Silberteller
calzini di lana pl	wollene Socken *pl*
una scultura di legno	eine Holzschnitzerei
una valigia di cuoio	ein Lederkoffer
un oggetto di metallo	ein Metallgegenstand
un ponte di pietra	eine steinerne Brücke
ar'ticoli di gomma pl	Gummiwaren *pl*
un vaso di rame	eine Kupfervase

Weitere Adjektive cf Grundwortschatz.

Sätze und Redewendungen: *lavorare in profondità/nella miniera/ nel sottosuolo* unter Tage arbeiten — *il rame fonde a 1100° (gradi) circa* Kupfer schmilzt bei etwa 1100° (Grad) — *bisogna 'battere il ferro quando è caldo* man muß das Eisen schmieden, solange es heiß ist — *non è tutto oro quello che luce* es ist nicht alles Gold, was glänzt.

42. Hausbau: Bau und Planung

Grundwortschatz: casa, castello, disposizione, palazzo, piano, piazza, progetto, rifugio, situazione, terreno — adottare, costruire, disegnare, elevare, eseguire, fare, formare, ispirare, mancare,

piazzare, realizzare, riuscire, studiare — alto, basso, buio, grande,
immenso, mag'nifico, nudo, nuovo, 'piccolo, pulito, sporco, tranquillo, 'umido, vasto, vecchio.

l'edilizia f	das Bauwesen
l'edificio m, pl **gli edifici**	das Bau(werk), Gebäude
la costruzione	das Bauen, die Bauweise, der fertige Bau
lo stile	der Stil, die Art
il lusso	der Luxus, die Pracht, der Prunk, Aufwand
l'ingegnere m **edile**	der Bauingenieur
tracciare	auf-, vorzeichnen, entwerfen
'essere ben/mal piazzato, a	einen guten/schlechten Platz haben
con'cedersi il lusso di qc	sich etw leisten
fissare	befestigen
edile	Bau . . .
'comodo, a	bequem, wohnlich
confort'evole	komfortabel, behaglich, bequem
ardito, a	kühn, gewagt
originale	original, ursprünglich
ragio'nevole	vernünftig, angemessen
superbo, a	prächtig, pracht-, prunkvoll
prefabbricato, a	vorgefertigt, aus Fertigteilen

Sätze und Redewendungen: '*mettere la prima pietra* den Grund-
stein legen — *una casa a due piani* ein zweistöckiges Haus — *una
casa prefabbricata* ein Fertighaus — *il vecchio castello è stato abbattuto*
das alte Schloß wurde niedergerissen — *la mia casa è al quinto piano*
ich wohne im fünften Stock — *questa è la piazza più grande della
città* das ist der größte Platz (in) der Stadt — *è un palazzo di stile
rinascimentale* das ist ein Palast im Renaissancestil — *attenzione!
pittura fresca!* Vorsicht! Frisch gestrichen!

43. Hausbau, Gebäude (cf 54)

Grundwortschatz: abitazione, ambiente, appartamento, bagno,
'camera, camino, cantina, cucina, finestra, gabinetto, giardino,
ingresso, muro, pavimento, piano, porta, scala, studio, tetto,
ufficio, uscita — abitare, affittare, aprire, chi'udere, coprire,
occupare, porre — alto, inferiore, piatto, superiore, vuoto.

il pianterreno/il pianoterra	das Erdgeschoß
il corridoio, pl **i corridoi**	der Korridor, Flur, Gang
il cortile	der Hof
l'ascensore m	der Aufzug, Fahrstuhl, Lift
la soglia	die Türschwelle
l'apertura f	die Öffnung
la stanza	das Zimmer
il vetro	die Fensterscheibe
la parete	die Wand, (Innen/Zwischen)Wand
gli accessori pl	die Ausstattung, das Zubehör
la torre	der Turm
l'orologio m **della torre**	die Turmuhr
il campanello	die Klingel
la fontana	der (Spring-)Brunnen
dimorare	wohnen
sfondare	(durch)brechen *(Mauer, Öffnung)*
provvedere	etw. vorsehen, für etw sorgen
ap'pendere	auf-, anhängen
munire (di)	versehen (mit)
richi'udere	wieder zumachen, schließen
socchi'udere	halb/ein wenig schließen
traslocare	aus-, umziehen
installare	aufstellen, einsetzen

Sätze und Redewendungen: *I Vignati 'abitano in via 'Foscolo num. 24* Vignatis wohnen (in der) 'Foscolostraße 24 — *'abitano al terzo piano* sie wohnen im 3. Stock — *il loro appartamento comprende quattro vani/si compone di quattro stanze* ihre Wohnung umfaßt/besteht aus 4 Räume(n) — *il soggiorno dà sul giardino/a sud* das Wohnzimmer liegt nach dem Garten/nach Süden.
portare il vino in cantina den Wein in den Keller tragen — *andare in soffitta* auf den Speicher gehen — *lasciare la porta socchiusa* die Tür halb offen/angelehnt lassen — *ap'pendere un quadro al muro (alla parete)* ein Bild/Gemälde an die Wand aufhängen.

44. Möbel, Ausstattung

Grundwortschatz: armadio, biancheria, chiave, 'lampada, letto, 'mobile, piano, quadro, sedia, 'tavola, ufficio — abbassare, ordinare, 'rompere — alto, basso, bello, carino, duro, mag'nifico, moderno, 'povero, profondo, ricco, rotondo, 'semplice, spesso, vecchio.

il governo della casa	der Haushalt [*(Wohnung)*
l'arredamento m	die Ausstattung, Einrichtung
lo specchio, gli specchi	der Spiegel
il tappeto	der Teppich
la tendina	der Vorhang
la poltrona	der Lehnstuhl
il materasso	die Matratze
il ritratto	das Bild, Porträt
la cornice	der Rahmen
la 'macchina da/per 'scrivere	die Schreibmaschine
la scrivania	der Schreibtisch
il cassetto	die Schublade
la coperta	die Decke
Il lenzuolo	das Bettuch
l'asciugamano m **da bagno**	das Badetuch
ap'pendere	an-, aufhängen
completare	vervollständigen, ergänzen
'mettere in 'ordine	in Ordnung bringen
fissare	festmachen, feststellen
sistemare	regeln, unterbringen
sos'pendere	aufhängen
elegante	elegant, vornehm, geschmackvoll
quadrato, a	quadratisch
'solido, a	fest; haltbar

Sätze und Redewendungen: *questo tappeto ha una bella disegnatura* dieser Teppich hat ein hübsches Muster — *'battere il tappeto* den Teppich klopfen — *lasciare tutto in dis'ordine* alles herumliegen lassen — *fare la 'camera* aufräumen — *aprire le tendine* die Gardine(n) öffnen — *chi'udere/tirare le tendine* die Vorhänge zuziehen — *l'arredamento di questa stanza non è ancora completo* die Einrichtung dieses Zimmers ist noch nicht vollständig — *questo quadro non sta bene qui* dieses Bild paßt hier nicht — *il bambino ha rotto lo specchio* das Kind hat den Spiegel zerbrochen.

45. Heizung und Beleuchtung

Grundwortschatz: calore, camino, carbone, cerino, corrente, elettricità, fumo, fuoco, gas, 'lampada, stufa — abbassare, ac'cendere, bruciare, fumare, 'spegnere, tirare — caldo, chiaro, cupo, e'lettrico, freddo, oscuro.

il riscaldamento centrale	die Zentralheizung
gli elementi del riscaldamento pl	der Heizkörper
la fiamma	die Flamme
il forno	der Ofen, Backofen
il focolare	der Herd
la presa di corrente	die Steckdose
la stufa a carbone/olio	der Kohle-/Ölofen
il corpo illuminante	der Beleuchtungskörper
l'impianto m **della luce/ e'lettrico**	die Beleuchtungsanlage
l'illuminazione f **al neon**	die Neonbeleuchtung
il tubo al neon	die Neonröhre
'spegnersi	ausgehen, erlöschen
illuminare	beleuchten
svilupparsi	sich entwickeln, entströmen *(Wärme, Rauch)*
uscire (da)	entströmen *(Rauch)*
mandare scintille	sprühen *(Funken)*
riscaldare	(er)wärmen, einheizen
ben illuminato, a	gut beleuchtet, hell

Sätze und Redewendungen: *la stufa è accesa* der Ofen brennt — *manda un bel calore* er verbreitet eine angenehme Wärme — *il cerino/fiam'mifero non si accende* das Streichholz entzündet sich nicht — *fare installare il riscaldamento centrale* die Zentralheizung legen lassen — *la fiamma si è spenta* die Flamme ist erloschen.

46. Haushaltsgegenstände (cf 39)

Grundwortschatz: apparecchio, casseruola, colla, filo, 'pentola, sacco, scala, 'tavola — asciugare, attaccare, marcare, pulire, riempire, riparare, 'togliere — necessario, nuovo, 'utile.

l'aspira'polvere m inv	der Staubsauger
il vassoio	das Tablett
il tubo	das Rohr
l'uncino m	der Haken, das Häkchen
la catena	die Kette
la barra	die (Eisen)stange, der Stab
il 'rotolo	die Rolle, Walze
la molla	die Feder *tech*
il recipiente	der Behälter, das Gefäß

il coperchio, pl **i coperchi**	der Deckel
la 'spazzola	die Bürste
la 'pentola	der Kochtopf
la scopa	der Besen
il secchio, pl **i secchi**	der Eimer
il macinino da caffè	die Kaffeemühle
il ferro da stiro	das Bügel-, Plätteisen
la cera	das Wachs
ap'pendere	an-, aufhängen
slegare	aufmachen, -knoten, lösen *(Schnur)*
macinare	mahlen *(Kaffee)*
stirare	bügeln, plätten
lucidare	polieren, putzen, schleifen
raschiare	(ab)kratzen, schaben
vuotare	leeren
indispen'sabile	unentbehrlich, unbedingt notwendig
sciolto, a	lose, locker, schlaff *(Leine)*
teso, a	straff, fest *(Leine)*
casalingo, a, pl **casalinghi,**	häuslich, hausgemacht
casalinghe	

Sätze und Redewendungen: *pulire una stanza in fretta e furia* ein Zimmer rasch/oberflächlich reinigen — *'togliere la 'polvere/spolverare* Staub wischen — *appoggiare una scala al/contro il muro* eine Leiter an/gegen eine Wand stellen/lehnen — *questa è una buona cera per i/dei pavimenti* das ist ein gutes Bodenwachs.

47. Großhandel (cf 48/49)

Grundwortschatz: affare, agente, ar'ticolo, bisogno, 'Camera di Commercio, cliente, commerciante, commercio, compagnia, consumo, conto, direttore, impiegato, mercato, oggetto, 'ordine, pacco, 'perdita, peso, pezzo, ragione, ricevuta, ritardo, società, spese, ufficio — abbassare, approfittare, consegnare, consumare, convenire, domandare, fondare, fornire, guadagnare, impiegare, lanciare, 'perdere, ris'pondere, salire, stabilire, subire, trasportare — buono, caro, forte, prezioso, tanquillo.

la Società A'nonima/per Azioni (S. p. A.)	die Aktiengesellschaft (AG)

la Società a responsabilità limitata (S. r. l.)	die Gesellschaft mit beschränkter Haftung (GmbH)
l'impresa commerciale f	der kaufmännische Betrieb
lo scambio	der Austausch
il 'traffico di scambio	der Tauschhandel
il 'libero scambio	der Freihandel
la Casa Commerciale	das Handelshaus; Geschäfts- unternehmen
la 'delega	die Vollmacht; der Auftrag
il proprietario/la proprietaria	der Geschäftsinhaber/die Geschäfts- inhaberin
la merce	die Ware
la marca, pl le marche	die Marke, das Fabrikzeichen
l'offerta f	das Angebot; die Offerte
la richiesta	die Nachfrage
il guadagno	der Verdienst
il magazzino	der Laden, das Geschäft, Lager
il prezzo	der Preis
la 'scatola	die Schachtel, der Karton
il giro d'affari	der Umsatz
la lista	das Verzeichnis
la fattura	die Rechnung
il reclamo	die Reklamation, Beschwerde, Beanstandung
la dogana	der (die) Zoll(behörde)
la dichiarazione doganale	die Zollerklärung
i diritti doganali	die Zollgebühren pl
stabilirsi	sich niederlassen
'mettere su un negozio	ein Geschäft gründen
'rendere	Vorteil/Gewinn bringen, zugute kommen
piazzare	absetzen, an den Mann bringen
confermare	bestätigen
fallire	in Konkurs geraten
commerciale	kaufmännisch, Handels-
ragio'nevole	vernünftig, angemessen (Preis)
conveniente	passend, angemessen (Preis)
senza valore	wertlos
fermo, a	fest (Kauf, Verkauf)
salvo prp	außer, vorbehaltlich

Sätze und Redewendungen: *fare il commerciante* Handel treiben — *stare nel commercio* im Handel tätig sein — *aver bisogno di* Bedarf haben an — *a seconda del bisogno* nach Bedarf — *avere in magazzino* vorrätig sein/auf Lager haben — *trarre profitto da qc* Nutzen daraus ziehen — *realizzare grossi guadagni* erhebliche Gewinne erzielen — *al prezzo convenuto (di)* zum vereinbarten Preis (von) — *gli affari sono aumentati/diminuiti di un terzo* die Geschäfte/Abschlüsse haben um ein Drittel zu-/abgenommen — *dar(e) luogo a reclami* zu Reklamationen/Beanstandungen Anlaß geben.

48. Bank (cf 47)

Grundwortschatz: azione, banca, biglietto, conto, denaro, interesse, 'modulo, moneta, oro, 'termine, valore — acquistare, depositare, dovere.

Weitere Verben sowie Adjektive cf 47; 49

l'orario m **di cassa e sportelli**	die Kassen- und Schalterstunden
la borsa	die Börse
l'apertura f **della borsa**	der Börsenbeginn
la banconota/il biglietto di banca	die Banknote
l'assegno m **(bancario) (di)**	der Scheck, die Bankanweisung (über)
il formulario per l'assegno	das Scheckformular
la commissione	die Kommission
la provvigione	die Provision
l'impiegato m **di banca**	der Bankbeamte
prestare/dare in 'prestito a	borgen (von, bei)
circolare/'essere in circolazione	im Umlauf sein/zirkulieren
saldare	abrechnen, ausgleichen *(Konto)*
'liquido, a	flüssig, zahlungsfähig

Sätze und Redewendungen: *portare denaro in/alla banca* Geld auf die/zur Bank bringen — *depositare denaro in banca* Geld auf die Bank legen — *avere denaro/un conto in banca* Geld/ein Konto auf der Bank haben — *aprire un conto* ein Konto eröffnen — *fare un versamento alla cassa* Geld einzahlen — *ritirare/prelevare (del) denaro* Geld abheben — *pagare con un assegno* mit Scheck bezahlen — *incas-*

sare un assegno einen Scheck einlösen — *prestare ad interesse* auf Zins
ausleihen — *un assegno scoperto/a vuoto* ein ungedeckter Scheck.

49. Kleinhandel (cf 47/48)

Grundwortschatz: cassa, cliente, commercio, conto, mercato,
negozio, 'vendita — comp(e)rare, costare, offrire, provare, servire,
valere, 'vendere — buono, caro, cattivo, forte, offerto, prezioso.

l'apertura f	die Eröffnung *(Geschäft)*
i grandi magazzini pl	das Warenhaus, Kaufhaus
il caporeparto	der Abteilungsleiter
il reparto della biancheria	die Weißwarenabteilung
il negozio di scarpe/di moda/ di biancheria/ di ar'ticoli sportivi	das Schuh-/Modewaren-/Wäsche-/ Sportgeschäft
la macelleria	die Metzgerei, Fleischerei
il tabacchino/la ri'vendita di sale e tabacchi	der Tabakladen (staatlich)
la 'compera	der (Ein-)Kauf
gli 'spiccioli pl	das Kleingeld
il pagamento	die Zahlung; Bezahlung
le facilitazioni di pagamento pl	die Zahlungserleichterungen, bequeme Zahlungsbedingungen *pl*
la contestazione	die Beanstandung, Beschwerde

Adjektive cf 47

Sätze und Redewendungen: *fare delle 'compere* Einkäufe machen
— *fare delle commissioni* Besorgungen machen, einkaufen — *si vende
da/presso/in* erhältlich bei/in — *'vendere a peso/a pezzi* nach Ge-
wicht/pro Stück, stückweise verkaufen — *a tutti i costi/costi quel
che costi* um jeden Preis/koste es, was es wolle — *di tutti i prezzi* in
jeder Preislage — *al prezzo di* zum Preis von — *a metà prezzo* zum
halben Preis — *(non c'è) niente da fare* (es ist) nichts zu tun — *può
darmi il resto di mille Lire?* können Sie mir auf 1000 Lire heraus-
geben? — *può cambiare mille Lire?* können Sie 1000 Lire wechseln?
— *ha/hai 'spiccioli?* haben Sie/hast du Kleingeld? — *non ho 'spiccioli* ich habe kein Kleingeld — *non ho soldi con me* ich habe kein
Geld bei mir.

Aktionsreihe: *la Signora Bianchi entra in un negozio* Frau Bianchi
geht in ein Geschäft — *viene già servita, Signora?* werden Sie schon
bedient, gnädige Frau? — *che cosa desidera?* was darf es sein?/was

wünschen Sie? — *vorrei vedere delle scarpe* ich möchte mir Schuhe
ansehen — *si fa mostrare delle scarpe* sie läßt sich Schuhe zeigen —
la signora sceglie die Dame sucht aus/trifft ihre Wahl — *Le consiglio
di 'prendere queste scarpe* ich rate Ihnen, diese Schuhe zu nehmen —
Le stanno/vanno bene sie stehen/passen Ihnen gut — *de'sidera altro?*
wünschen Sie sonst noch etwas? — *è tutto* das ist alles — *la Signora
Bianchi va alla cassa, paga il suo conto ed esce dal negozio* Frau
Bianchi geht zur Kasse, bezahlt ihre Rechnung und verläßt das
Geschäft.

50. Restaurant, Café, Hotel

a) Allgemein

Grundwortschatz: bicchiere, bottiglia, caffè, 'camera, carta, cena,
cerino, cliente, coltello, conto, cucchiaio, forchetta, fumo, pasto,
pensione, piatto, ristorante, scelta, servizio, sigaretta, tabacco,
viaggiatore — ac'cendere, accontentare, arrivare, cenare, comporre,
fumare, lavorare, 'mettere, passare, pulire, raccomandare, 'scendere.

il menu inv	das Menü, die Speisenfolge
la lista/carta delle bevande	die Getränkekarte
l'antipasto m	die Vorspeise
la tovaglia	das Tischtuch
il tovagliolo	die Serviette
il vassoio	das Tablett
la mancia, pl **le mance**	das Trinkgeld
l'ostello m **della gioventù**	die Jugendherberge
l'oste/l'ostessa	der/die Wirt/in
il fattorino	der Hotelboy
pernottare	übernachten
reclamare	reklamieren, beanstanden
far(e) merenda	vespern
ben tenuto, a	gut geführt
curato, a	gepflegt
ragio'nevole	vernünftig, angemessen

Sätze und Redewendungen: *'essere/andare/venire a tavola* bei
Tisch sein/zu Tisch gehen/kommen — *a 'tavola/durante il pranzo* bei
Tisch, während des Essens — *al dessert* beim Nachtisch — *per/quale
dessert* als/zum Nachtisch — *alla carta* nach der Karte — *un menu a
prezzo fisso* ein Menü zum festen Preis — *tutto/servizio compreso*
alles/Bedienung inbegriffen (im Preis) — *buon appetito!* guten

Appetit! — *ha da ac'cendere/mi fa ac'cendere per favore?* darf ich Sie um Feuer bitten? — *qual è il prezzo della 'camera?* wie teuer ist/was kostet das Zimmer? — *quanto costa la 'camera ad un letto/a due letti/con/senza bagno/doccia* was kostet das Einzel-/Doppelzimmer/ mit/ohne Bad/Dusche — *come ha/hanno dormito?* wie haben Sie geschlafen? — *abbiamo dormito molto bene/male* wir haben sehr gut/ schlecht geschlafen — *questo hotel è raccomandato dall'Ente Turismo* dieses Hotel ist vom Verkehrsbüro empfohlen — *i prezzi della pensione erano ragio'nevoli* die Pensionspreise waren angemessen.

b) Essen

Grundwortschatz: appetito, burro, carne, cucina, dolce, fame, formaggio, frutta, gelato, gusto, mela, minestra, olio, pane, pasta, patata, pera, pesca, pesce, sale, uovo, uva, verdura, 'zucchero — cucinare, cu'ocere, mangiare, morir(e) di fame, preferire, preparare — duro, fine, grasso, grosso, pronto.

il cibo	die Speise
l'arrosto m	der Braten
la co(s)toletta	das Kotelett
la cipolla	die Zwiebel
l'aglio m	der Knoblauch
la farina	das Mehl
il pollo	das Huhn
l''anitra f	die Ente
la selvaggina	das Wild(bret)
la salsa/il sugo	die Soße
la 'fragola	die Erdbeere
la noce	die Nuß
la marmellata	die Marmelade
l'aceto m	der Essig
il pepe	der Pfeffer
l'insalata f	der Salat
l'insalata verde/mista	der grüne/gemischte Salat
assaggiare	abschmecken, probieren, kosten
avere buon/cattivo gusto	gut/schlecht schmecken *itr*
crudo, a	roh, ungekocht
cotto, a	gekocht, gebacken
guasto, a	verdorben, faul *(Obst)*

Sätze und Redewendungen: *domandare/chi'edere un po' (poco) di pane* um etwas Brot bitten — *spalmare il burro sul pane* Butter aufs Brot streichen — *'zucchero a pezzi/in 'polvere* Würfel/Puderzucker — *ben/troppo cotto* gut/zu stark gekocht — *aver(e) lo 'stomaco vuoto* einen leeren Magen haben — *cavarsi la fame* seinen Hunger stillen — *mangiare a sazietà* sich satt essen — *mangiare con buon appetito* mit gutem Appetit essen — *l'appetito vien mangiando* der Appetit kommt mit dem Essen.

c) Trinken

Grundwortschatz: acqua, caffè, cioccolata, latte, tè, vino — bere, bollire, preferire, riempire — amaro, caldo, dolce, forte, freddo, fresco, leggero, sano.

la bevanda	das Getränk
il succo di frutta/d'uva/di mele	der Obst-/Trauben-/Apfelsaft
la gassosa	die Brause, der Sprudel
l'acqua minerale f	das Mineralwasser
il cappuccino/caffelatte	der Milchkaffee
la panna	die Sahne
il tappo/tu'racciolo	der Korken
l'apribottiglia m inv	der Flaschenöffner

agro, a	sauer, säuerlich
'acido, a	sauer geworden
bollente	kochend heiß
ardente	brennend *(Durst)*
delizioso, a	köstlich
squisito, a	wohlschmeckend, auserlesen

Sätze und Redewendungen: *il mangiare e bere* Essen und Trinken — *bere dalla bottiglia* aus der Flasche trinken — *dissetarsi/'spegnere la sete* seinen Durst löschen — *amar bere/bere volentieri* gern trinken — *bere alla salute degli 'ospiti/degli sposi* auf die Gesundheit der Gäste/ des Brautpaares trinken — *alla salute!* zum Wohl!/Prosit! — *bevo volentieri il vino caldo* ich trinke gern Glühwein — *annacquare il vino/'mettere dell'acqua nel vino/battezzare il vino* den Wein mit Wasser verdünnen — *tagliare il vino* den Wein verschneiden — *fare il caffè* Kaffee machen/kochen — *'prendere un cappuccino* einen Milchkaffee trinken — *bevo più volentieri la birra che il vino* ich trinke lieber Bier als Wein.

51. Reichtum, Armut

Grundwortschatz: aiuto, beni, bisogno, fortuna, interesse, mezzi, miseria, pensione, proprietà, terra, valore — accontentare, acquistare, aiutare, arrivare, 'correre, lasciare, possedere, ridurre, soffrire — contento, duro, estremo, immenso, or'ribile, 'povero, ricco, umano.

la ricchezza	der Reichtum, Wohlstand, die Wohlhabenheit
l'arricchito m	der Neureiche
il proprietario/la proprietaria	der/die Besitzer/in, Eigentümer/in
la 'rendita	die Rente, Einkünfte, das Einkommen
il dono	die Gabe, Spende
il 'debito	die Schuld
la crisi eco'nomica	die Wirtschaftskrise
con'sistere (in)	bestehen (in, aus)
ac'crescersi/moltiplicarsi	sich vermehren, größer werden
far buon uso di qc/economizzare qc	sparsam umgehen mit
generoso, a	freigebig, großzügig, -herzig
crudele	grausam, unmenschlich, hart

Sätze und Redewendungen: *ha fatto fortuna* er ist reich geworden — *le sue ricchezze con'sistono in/son fatte di . . .* sein Reichtum besteht aus . . . — *vive di 'rendita* er lebt von seinem Vermögen — *trovarsi nel bisogno/nella necessità* in Not/Armut sein — *in caso di bisogno/necessità* im Notfall, notfalls — *ridurre in miseria* ins Elend bringen — *fare un regalo/far regalo di qc* schenken, ein Geschenk machen — *le ricchezze non fanno la felicità/il denaro non rende felici* Geld macht nicht glücklich.

52. Landwirtschaft: Ackerbau (cf 54)

Grundwortschatz: beni, campagna, campo, coltivatore, contadino, grano, materiale, paese, paglia, patata, possesso, prato, proprietà, raccolta, suolo, tabacco, terra, uva, vigna, vino — affittare, coltivare, piantare, rac'cogliere, tagliare — bagnato, giallo, maturo, secco, 'umido, verde.

il proprietario/la proprietaria	der/die Eigentümer/in, Besitzer/in
il proprietario terriero	der Großgrundbesitzer
il 'piccolo proprietario	der Kleinbauer
il cibo	die Nahrung, das Futter, Fressen
il lavoro dei campi	die Feldarbeit
il fango, pl i fanghi	der Schlamm, Dreck, Schmutz
il mulino ad acqua/a vento	die Wasser-/Windmühle
il granturco	der Mais
il chicco d'uva	die Weinbeere
i cereali pl	das Korn, Getreide
il fienile	der Heuboden
il fieno	das Heu
il granaio	der Getreide-/Kornspeicher
la zappa	die (Kreuz-, Spitz)Hacke
il gambo	der Halm *(Getreide)*
il prodotto	der Ertrag *(Ernte)*, das Produkt, Erzeugnis
arare	pflügen
zappare	hacken
'crescere	wachsen, größer werden
mi'etere	mähen
trebbiare	dreschen
attivo, a	aktiv, tatkräftig, rührig
dorato, a	golden, goldbraun
magro, a	mager; *fig* durstig

Sätze und Redewendungen: *'vivere in campagna* auf dem Lande wohnen/leben — *mi'etere/trebbiare il grano* das Getreide mähen/dreschen — *ammassare il fieno* Heu aufhäufeln — *lavorare la terra/il campo* das Feld/den Boden bearbeiten.

53. Landwirtschaft: Viehzucht, Tiere

Grundwortschatz: ala, animale, 'asino, bestia, cagna, cane, cavallo, coda, lana, latte, maiale, mosca, pelle, pesce, piede, testa, uccello, uovo — abbandonare, attaccare, bere, cantare, mangiare, obbedire — cattivo, vivo.

il gregge	die Herde
l''anitra f	die Ente
il coniglio, pl -gli	das Kaninchen

la capra	die Ziege
la vacca, pl **le vacche**	die Kuh
il vitello	das Kalb
la zanzara	die Mücke
la zampa	die Pfote
le corna pl	die Hörner *pl*
il gallo	der Hahn, Gockel
la gallina	die Henne
il gatto	die Katze; der Kater
l'insetto m	das Insekt
il serpente	die Schlange
il pulcino	das Kücken
il pelo	die Haare *pl* (*Körper, Bart*)
il ferro di cavallo	das Hufeisen
il nido	das Nest
vo'larsene	weg-, ab-, davonfliegen
scivolare	ausgleiten, rutschen
fischiare	pfeifen, zischen
accarezzare	streicheln, liebkosen
staccare	losbinden, -ketten
nu'ocere (a)	schaden
nuotare	schwimmen
'crescere	wachsen
custodire	bewachen
'mordere	beißen
'pungere	stechen
selvaggio, a	wild, ungezähmt, ungebändigt
feroce	wild, reißend, schrecklich
quieto, a	ruhig

Sätze und Redewendungen: *menare il gregge* die Herde vor sich hertreiben — *dar(e) da mangiare agli animali* die Tiere füttern — *far mangiare/bere* füttern/tränken — *andare a(l) passo* im Schritt fahren — *fischiare al cane* dem Hund pfeifen — *attenti al cane!* Vorsicht vor dem Hund! — *camminare carponi/a quattro zampe* auf allen vieren gehen/kriechen — *dare una cornata a qn* jdn mit den Hörnern stoßen — *'battere le ali* mit den Flügeln schlagen — *cadere/volare dal nido* aus dem Nest fallen/vom Nest wegfliegen — *il gallo canta* der Hahn kräht — *il gatto m'iagola* die Katze miaut — *il cavallo nitrisce* das Pferd wiehert — *l''asino raglia* der Esel schreit — *il cane custodisce la casa* der Hund bewacht das Haus — *la zanzara punge/punzecchia* die Mücke sticht — *il maiale grugnisce* das Schwein grunzt.

54. Gartenbau (cf 52)

Grundwortschatz: 'albero, erba, fiore, foglia, frutta, giardino, mela, odore, patata, pelle, pera, pesca, pianta, rosa — cadere, sentire — amaro, aperto, bianco, dolce, duro, fresco, 'piccolo, rosa, rosso.

la siepe	die Hecke, der Zaun
il cespuglio, pl i cespugli	das Gebüsch, der Busch
l'aiuola f	das Beet
il sentiero	der Pfad, Fußweg
il prato	die Wiese
la quercia, pl -ce	die Eiche
il tiglio, pl i tigli	die Linde
la radice	die Wurzel
il tronco, pl i tronchi	der Stamm
lo stelo	der Stiel, Stengel
la bacca, pl -cche	die Beere
il fosso	der Graben
il mazzo (di fiori)	der (Blumen-)Strauß, das Bund
la pianta ornamentale	die Zierpflanze
la pianta rampicante	die Kletterpflanze
il 'calice	der Blütenkelch
la corolla	die Blumenkrone
il 'petalo	das Blumenblatt
il 'polline	der Blütenstaub
il bocciuolo	die Blütenknospe
la gemma	die Knospe
la spina	der Dorn
la fioritura	die Blüte, Blütezeit
gli attrezzi del giardiniere pl	die Gartengeräte *pl*
i 'mobili da giardino pl	die Gartenmöbel *pl*
'cogliere	pflücken *(Obst, Blumen)*
fiorire	(auf)blühen, in Blüte stehen
sbocciare	aufbrechen
germogliare	hervortreiben
sfiorire/appassire	verblühen/welken
spampanare	entblättern
abbandonato, a	vernachlässigt, verwahrlost
selvaggio, a	wild(wachsend), unkultiviert
squisito, a	auserlesen, ausgesucht, fein

delizioso, a	köstlich
'soffice	weich
'tenero, a	zart

Sätze und Redewendungen: *fare un mazzo di rose* einen Rosen-strauß binden — *le rose 'spandono un profumo pia'cevole/gradito* die Rosen verbreiten einen angenehmen Duft — *si sente il profumo dei ga'rofani* es duftet nach Nelken — *il giardino è in fioritura* der Garten steht in Blüte.

X. Verkehr, Reisen

55. Post

Grundwortschatz: apparecchio, buca delle 'lettere, busta, colpo, comunicazione, fattorino, filo, giornale, impiegato, indirizzo, 'lettera, 'linea, 'modulo, notizia, pacco, posta, postino, serie, te'lefono, telegramma — cambiare, indirizzare, inviare, levare, piegare, ri'cevere, ri'mettere, stabilire, 'togliere, telefonare.

la casella postale	das Postfach
la spedizione	die Sendung
la cartolina postale	die Postkarte
la 'lettera raccomandata	der Einschreibbrief
la 'lettera espressa/ l'espresso m	der Eilbrief
il pacco espresso	das Eilpaket
per espresso	per Eilboten
il vaglia postale	die Postanweisung
il/la mittente	der Absender/die Absenderin
il destinatario, pl -ri	der Empfänger
la guida tele'fonica	das Telefonbuch
la conversazione tele'fonica	das Telefongespräch
la conversazione interurbana	das Ferngespräch
l'assegno postale m	der Postscheck
il conto corrente postale	das Postscheckkonto
il te'legrafo	der Telegraf
il campione senza valore	das Muster ohne Wert
il timbro postale	der Poststempel
il francobollo (commemorativo)	die (Sonder)Briefmarke
la collezione di francobolli	die Briefmarkensammlung

la distribuzione delle 'lettere	die Briefzustellung
la levata (delle 'lettere)	die Leerung
la posta a'erea	die Luftpost
le spese postali pl	die Postgebühren *pl*
incollare/appiccicare qc/su	etw zukleben/aufkleben (auf)
trasportare	befördern, transportieren
inoltrare	nachsenden, weiterleiten
rimandare al mittente	dem Absender zurücksenden
dettare	diktieren
telegrafare	telegrafieren
affrancare	frankieren
imbucare, impostare	aufgeben
postale	postalisch, Post-
franco di porto	portofrei
soggetto al porto	portopflichtig
raccomandato, a	eingeschrieben

Sätze und Redewendungen *è già passato il postino?* ist der Briefträger schon vorbeigekommen? — *c'è posta?* ist etwas mit der Post gekommen? — *la data del timbro postale* das Datum des Poststempels — *il telegramma fu così concepito* das Telegramm hatte folgenden Wortlaut — *si prega d'inoltrare/con preghiera d'inoltro!* bitte nachsenden! — *mi passi/mi dia/mi metta in comunicazione con Milano* verbinden Sie mich mit Mailand/geben Sie mir Mailand — *Milano non risponde!* Mailand meldet sich nicht! — *la 'linea è disturbata/occupata* die Leitung ist gestört/besetzt — *resti all'apparecchio!* bleiben Sie am Apparat! — *ha sbagliato numero!* falsch verbunden! — *l'ho appreso telefonicamente* ich habe es telefonisch erfahren.

Aktionsreihe: *ho scritto una 'lettera di due 'pagine al mio amico* ich habe einen zwei Seiten langen Brief an meinen Freund geschrieben — *non di'mentichi/non dimenticare di firmare la 'lettera!* vergessen Sie nicht/vergiß nicht, den Brief zu unterschreiben! — *metta, scriva/metti, scrivi l'indirizzo del destinatario e quello del mittente!* setzen, schreiben Sie/setze, schreibe die Anschrift des Empfängers und die des Absenders! — *chiudi, incolla/chiuda, incolli la busta!* verschließe, klebe/verschließen Sie, kleben Sie den Umschlag zu! — *imbuchi/imbuca la 'lettera alla posta!* geben Sie/gib den Brief auf die Post! — *vada/va a 'prendere alla posta cinque francobolli da settanta Lire!* gehen Sie/geh zur Post und holen Sie/

hole 5 Briefmarken zu 70 Lire! — *il porto di una 'lettera ordinaria per la Germania era di settanta Lire* das Porto für einen gewöhnlichen Brief nach Deutschland betrug 70 Lire — *invii, spedisca, mandi/ invia, spedisci, manda la 'lettera per via a'erea* senden Sie/sende den Brief per Luftpost — *la 'lettera è arrivata fermo (in) posta* der Brief ist postlagernd angekommen.

56. Eisenbahn

Grundwortschatz: agente, arrivo, biglietto, classe, coda, distanza, ferrovia, finestrino, frontiera, fumo, impiegato, ingresso, 'linea, mec'canico, partenza, passaggio, ponte, rete, ritardo, ritorno, stazione, 'termine, testa, treno, uscita, vagone, valigia, vapore, velocità, viaggiatore, viaggio, 'visita — annunciare, arrestare, arrivare, cambiare, 'correre, dichiarare, inter'rompere, marciare, occupare, partire, 'perdere, pesare, 'prendere, presentare, rac'cogliere, riservare, ritardare, salire, 'scendere, stabilire, superare, vis itare — aperto, leggero, lento, 'libero, lungo, pesante, pieno, 'rapido, speciale, 'ultimo, vuoto.

un biglietto d'andata e ritorno	die Rückfahrkarte
il biglietto d'ingresso	die Bahnsteigkarte
la sala d'aspetto/d'attesa	der Wartesaal
l'ufficio m **informazioni**	das Auskunftsbüro
lo sportello	die Fahrkartenausgabe, der Fahrkartenschalter
l'andata f	die Hinfahrt
il treno passeggeri/ viaggiatori	der Personenzug *(Gegensatz:* Güterzug)
il (treno) merci	der Güterzug
il (treno) diretto	der Eilzug
il (treno) diret'tissimo	der D-Zug, Schnellzug
il (treno) 'rapido	der Fernschnellzug
il vagone letti/ristorante	der Schlaf-/Speisewagen
l'arrivo m**/la partenza (del treno)**	die Ankunft/Abfahrt *(des Zuges)*
il capostazione, pl **i capistazione**	der Bahnhofsvorstand, -vorsteher
il binario, pl **-ri**	das Geleise
il marciapiede	der Bahnsteig
lo scalo merci	der Güterbahnhof
la merce a 'piccola/ grande velocità	das Fracht-/Eilgut

il cantoniere	der Bahnwärter
il segnale	das Signal
il passaggio a livello	der Bahnübergang
la fermata	der Halt, das (An-)Halten, der Stillstand
lo scontrino (dei bagagli)	der Gepäck(aufbewahrungs)schein
la valigia (da viaggio)	der (Reise-)Koffer
la metropolitana	die Untergrundbahn, U-Bahn
la dogana	der (die) Zoll(behörde)
l'ufficio doganale m	das Zollamt
i diritti doganali pl	die Zollgebühr(en)
il controllo doganale	die Zollkontrolle
il passaporto	der (Reise-)Paß
il visto	das Visum, der Sichtvermerk
il visto d'entrata/d'uscita	das Einreise-/Ausreisevisum
il deragliamento	die Entgleisung
a un binario	eingleisig
in orario	fahrplanmäßig
in testa al treno	am Anfang des Zuges
in coda al treno	am Ende des Zuges
lo scompartimento per (non) fumatori	das (Nicht)Raucherabteil
il sottopassaggio, pl -ggi	die Unterführung
il cambiavalute inv	die Wechselstube
segnalare	anzeigen, -kündigen, signalisieren
controllare	durchsuchen, kontrollieren *(Gepäck)*
filare	sehr schnell fahren, rasen
fischiare	pfeifen
deragliare	entgleisen
accelerare	beschleunigen
rallentare	verlangsamen
'comodo, a	bequem
occupato, a	besetzt
dirimpetto (a)	gegenüber (von)

Aktionsreihe: *far(e) le valige* seine Koffer packen — *'prender un tassì per andare alla stazione* eine Taxe nehmen, um zum Bahnhof zu fahren — *pagare l'autista* den Fahrer bezahlen — *andare allo sportello e acquistare un biglietto per Venezia* zum Schalter gehen und eine Fahrkarte nach Venedig lösen — *un biglietto di andata e ritorno di prima (classe) per Venezia* eine Rückfahrkarte erster Klasse nach Venedig — *far vedere/presentare il biglietto al conduttore* dem Schaff-

ner seine Fahrkarte vorzeigen — *conservare il biglietto* seine Fahrkarte aufheben.

il treno parte/ha/viaggia con dieci minuti di ritardo der Zug hat 10
Minuten Verspätung — *il treno si ferma qui solo tre minuti* der Zug
hat hier nur 3 Minuten Aufenthalt — *congedarsi dagli amici* sich von
seinen Freunden verabschieden — *augurare buon viaggio ai propri
amici* seinen Freunden eine gute Reise wünschen — *in vettura/
carrozza!, per favore!* einsteigen!, bitte! — *aprire il finestrino* das
Fenster öffnen — *il treno si avvia* der Zug setzt sich in Bewegung —
il treno si ferma in tutte le stazioni der Zug hält an allen Bahnhöfen —
il treno passa su (di) un ponte der Zug fährt über eine Brücke —
è pericoloso 'sporgersi! nicht hinauslehnen! — *non aprire prima che
il treno sia fermo!* nicht öffnen, bevor der Zug hält! — *arrivare alla
frontiera* an der Grenze ankommen — *far bollare il passaporto* seinen
(Reise)Paß abstempeln lassen — *il controllo dei bagagli avrà luogo
alla frontiera/in treno* die Gepäckkontrolle findet an der Grenze/im
Zug statt — *può portare con sè/potete portare con voi dieci pacchetti
di sigarette/due litri di vino/tre stecche di cioccolato* Sie dürfen 10
Schachteln Zigaretten/2 Liter Wein/3 Tafeln Schokolade über die
Grenze mitnehmen — *per le altre merci bisogna/si deve pagare la
dogana/le altre merci sono soggette a dogana* die anderen Waren sind
zollpflichtig — *pagare la dogana su* Zoll bezahlen auf — *raggi'ungere
la meta/arrivare alla fine del viaggio* sein Reiseziel erreichen/an
seinem Reiseziel ankommen — *aver(e) fatto un buon/cattivo viaggio*
eine gute/schlechte Reise gemacht haben — *'scendere tutti!/tutti
'devono 'scendere!* alles aussteigen! — *restituire/consegnare il biglietto*
seine Fahrkarte abgeben — *al ritorno/al mio ritorno* bei der/meiner
Rückkehr.

57. Schiff (cf 36; 56)

Grundwortschatz: battello, bordo, capitano, corrente, fiume, lago,
mare, onda, 'perdita, pescatore, pesco, porto — attraversare, bagnare, calmare, pescare, salire — bagnato, calmo, immenso, profondo, tranquillo.

la nave	das Schiff
la nave mercantile	das Handelsschiff
il peschereccio, pl **i pesche-**	das Fischerboot
recci	
la costa	die Küste
il remo	das Ruder, der Riemen
la vela	das Segel
la barca a vela	das Segelschiff

il timone	das (Steuer-)Ruder
il marinaio, pl -ai	der Seemann, Matrose, Schiffer
la riva/la sponda	das Ufer
il bacino	das (Hafen-)Becken
il nuoto	das Schwimmen
la falla	das Leck
la conchiglia	die Muschel
abbordare	landen, anlegen, anlaufen
sventolare	flattern
nuotare	schwimmen
colare a picco/affondare	versenken
affondarsi	versinken
annegare	ertrinken
imbarcarsi (per)	sich einschiffen (nach)
navale	See-, Marine-
marino, a	seemännisch, -fahrend, Meer-
agitato, a/mosso, a	bewegt, unruhig

Sätze und Redewendungen: *trasportare all'/sull'altra riva/sponda* übersetzen — *toccare il porto* den Hafen anlaufen — *virare di bordo* das Schiff drehen — *per mare e per terra* zu Wasser und zu Lande — *condurre a buon porto (fig)* zu einem guten Ende führen.

Aktionsreihe: *la Signorina Bianchi vuol imbarcarsi per 'Genova* Frl. Bianchi will sich nach Genua einschiffen — *si è informata del giorno e dell'ora della partenza* sie hat sich nach Tag und Stunde der Abfahrt erkundigt — *vuole partire colla/con la 'prossima nave* sie will mit dem nächsten Schiff fahren — *la nave è pronta per salpare* das Schiff ist bereit zum Abfahren — *la Signorina Bianchi si avvia verso la nave con gli altri passeggieri* Frl. Bianchi geht zum Schiff mit den anderen Passagieren — *passeggia sul ponte* sie geht an Deck spazieren — *la nave salpa e prende/raggiunge l'altomare* das Schiff läuft aus und erreicht die offene See — *la nave marcia a tutto vapore* das Schiff fährt mit Volldampf — *scoppia una ter'ribile tempesta* ein furchtbarer Sturm bricht los — *la Signorina Bianchi soffre ora di mal di mare* Frl. Bianchi wird jetzt seekrank — *il vento si calma/il mare si fa/diventa più calmo* der Wind legt sich/das Meer wird ruhiger/beruhigt sich wieder — *la nave entra in/nel porto e la Signorina Bianchi scende dalla nave* das Schiff fährt in den Hafen ein, und Frl. Bianchi geht an Land.

58. Flugzeug (cf 36; 56)

Grundwortschatz: a'ereo, ala, altezza, apparecchio, benzina, caduta, capitano, motore, velocità, vento — ab'battere, attaccare, attraversare, cadere, volare.

la costruzione d'apparecchi (di a'erei)	der Flugzeugbau
l'apparecchio m a motore/ a reazione/passeggieri/di	das Motor-/Düsen-/Verkehrs-/ Linienflugzeug
la via a'erea ['linea	der Luftweg
l'ae'roḍromo m	der Flugplatz, das Flugfeld
l'aviatore/l'aviatrice	der Flieger/die Fliegerin
il pilota di 'linea	der Linienpilot
l'allievo m pilota	der Flugschüler
il biglietto di volo	der Flugschein, die Flugkarte
il volo (diurno, notturno)	der (Tages-, Nacht)Flug
il muro del suono/del	die Schall-/Hitzemauer
i relitti dell'a'ereo [calore	das Flugzeugwrack
il servizio/'traffico a'ereo	der Luftverkehr
la veduta a'erea	das Luftbild
l'esplorazione spaziale f	die Weltraumforschung
la nave spaziale	das Weltraumschiff
il volo spaziale	der Weltraumflug
la velocità super'sonica	die Überschallgeschwindigkeit
il viaggio interplanetario	die Weltraumfahrt
l'eli'cottero m	der Hubschrauber
l'aliante m	das Segelflugzeug
l'atterraggio m (di fortuna/forzato)	die (Not)Landung
atterrare	landen, niedergehen
precipitare	abstürzen
'prender(e) quota	Höhe gewinnen
decollare/levarsi in volo	starten
rombare	surren
sorvolare	überfliegen
pilotare	steuern
civile	zivil, Zivil-
vi'sibile	sichtbar, wahrnehmbar

Sätze und Redewendungen: *per via a'erea* auf dem Luftweg/per Luftpost — *salire a bordo dell'a'ereo* in das Flugzeug einsteigen —

dare il segnale di decollo den Start freigeben — *'prendere (il) volo* abfliegen — *rag'giungere una velocità media oraria di seicento chi'lometri (km/h)* eine Durchschnittsgeschwindigkeit von 600 Stundenkilometern erreichen — *'perdere quota* an Höhe verlieren — *toccare il suolo* aufsetzen — *precipitare in fiamme* brennend abstürzen — *schiantarsi al suolo* am Boden zerschellen — *soffrire il mal d'aria* luftkrank sein — *Milano a volo d'uccello* Mailand aus der Vogelschau/-perspektive — *distanza in 'linea a'erea* Entfernung in Luftlinie — *'Napoli è a un'ora di volo (da)* Neapel ist eine Flugstunde entfernt (von).

59. Auto, Fahrrad usw (cf 60)

Grundwortschatz: auto, 'autobus, bicicletta, chi'lometro, fermata, giro, incidente, marcia, mec'canico, morto, motore, olio, partenza, ruota, senso, silenzio, strada, velocità, via, 'vittima — andare, cambiare, causare, di'rigere, evitare, girare, guidare, parcheggiare, partire, regolare, riempire, riparare, salire, scappare, 'scendere, scoppiare, sostituire, urtare — destra, fermo, lento, pesante, 'rapido, silenzioso, sinistra, violento.

il mezzo di trasporto	das Verkehrs-, Transport-, Beförderungsmittel
il conducente/il guidatore	der/die Führer/in, Fahrer/in
la conducente/la guidatrice	
l'autista m/f, pl **gli autisti, le autiste**	der Autofahrer/die Autofahrerin
l'autostrada f	die Autobahn
la patente (di guida)	der Führerschein
il/la ciclista, pl **i ciclisti, le cicliste**	der Radfahrer/die Radfahrerin
la ruota anteriore/posteriore	das Vorder-/Hinterrad
i pneu'matici pl	die Reifen *pl*
la 'camera d'aria	der Schlauch
il freno	die Bremse
il serbatoio, pl **-oi**	der Tank, Behälter
il garage/l'autorimessa	die Garage
l'autofficina f	die Reparaturwerkstatt
il parcheggio, pl **-ggi**	das Parken/der Parkplatz
le luci di posizione/di città	das Standlicht
la stazione di servizio/il distributore di benzina/il rifornimento di benzina	die Tankstelle

la deviazione	die Umleitung
la via a senso 'unico	die Einbahnstraße
il segnale stradale	das Verkehrszeichen
il se'maforo	die Verkehrsampel
la limitazione di velocità	die Geschwindigkeitsbegrenzung
la scuola guida/ l'autoscuola f	die Fahrschule
il camion inv/l'autotreno m	der Last(kraft)wagen, Lastzug
l'incrocio m/il bivio	die Kreuzung
i lavori in corso pl	die Straßenbauarbeiten *pl*
l'incidente stradale m	der Verkehrsunfall
il buono di benzina	der Benzingutschein
circolare	verkehren, fahren
assicurarsi (se)	nachsehen, sich vergewissern (ob)
trainare/rimorchiare	(ab)schleppen
'mettere in moto	anfahren
rovesciarsi/capotare	umstürzen *itr*/umkippen
frenare	bremsen
parcheggiare	parken
svoltare	einbiegen
tamponare	auffahren
accelerare	beschleunigen
rallentare	verlangsamen, langsam fahren
sorpassare	überholen
innestare/cambiare la marcia	den Gang einlegen/wechseln
scontrarsi	zusammenstoßen
opposto, a/contrario, a	entgegengesetzt *(Richtung)*
brusco, a, pl bruschi, brusche	scharf, plötzlich
prudente	vor-, umsichtig
medio, a	durchschnittlich, Durchschnitts-
'tragico, a, pl 'tragici, 'tragiche	tragisch
pericoloso, a	gefährlich

Sätze und Redewendungen: *passaggio proibito!* Durchfahrt verboten! — *vietato ai ciclisti!* Radfahren verboten! — *parcheggio proibito!* Parken verboten! — *parcheggio consentito solo i (nei) giorni pari/'dispari* Parken an Tagen mit geraden/ungeraden Zahlen (erlaubt)!.
uscire la 'macchina dal garage den Wagen aus der Garage holen — *'mettere in moto* einschalten — *chiavetta d'accensione* Zündschlüssel

— '*mettere la seconda/terza (marcia)/la marcia indietro* den 2./3./ Rückwärtsgang einschalten — *tenere/mantenere bene la propria destra* scharf rechts fahren — *girare all''angolo* um die Ecke biegen — *frenare bruscamente* scharf bremsen — *tirare il freno* die Bremse anziehen — *viaggiare con prudenza* vorsichtig fahren — *filare a tutta velocità/birra* wahnsinnig schnell fahren/rasen — *andare in salita/in discesa* bergauf/bergab fahren — *fare il pieno (di benzina)* (voll)tanken — *ha avuto un incidente* er hat einen Unfall gehabt/ ihm ist ein Unfall passiert — '*essere di ritorno* zurück sein.

60. Stadtverkehr und Sehenswürdigkeiten (cf 59)

Grundwortschatz: albergo, borsa, castello, centro, chiesa, 'cinema, città, dintorni, 'fabbrica, giardino, ingresso, libreria, municipio, negozio, ospedale, palazzo, piano, ponte, quartiere, ristorante, senso, situazione, stazione, strada, straniero, teatro, uscita, via, 'visita — ammirare, attirare, attraversare, avvisare, 'correre, guardare, guidare, indicare, passare, per'correre, visitare — completo, curioso, particolare, popolare, 'pubblico, 'unico.

la circolazione/il 'traffico (stradale)	der (Straßen-/Auto)Verkehr
il 'vigile (stradale)	der (Verkehrs)Polizist
l'incidente stradale m	der Verkehrsunfall
il pedone	der Fußgänger
il marciapiede	der Bürgersteig, Gehweg
la carreggiata	die Fahrbahn
il tram inv	die Straßenbahn
il tassì inv	die Taxe
il tassista, pl i tassisti	der Taxifahrer
la fermata	die Haltestelle
la corsa	die Fahrt
il prezzo della corsa	der Fahrpreis
l'edificio m, pl **-ci**	das Gebäude, der Bau
il Palazzo di Giustizia	das Gericht(sgebäude)
il museo	das Museum
la torre	der Turm
la biblioteca, pl -che	die Bibliothek
l'università f inv	die Universität
la piazza	der Platz
il campanile	der Kirch-, Glockenturm
il monumento [pl **-ggi**	das Denkmal, Bauwerk, Monument
il posteggio/il parcheggio,	der Parkplatz
l'autosilo m inv	das Parkhaus

il mercato	der Markt
i giardini 'pubblici	der Stadtpark
il centro città	die Stadtmitte, das Zentrum
la guida tu'ristica	der Fremdenführer
smarrirsi	sich verirren, sich verlaufen
andare a spasso/zonzo	spazierengehen, herumbummeln
fare una passeggiata in 'macchina	spazierenfahren
animato, a	belebt, lebhaft, rege
'celebre	berühmt
popoloso, a	bevölkert
movimentato, a	belebt
fragoroso, a	laut
comunale	städtisch, Gemeinde . . .
'civico, a, pl 'civici, 'civiche/urbano, a	städtisch

Sätze und Redewendungen: *parcheggio proibito!/proibito par-cheggiare!* Parken verboten! — *è proibito calpestare le aiuole!* das Betreten des Rasens ist verboten! — *sta attento a non finire/che non finisci sotto una 'macchina!* paß auf, daß du nicht überfahren wirst!

Aktionsreihe: *'essere in città* in der Stadt sein — *andare alla fermata del tram* zur Straßenbahnhaltestelle gehen — *c'è qualcuno senza biglietto?* noch jemand ohne Fahrschein? — *scende Lei?* steigen Sie aus? — *ci sono ancora posti in piedi/a sedere nella vettura* es sind noch Steh-/Sitzplätze im Wagen — *offrire il posto ad una vecchia signora* einer alten Dame seinen Platz anbieten — *la gente spinge/pigia* die Leute drängen sich — *vogliamo attraversare?* wollen wir hinübergehen? — *che cosa è successo all'angolo (della strada)?* was ist denn an der (Straßen-)Ecke los? — *domandare/chi'edere la via a qn* jdn nach dem Weg fragen — *va al museo/al mercato/all'università/al teatro questa strada?* führt diese Straße zum Museum/Markt/zur Universität/zum Theater? — *sbagliare strada* sich in der Straße irren — *vada sempre/tutto diritto* gehen Sie immer geradeaus — *la biblioteca non è lontana dalla piazza/è in direzione della stazione* die Bibliothek ist nicht weit vom Platz/in Richtung Bahnhof.

XI. Sport

61. Sport (cf 12)

Grundwortschatz: attacco, auto, bicicletta, cavallo, corda, decisione, difesa, distanza, esercizio, forma, gi(u)oco, incidente, incontro, indirizzo, lotta, 'macchina, movimento, partenza, peso, piede, 'pubblico, punto, rete, risultato, sforzo, successo, vittoria — attaccare, 'battere, cadere, com'battere, 'correre, di'fendere, esercitare, guadagnare, inter'rompere, lanciare, organizzare, 'perdere, provare, re'spingere, riposare, riuscire, saltare, 'spingere, tentare, tirare — inferiore, sinistra, superiore, vivo.

lo sportivo, la sportiva	der Sportler/die Sportlerin
l'amatore m/**il dilettante**	der Amateur
l''arbitro m	der Schiedsrichter
l'avversario m, pl **-ri**	der Gegner
il vincitore (ai punti)	der (Punkt)Sieger
la squadra	die Mannschaft, Equipe *(Reitsport)*
il campione/la campionessa (mondiale)	der/die (Welt-)Meister/in
il ciclista, pl **i ciclisti**	der Radfahrer
l'at'letica leggera f	die Leichtathletik
il gi(u)oco del calcio	das Fußballspiel
lo sci inv	der Schi, das Schifahren, der Schilauf
la gin'nastica	das Turnen
l'esercizio 'ginnico m	die Leibesübung, Körperertüchtigung
il volo a vela	der Segelflug
la palla	der Ball (Tennisball)
il pallone	der Ball (Fußball)
il canotto	das Boot, der Kahn
la manifestazione sportiva	die Sportveranstaltung
lo spettatore/la spettatrice	der Zuschauer/die Zuschauerin
il rendimento	die Leistung
il primato/il record inv	der Rekord
il primato/record/ nazionale/mondiale	der Landes-/Weltrekord
l'os'tacolo m	das Hindernis, die Behinderung
il salto in lungo/in alto	der Weit-/Hochsprung
la corsa automobi'listica/ motoci'clistica/ci'clistica	das Auto-/Motorrad-/Radrennen [Italien
il Giro d'Italia	alljährliches Radrennen rund um

il cavallo/la vettura/ 'macchina da corsa	das Rennpferd/der Rennwagen
il campo sportivo/di tennis	der Sport-/Tennisplatz
l'incontro m/la gara/la partita internazionale	das Länderspiel/der Länderkampf
la partita di boxe/di calcio	der Boxkampf/das Fußballspiel
la squadra cal'cistica	die Fußballmannschaft
l''undici m inv	die Elf
il peso leggero/pesante	das (der) Leicht-/Schwergewicht(ler) *(Boxen)*
il palo della porta	der Torpfosten
il traguardo	das Ziel
la sospensione	der Abbruch
i Gi(u)ochi O'limpici pl	die Olympischen Spiele *pl*
la società/l'associazione f sportiva	der Sportverein/-verband
il 'titolo di campione (del mondo)	der (Welt)Meistertitel
il campionato del mondo	die Weltmeisterschaft
il capitano della squadra	der Mannschaftskapitän
nuotare	schwimmen
allenare	trainieren
eseguire	ausführen
sforzarsi	sich anstrengen
lottare	ringen *(Sportart);* kämpfen
remare	rudern
rigettare	zurückwerfen, -schlagen *(Ball)*
protestare (contro)	protestieren (gegen)
'vincere	siegen
fischiare	an-, aus-, abpfeifen
sfidare qn	jdn herausfordern *(zum Kampf)*
urtarsi	sich stoßen
eliminare	ausscheiden
squalificare	ausschließen, disqualifizieren
'essere in forma	in Form sein
sportivo, a	sportlich, Sport-
'fisico, a, pl 'fisici, 'fisiche	physisch, körperlich, Körper-
e'lastico, a, pl e'lastici, e'lastiche	elastisch, federnd, geschmeidig
uguale, eguale	gleich
ineguale	ungleich, unregelmäßig
vincitore	siegreich

Sätze und Redewendungen: *gi(u)ocare a palla/a pallone/a bocce*
Ball/Boccia spielen — *fare dello sport/andare a sciare/fare gin'nastica*
Sport treiben/Schi laufen/turnen — *disputare una partita a tennis*
ein Tennismatch austragen — *tirare a sorte* auslosen — *fare del
proprio meglio* sein Bestes tun — *fare il pos'sibile* sein Möglichstes
tun — *in onore del vincitore/in suo onore* zu Ehren des Siegers/ihm
zu Ehren.

Aktionsreihen: *dare il colpo d'avvio* Anstoß haben, anstoßen —
passare la palla/il pallone (a qn) (jdm) den Ball zuspielen — *'essere
il portiere* im Tor stehen — *marcare/segnare una rete* ein Tor schießen
— *sbagliare il gol/passare vicino alla porta* danebenschießen —
andare in vantaggio nel primo tempo bei Halbzeit führen — *'vincere
per due (reti) a uno (una)* mit 2:1 (Toren) gewinnen — *fare pareggio*
unentschieden spielen.
dare il via/il segnale di partenza alla corsa das Startzeichen für das
Rennen geben — *andare al passo* im Schritt laufen — *avvicinarsi
alla meta* sich dem Ziel nähern — *stare in testa/guidare la 'classifica*
an der Spitze sein/liegen — *avere un vantaggio (di . . . metri)* einen
Vorsprung (von . . . Metern) haben.
lanciare la boccia/il disco/il martello die Kugel stoßen/den Diskus/
Hammer werfen — *sollevare un peso* ein Gewicht heben — *avrebbe
quasi stabilito/infranto il primato/record/nazionale/mondiale* er hätte
beinahe den Landesrekord/Weltrekord aufgestellt/gebrochen.
andare a terra zu Boden gehen *(Boxen)* — *rialzarsi in piedi* wieder
hochkommen — *tenere la testa alta* den Kopf hoch/aufrecht halten —
avere gli stessi punti di qn mit jdm punktgleich sein — *'battere
l'avversario ai punti* den Gegner nach Punkten schlagen — *inter'rompere l'incontro* den Kampf abbrechen — *protestare contro la decisione
dell'arbitro* gegen die Entscheidung des Schiedsrichters protestieren.

62. Angeln, Jagd

Grundwortschatz: battello, caccia, cane, filo, pesca, pescatore,
pesce, rete — cacciare, colpire, ferire, gettare, mu'overe, mu'oversi,
pescare, 'prendere, ritirare, tirare, uc'cidere — morto, vivo.

l'apertura f della pésca/ della caccia	die Eröffnung der Angel-/ Jagd- saison
il permesso/la licenza di pésca/caccia	der Angel-/Jagdschein
la canna da pésca	die Angelrute
la lenza	die Angelschnur

il pesce d'acqua dolce/di mare/di fiume	der Süßwasser-/See-/Flußfisch
il cacciatore/la cacciatrice	der Jäger/die Jägerin
il fucile da caccia	das Jagdgewehr
la traccia, pl le tracce	die Spur
i pallini pl	das Schrot
la pal'lottola	die Kugel
la selvaggina	das Wild(bret)
il/la lepre	der Hase
il coniglio, pl -gli	das Kaninchen
l'oca, pl le oche	die Gans
l'anatra f	die Ente
il lupo/la lupa	der Wolf/die Wölfin
la ferita	die Verwundung, Verletzung
l'inseguimento m	die Verfolgung
la carniera, il carniere	die Jagdtasche
la cacciagione	die Jagdbeute
vo'larsene	auf-, wegfliegen
mirare (a)	zielen (auf)
pigliare	fangen
rigettare (in acqua)	(ins Wasser) zurückwerfen
ri'prendere	wieder ergreifen, einfangen
inseguire	verfolgen
'mordere	beißen
galleggiare	an der Oberfläche schwimmen
fallire il colpo	den Schuß verfehlen
selvaggio, a	wild, ungezähmt

Sätze und Redewendungen: *andare alla caccia del/della lepre* (auf) Hasen jagen — *la caccia al capriolo/alla pernice/al fagiano/al cinghiale* Reh-/Rebhühner-/Fasanen-/Wildschweinjagd — *fare una buona caccia* einen guten Fang machen — *dare la caccia a qn* jdn verfolgen — *caccia riservata!* abgeschlossenes Jagdrevier!.

Aktionsreihe: *il cacciatore va a caccia col/con il suo cane* der Jäger geht mit seinem Hund auf die Jagd — *'carica il fucile con i/coi pallini* er lädt sein Gewehr mit Schrot — *l'anatra selvaggia vola in alto* die Wildente fliegt auf — *il cacciatore mira, il colpo parte* der Jäger zielt, der Schuß fällt — *il cacciatore ha tirato bene, ha colpito l'anatra* der Jäger hat gut geschossen, er hat die Ente getroffen — *l'anatra cade a terra* die Ente fällt/stürzt zu Boden/zur Erde — *il cane da caccia porta l'anatra abbattuta al suo padrone* der Jagdhund apportiert seinem Herrn die erlegte Ente.

XII. Wissenschaft und Schule

63. Geistige und wissenschaftliche Tätigkeit (cf 30)

Grundwortschatz: avviso, azione, conoscenza, convinzione, coscienza, dominio, errore, esame, esperienza, idea, intelligenza, istruzione, memoria, mezzo, necessità, opinione, paragone, pensiero, piano, principio, progetto, progresso, prova, ragione, ricerca, riflessione, sapienza, scienza, scopo, senso, 'spirito, studio, successo, 'termine, verità — am'mettere, applicare, ap'prendere, at'tendere, cercare, com'prendere, con'fondere, con'oscere, considerare, con'vincere, 'credere, dimenticare, esaminare, immaginare, impiegare, ottenere, paragonare, pensare, prevedere, provare, rappresentare, realizzare, richiamare, ricon'oscere, ricordare, ricordarsi, ri'flettere, sapere, sognare, spiegare, stabilire, studiare, supporre, trovare — capace, certo, chiaro, confuso, esatto, evidente, importante, impos'sibile, incapace, intelligente, maturo, pos'sibile, preciso, sconosciuto, sicuro, 'utile, vero.

la civiltà inv	die Kultur, Zivilisation
lo studente/la studentessa	der/die Student/in, Studierende
il problema, pl **i problemi**	das Problem, die Frage
la teoria	die Theorie, Lehre
la 'pratica, pl **le 'pratiche**	die Praxis, praktische Erfahrung
il 'metodo	die Methode, Verfahrensweise
il procedimento	das Verfahren, Vorgehen
la fantasia	die Phantasie, der Einfall
l'illusione f	die Illusion, Sinnestäuschung
la convinzione/la persuasione	die Überzeugung, Auffassung
l'osservazione f	die Beobachtung
l'istinto m	der Instinkt
la scoperta	die Entdeckung
l'invenzione f	die Erfindung
la certezza	die Sicherheit, Gewißheit
la precisione	die Genauigkeit, Präzision
il riconoscimento	die Anerkennung
ricercare	(er)forschen, suchen
pro'cedere (a)	schreiten (zu), verfahren
determinare	bestimmen, festlegen
precisare	genau bestimmen, angeben; ausdrücken
inventare	erfinden, aus-, erdenken

confermare	bestätigen, bekräftigen
utilizzare	gebrauchen, benutzen, verwenden
scoprire	entdecken
ri'solvere	lösen
attento, a	aufmerksam, bedacht (auf)
spirituale	geistig, geistlich, geistreich
ignorante	unwissend, ungebildet
affinchè + subj	damit, daß, auf daß

Sätze und Redewendungen: *farsi com'prendere* sich verständlich machen — *farsi un'idea di qc* sich seinen Begriff/eine Vorstellung von etw machen — *questa idea non mi sarebbe venuta* auf diesen Gedanken wäre ich nicht gekommen — *mi sovviene/ricordo/viene in mente che* . . . es fällt mir ein, daß . . . — *mi venne il pensiero/l'idea di* . . . ich kam auf die Idee/auf den Einfall, . . . — *farsi un giudizio di qc* sich über etw ein Urteil bilden — *a dimostrazione di ciò* zum Beweis dafür — *tutto ben considerato* alles wohl überlegt — *dopo matura riflessione* nach reiflicher Überlegung — *a questo fine/scopo* zu diesem Zweck — *si suppone generalmente che* . . . man nimmt allgemein an, daß . . . — *l'esperienza ha confermato la teoria* die Erfahrung hat die Theorie bestätigt — *esercitare un influsso* einen Einfluß ausüben — *a determinate condizioni* unter bestimmten Bedingungen — *arrivare ad un risultato* zu einem Ergebnis kommen — *fare progressi in un campo/settore* Fortschritte auf einem Gebiet erzielen — *ricercare le cause di un fe'nomeno* nach den Ursachen einer Erscheinung forschen — *è risultato che* . . . es hat sich herausgestellt, daß . . . — *tirare la conclusione da qc* einen Schluß aus etw ziehen — *è una cosa che accade/succede raramente/di rado* das kommt selten vor.

64. Philosophie (cf 30; 63)

Grundwortschatz: 'anima, associazione, caso, dubbio, esistenza, esperienza, idea, morale, 'ordine, principio, ragione, sistema, trattato — appoggiare, dimostrare, dubitare, provare, trattare.

la filosofia	die Philosophie, (Lebens-)Weisheit
il 'libero arbitrio	die Willensfreiheit, der freie Wille
l''essere	das Sein, (Lebe-)Wesen, der Mensch
il divenire	das Werden
la dottrina	die Lehre, Doktrin
l'a'nalisi f inv	die Analyse
il concetto	der Begriff
la cognizione	die Kenntnis

il 'metodo	die Methode
il ragionamento	die Erörterung, der Vernunft-schluß
la sostanza	das Wesen, die Substanz
la casualità inv	die Zufälligkeit
la categoria	die Kategorie
l'i'potesi f inv	die Hypothese, Annahme
giustificare qn/qc	rechtfertigen, begründen jdn/etw
negare	verneinen; leugnen, abstreiten
contemplare	nachsinnen; betrachten
differire	abweichen (von, in)
dimostrativo, a	beweisend, überzeugend
nondimeno	nichtsdestoweniger, trotzdem

Sätze und Redewendungen: *penso, dunque sono* ich denke, also bin ich *(cogito ergo sum, Descartes)* — *avere un'idea di qc* eine Vorstellung von etw haben — *regolarsi secondo il buon senso* sich nach dem gesunden Menschenverstand richten — *tenere/frequentare un corso/un ciclo di lezioni di filosofia* Philosophievorlesungen halten/besuchen — *allontanarsi/scostarsi dalla verità* von der Wahrheit abweichen — *il fine gius'tifica i mezzi* der Zweck heiligt die Mittel.

65. Geschichte (cf VIII; 63)

Grundwortschatz: arma, avvenire, borghese, castello, 'epoca, età, fatto, gesta, guerra, o'rigine, pace, passato, presente, razza, re, signore, situazione, storia, tempo, tradizione, trattato, umanità — armare, arrivare, dimostrare, passare, produrre, provare, soffocare — borghese, moderno, 'nobile, passato, presente, reale, 'umano.

l''epoca moderna f	die Neuzeit
l''epoca attuale f	die Gegenwart
l'età f della pietra	die Steinzeit
lo sviluppo	die Entwicklung
la grandezza	die Größe
la rovina	der Untergang, Ruin, die Ruine
il memoriale	die Denkschrift, der Bericht, das Memorandum
le memorie pl	die Denkwürdigkeiten, Memoiren *pl*
la nota	die Aufzeichnung, Note *(politisch)*
la guerra civile/di religione	der Bürger-/Religionskrieg
il privilegio, pl -gi	das Privileg, Vorrecht

la nobiltà	der Adel
il 'nobile	der Adlige
il gentiluomo, pl i gentilu'omini	der Edelmann, Edelleute
il conte/la contessa	der Graf/die Gräfin
il duca, pl i duchi	der Herzog
il 'principe/la 'principessa	der Prinz/die Prinzessin, der Fürst/ die Fürstin
la regina	die Königin
l'imperatore m	der Kaiser
il monarca pl i monarchi	der Monarch, Alleinherrscher
la maestà inv	die Majestät
la corona	die Krone
la spada	das Schwert, der Degen
l'arco m, pl gli archi	der Bogen
la convenzione	der Vertrag, das Abkommen
l'evento m	das Ereignis
l'evo m	das Zeitalter
il medioevo	das Mittelalter
il principio, pl i principi	das Prinzip; der Anfang
lo stori'ografo	der Geschichtsschreiber
l''opera 'storica f	das Geschichtswerk
la storia del mondo	die Weltgeschichte
sollevare	erheben, revoltieren
sotto'mettere	unterdrücken, unterwerfen
sviluppare	entwickeln
'storico, a, pl 'storici, 'storiche	historisch, geschichtlich
originario, a	ursprünglich
pa'cifico, a, pl pa'cifici, pa'cifiche	friedlich, ruhig, still
glorioso, a	ruhmvoll, ruhm-, glorreich
immortale	unsterblich, unvergänglich
primitivo, a	primitiv, Ur-, ursprünglich
antico, a, pl antichi, antiche	antik, (ur)alt
romano, a	römisch
greco, a, pl greci, greche	griechisch

Sätze und Redewendungen: *deporre la corona* die Krone niederlegen — *se ben mi ricordo/se la memoria non mi tradisce* wenn ich mich recht erinnere — *questo monumento è stato eretto alla memoria*

di Mazzini dieses Denkmal wurde zur Erinnerung an Mazzini er-
richtet — *stipulare un trattato di pace* einen Friedensvertrag ab-
schließen.

66. Literatur (cf 23; 63)

Grundwortschatz: ar'ticolo, autore, avventura, contenuto, forma,
'indice, interesse, istruzione, materia, 'opera, 'pagina, passaggio,
pittura, poesia, racconto, soggetto, teatro, 'titolo, verso — attaccare, com'battere, comporre, contenere, creare, divertire, imitare,
interessare, pronunciare, raccontare, rappresentare, riportare,
'scrivere, trattare — comune, esatto, interessante, meraviglioso,
popolare, prezioso, ri'dicolo, 'semplice.

la letteratura	die Literatur, das Schrifttum
la tragedia	die Tragödie, das Trauerspiel
la commedia	die Komödie, das Lustspiel(theater)
il dramma, pl i drammi	das Drama, Schauspiel
il romanzo	der Roman
l'episodio m	die Episode, der Teil *(eines Romans)*
il volume	der Band *(Buch)*
il ca'pitolo	das Kapitel *(Buch)*
lo scrittore	der Schriftsteller
il poeta, pl i poeti	der Dichter, Poet
il lettore/la lettrice	der Leser/die Leserin
la prefazione	das Vorwort
la recensione	die Buchbesprechung
il saggio, pl -ggi	der Essay, die Abhandlung
il saggista, pl i saggisti	der Essayist
la locuzione/il modo di dire	die Redensart; Redewendung
il testo	der Text, Wortlaut
lo stile	der Stil, die Ausdrucksweise
la facilità inv	die Flüssigkeit *(Stil)*
l'influsso m	der Einfluß
la semplicità	die Einfachheit, Schlichtheit
il luogo comune	der Gemeinplatz, die Banalität
la biblioteca, pl le biblioteche	die Bibliothek
la scheda di richiesta	der Bestellschein
la rivista	die Zeitschrift
la colonna	die Spalte *(Zeitung)*
le notizie varie pl	Verschiedenes, vermischte Nach-richten *pl* [fassung
il sommario	die Inhaltsangabe, Zusammen-

la redazione	die Schriftleitung; Abfassung *(Artikel)*
il capolavoro	das Hauptwerk
il 'genere	die Gattung
la novella	die Novelle
il personaggio, pl -ggi	die Person
la storia della letteratura	die Literaturgeschichte
la letteratura universale	die Weltliteratur
citare	zitieren, anführen
'prendere in prestito (da)	entlehnen (von)
sottolineare	hervorheben, unterstreichen
segnalare qc	auf etw hinweisen
istruire	belehren
tradurre	übersetzen
pubblicare	herausgeben, veröffentlichen
letterario, a	literarisch
po'etico, a, pl po'etici, poe'tiche	dichterisch, poetisch
'comico, a, pl 'comici, 'comiche	lustig, scherzhaft, komödienhaft
toccante	rührend, ergreifend
emozionante	packend, ergreifend
avvincente	spannend

Sätze und Redewendungen: *appena pubblicato* soeben erschienen *(Buch)* — *questa 'opera ha destato sensazione* dieses Werk hat Aufsehen erregt — *'prendere a modello i grandi autori* sich die großen Schriftsteller zum Vorbild nehmen — *consultare un dizionario* in einem Wörterbuch nachsehen/nachschlagen — *continua* Fortsetzung folgt — *ap'prendere dal giornale/dai giornali* aus der Zeitung erfahren — *sapere da fonte sicura* aus sicherer Quelle wissen — *corre (la) voce che . . .* es geht das Gerücht, daß . . .

67. Grammatik (cf 23; 68)

Grundwortschatz: accento, accordo, ar'ticolo, azione, caso, discorso, eccezione, errore, forma, frase, 'lettera, lingua, nome, 'numero, parola, passato, persona, presente, punto, 'regola, significato, soggetto, tempo, 'termine, uso — accordare, applicare, cominciare, costruire, formare, indicare, pronunciare, separare, significare, sostituire, usare, venire — passato, personale, regolare, 'semplice, singolare.

la gram'matica', pl -che	die Grammatik
la costruzione	der Satzbau
la proposizione (principale)	der (Haupt-)Satz
la proposizione (secondaria)	der (Neben-)Satz
il discorso (in)diretto	die (in)direkte Rede
il linguaggio, pl -ggi	die Sprache, Sprech-, Ausdrucks-weise
il 'genere	das Geschlecht
il vocabolario	das Wörterverzeichnis, der Wort-schatz, das Wörterbuch
l'omissione f	die Auslassung
il nome proprio/di persona	der Eigen-/Personenname
la radice	die Wurzel, der Ursprung
la desinenza	die Endung
la vocale	der Vokal, Selbstlaut
la consonante	der Konsonant, Mitlaut
il singolare	der Singular, die Einzahl
il plurale	der Plural, die Mehrzahl
il verbo	das Verbum, Zeitwort
l'aggettivo m	das Eigenschaftswort, Adjektiv
il pronome	das Fürwort, Pronomen
l'avverbio m	das Umstandswort, Adverb
i due punti pl	der Doppelpunkt
il punto esclamativo/ interrogativo	das Ausrufe-/Fragezeichen
la 'virgola	das Komma
il punto e 'virgola	das Semikolon, der Strichpunkt
il trattino	der Gedankenstrich
le virgolette pl	das Anführungszeichen, die Gänse-füßchen *pl*
i punti di sospensione pl	die Auslassungs-, Unterbrechungs-punkte *pl*
la pa'rentesi (tonda/quadra)	die (runde/eckige) Klammer
cor'reggere	verbessern, korrigieren
coniugare	konjugieren
terminare	end(ig)en
riferirsi a	sich beziehen auf
'reggere	regieren
ag'giungere	hinzufügen
completare	ergänzen, vervollständigen
o'mettere/tralasciare/ eliminare	aus-, weglassen
saltare	überspringen, auslassen

complicare	erschweren, komplizieren, verwirren
declinare	deklinieren
futuro, a	künftig, zukünftig
(im)personale	(un)persönlich
affermativo, a	bejahend, positiv
negativo, a	verneinend, negativ

Sätze und Redewendungen: *osservare/trascurare le 'regole di/della gram'matica* die Grammatikregeln befolgen/außer acht lassen — *metta/metti questa frase al singolare/al plurale* setzen Sie/setze diesen Satz in den Singular/Plural —*scriva/scrivi questa parola tra pa'rentesi/alla lavagna* schreiben Sie/schreibe dieses Wort in Klammern/ an die Tafel — *aprire/chi'udere la pa'rentesi!* Klammer auf/zu! — *l'eccezione conferma la 'regola* die Ausnahme bestätigt die Regel — *non si può imparare una lingua straniera senza gram'matica* man kann eine Fremdsprache ohne Grammatik nicht lernen.

68. Erziehung, Schule, Unterricht (cf 1; 23; 63—67; 69—71)

Grundwortschatz: amministrazione, armadio, attenzione, carta, classe, corso, difficoltà, direttore, direttrice, domanda, dovere, educazione, errore, esempio, esercizio, frase, intelligenza, istruzione, lezione, penna, posto, professore, prova, 'regola, risposta, sala, sbaglio, scolaro, scuola, senso, sforzo, significato, studio, 'tavola, studio, ufficio, vacanze — affittare, applicare, applicarsi, ap'prendere, asciugare, com'prendere, dimostrare, entrare, esercitare, interrogare, 'leggere, mettere, mostrare, notare, occupare, preparare, punire, ri'petere, ri'spondere, riuscire, sapere, sbagliare, sedersi, significare, spiegare, studiare — chiaro, dif'ficile, eccellente, 'facile, giusto, inferiore, intelligente, particolare, 'pubblico, 'stupido, superiore, tranquillo.

l'insegnamento m	das Unterrichtswesen, der (das) Unterricht(en)
l'insegnamento 'pubblico	der öffentliche Schuldienst
l'insegnamento privato	der Privatschulunterricht
l'insegnamento superiore	der Hochschulunterricht, das -wesen
il giardino d'infanzia	der Kindergarten
la scuola elementare	die Grundschule
il liceo (scien'tifico)	das (mathematisch-naturwissenschaftliche/neusprachliche) Gymnasium

il liceo 'classico	das humanistische Gymnasium
l'istituto magistrale m	die Lehrerbildungsanstalt
l'istituto commerciale m	die Handelsschule
la scuola in'terpreti	die Dolmetscherschule
il professore di ruolo/ incaricato	der ordentliche Professor/Lehr- beauftragte
il 'preside	der Schuldirektor
il corpo insegnanti	der Lehrkörper, die Lehrkräfte *pl*
il professore di tedesco/ d'italiano/di storia/di mate'matica	der Deutsch-/Italienisch-/Ge- schichts-/Mathematiklehrer
la 'fisica	die Physik
la gin'nastica	das Turnen
la palestra	die Turnhalle
il quaderno	das Heft
la cartella	die (Schul)Mappe
il banco, pl i banchi	die (Schul)Bank
la 'cattedra	das Katheder
la scrittura	die (Hand)Schrift
l'inchiostro m	die Tinte
il calamaio	das Tintenfaß
la lavagna	die Tafel
la spugna	der Schwamm
il gesso	die Kreide
la gomma	der Radiergummi
il dettato	das Diktat
la penna biro/a sfera/ stilo'grafica	der Kugelschreiber/Füllfederhalter
il componimento, 'compito in classe/da casa	die Ausarbeitung, Klassenarbeit/ Hausarbeit, -aufgabe
la lettura	die Lektüre; das Lesen; der Lese- stoff
la spiegazione	die Erklärung, Erläuterung, Aus- legung
la traduzione/la versione	die Übersetzung, Übertragung
il dizionario (tas'cabile)	das (Taschen-)Wörterbuch
il dizionario sco'lastico/ manuale	das Handwörterbuch
il voto	die Note, Zensur
la pagella	das Zeugnis
la borsa di studio	das Stipendium
la punizione	die Bestrafung, Strafe

la maturità	das Abitur, die Reifeprüfung
l'accesso m	der Zugang, -tritt
l'università f inv	die Universität; Hochschule
la facoltà inv	die Fakultät
l'uditore/l'uditrice	der Hörer/die Hörerin
il lettore/la lettrice	der Lektor/die Lektorin
la campanella	die Glocke
la ricreazione/l'intervallo m	die (Schul-)Pause
la riapertura delle scuole/ l'inizio m **dell'anno sco'lastico**	der Schul(jahres)beginn
la chiusura delle scuole	der Schul(jahres)schluß
frequentare	besuchen *(Schule)*
insegnare qc a qn/a + inf	jdn etw lehren, jdm etw beibringen
istruire	unterrichten, belehren, anweisen
sorvegliare	beaufsichtigen, die Aufsicht führen
dettare	diktieren
sillabare	buchstabieren
sottolineare	unterstreichen, betonen, hervor- heben
tradurre	übersetzen, übertragen
copiare (da)	abschreiben (von)
recitare	aufsagen, vortragen *(Gedicht)*
i'scriversi	sich eintragen lassen, sich anmelden
marinare	schwänzen
attento, a (a)	aufmerksam (auf)
diligente	fleißig, strebsam
studioso, a	arbeitsam, fleißig
medio, a	mittelmäßig, Durchschnitts-
pigro, a	faul, träge
distinto, a	deutlich, klar *(Aussprache)*
corretto, a	korrekt, einwandfrei, fehlerlos
insufficiente	ungenügend, -zureichend, mangel- haft
orale	mündlich
scritto, a/per iscritto	schriftlich
tranne adv	außer, abgesehen von

Sätze und Redewendungen: *superare/passare l'esame* die Prüfung bestehen — *'essere bocciato/cadere all'esame* in der Prüfung durch- fallen — *am'mettere all'esame* zur Prüfung zulassen — *am'mettere alla scuola elementare* in die Grundschule aufnehmen — *fare la* *gin'nastica* turnen — *la lezione è finita* die Stunde ist aus — *impartire lezione/lezioni* Unterricht erteilen, unterrichten — *avere lezione* Unterricht haben — *oggi non c'è/si fa scuola/lezione* heute ist keine Schule/kein Unterricht — *fare un dettato* ein Diktat schreiben — *non ha il Suo/hai il tuo quaderno? sì, ce l'ho nella cartella* haben Sie Ihr/hast du dein Heft nicht? doch, ich habe es in der Mappe — *a che punto siamo arrivati?* wie weit sind wir gekommen? — *consegnare/rac'cogliere i quaderni* die Hefte abgeben/einsammeln — *imparare qc da un libro* etw aus einem Buch lernen — *'leggere ad alta voce* laut vorlesen — *'mettere l'accento su (di) una parola* den Akzent auf ein Wort setzen — *a che 'pagina abbiamo letto l'ultima volta? a 'pagina sette* auf welcher Seite haben wir letztes Mal gelesen? auf Seite 7 — *capito, è chiaro?* verstanden, klar? — *farsi un'idea di qc/qn* sich ein Bild von etw/jdm machen — *tutti tranne/ eccetto lui* alle außer ihm — *a chi tocca?* wer ist dran/an der Reihe? — *tocca a me/te/lui* ich bin/du bist/er ist dran — *tocca a Paolo* Paul ist dran — *'prendere nota di qc* etw aufschreiben — *prepararsi agli/per gli esami di maturità* sich auf das Abitur vorbereiten — *studiare all'università* auf/an der Universität studieren — *è studente di legge/di medicina/di mate'matica* er ist Jura-/Medizin-/Mathematik- student — *ha una vasta cultura generale* er hat eine große Allgemein- bildung.

XIII. Künstlerisches Schaffen

69. Allgemeines

Grundwortschatz: ammirazione, arte, espressione, favore, gusto, lavoro, natura, 'opera, soggetto, successo — ammirare, 'cogliere, es'primere, piacere, rimproverare, toccare — 'abile, bello, famoso, mag'nifico, naturale, ordinario, originale, 'semplice, straordinario.

l'artista m/f, pl **gli artisti, le artiste**	der Künstler/die Künstlerin
il capolavoro	das Meisterwerk
la carriera	die Karriere, Laufbahn
il talento	das Talent, die Anlage, Gabe, Fähigkeit
lo stile	der Stil, die Ausdrucksform
la reputazione	der Ruf, das Ansehen
l''opera f **d'arte**	das Kunstwerk
il 'critico/la 'critica, pl **i 'critici/le 'critiche**	der Kritiker/die Kritik

lodare	loben
(di)spiacere	mißfallen, nicht gefallen
apprezzare	schätzen
dotato, a/portato, a (per)	begabt (für)
'celebre	berühmt
illustre	bekannt, berühmt
no'tevole	bemerkenswert, beachtlich
ammi'revole	bewunderswert
or'ribile	schrecklich, fürchterlich

Sätze und Redewendungen: *ognuno a suo/secondo il proprio gusto* jeder nach seinem Geschmack — *avere (buon) gusto* Geschmack haben — *bisogna/si deve 'essere artista per ...* man muß schon Künstler sein, um ... — *l'arte per l'arte* die Kunst nur um der Kunst willen — *s'intende molto di (d')arte* er versteht viel von Kunst — *'essere superiore ad ogni 'critica* über alle Kritik erhaben sein.

70. Malerei, Bildhauerei, Baukunst (cf 68)

Grundwortschatz: 'angolo, aspetto, bellezza, cerchio, 'circolo, colore, differenza, disegno, forma, im'magine, 'linea, luce, matita, misura, piano, quadro, raggio, 'tavola, tipo, tono, volta — 'battere cambiare, di'pingere, disegnare, dis'tinguere, esporre, formare, imitare, immaginare, tagliare — azzurro, bianco, biondo, buio, chiaro, cupo, dipinto, diritto, diverso, fresco, giallo, grigio, leggero, meraviglioso, moderno, nero, nuovo, oscuro, perfetto, regolare, rosso, rotondo, strano, stretto, triste, verde, vivo.

il pittore/la pittrice	der/die (Kunst-)Maler/in
il modello	das Modell, die Vorlage
il paesaggio, pl -ggi	die Landschaft
il ritratto	das Porträt, Bildnis
la sfumatura	die Schattierung, der Farbton, die Nuance
lo sfondo	der Hintergrund
il 'fascino	der Zauber
l'ombra f	der Schatten
la mostra	die Ausstellung
la scultura	die Bildhauerei
l'architettura f	die Baukunst, Architektur, Bauform
la copia	die Kopie, Nachahmung, -bildung

la cornice	der Rahmen
la galleria	die (Gemälde)Galerie
il semicerchio, pl -chi	der Halbkreis
la base	der Fuß, Sockel
la colonna	die Säule
la decorazione	die Ausstattung, Dekoration
tracciare	ziehen, zeichnen
copiare	kopieren, nachahmen, nachbilden
modificare	ver-, abändern, modifizieren
spiccare (su)	sich abheben (von)
'fondere	gießen
scolpire	in Stein hauen; schnitzen
grazioso, a	zierlich, gefällig
severo, a	streng
(fatto, a) a volta	gewölbt
quadrato, a	quadratisch
liscio, a	glatt

Sätze und Redewendungen: *disegnare dal vero/a memoria* nach der Natur/aus dem Gedächtnis zeichnen — *farsi fare il proprio ritratto* sich malen lassen — *pitturare ad olio* in Öl malen — *applicare il colore* die Farbe auftragen — *alla maniera di Modigliani* nach Art von Modigliani — *scolpire sul legno/sul marmo* in Holz schnitzen/in Marmor hauen — *'prendere la forma di qc* die Gestalt von etw annehmen — *'prendere un'altra forma* eine andere Form/Gestalt annehmen — *sa disegnare bene/male* er kann gut/schlecht zeichnen.

71. Musik, Gesang (cf 23; 68)

Grundwortschatz: accordo, aria, ballo, canto, canzone, 'musica, passaggio, pezzo, piano, suono, tono, voce — accompagnare, accordare, ascoltare, ballare, cantare, comporre, di'rigere, in'tendere, suonare — allegro, basso, dolce, falso, giusto, popolare, triste.

il musicista, pl i musicisti	der Musiker
l'orchestra f	das Orchester, die Kapelle
il direttore d'orchestra	der Kapellmeister
l'ouverture f	die Ouvertüre
il violino	die Geige, Violine
lo strumento a corda/a fiato	das Saiten-/Blasinstrument
il giradischi inv	der Plattenspieler
il disco, pl i dischi	die Schallplatte

l'eco f, pl gli echi	das Echo, der Widerhall
la battuta	der Takt
la bacchetta	der Taktstock
la serata musicale	der Musikabend

la 'musica sacra/
  operet'tistica/da 'camera/
  da ballo/notturna
	die Kirchen-/
	  Operetten-/Kammer-/
	  Tanz-/Nachtmusik

la 'musica lirica/oper'istica	die Opernmusik
risuonare	erklingen, -schallen, -tönen
eseguire	ausführen, vortragen
godere	genießen
udire	hören
fare della 'musica	musizieren
clamoroso, a/squillante	(laut)schallend, schmetternd
musicale	musikalisch, sich auf Musik beziehend

Sätze und Redewendungen: *non è affatto musicale* er ist gar nicht musikalisch — *amare la 'musica* musikliebend sein — *suonare uno strumento/il piano/il violino/la chitarra/la fisar'monica* ein Instrument/Klavier/Geige/Gitarre/Ziehharmonika spielen — *suonare un pezzo di 'musica* ein Musikstück spielen — *accompagnare la canzone al piano* den Gesang auf dem Klavier begleiten — *dare l'avvio* den Einsatz geben — *'battere il tempo* den Takt schlagen — *cantare a più voci* mehrstimmig singen — *suonare a quattro mani* vierhändig spielen.

72. Theater, Kino, Photographie (cf 66)

Grundwortschatz: apparecchio, atto, azione, biglietto, cassa, 'cinema, compagnia, fila, film, foto(grafia), fuoco, interesse, nastro, pezzo, 'pubblico, ruolo, sala, scena, spet'tacolo, teatro — abbassare, ascoltare, as'sistere, cadere, fotografare, in'tendere, rappresentare, realizzare, riservare, uscire, vedere — allegro, triste.

l'attore/l'attrice	der Schauspieler/die Schauspielerin
lo spettatore/la spettatrice	der Zuschauer/die Zuschauerin
la rappresentazione tea- trale/cinemato'grafica	die Theater-/Kinovorstellung
la messa in scena	die Inszenierung
il programma, pl i programmi	das Programm

il dramma, pl i drammi	das Drama, Schauspiel
la tragedia	die Tragödie, das Trauerspiel
la commedia	die Komödie, das Lustspiel
la rivista	die Revue
il testo	der Text, Wortlaut
lo sviluppo	die Entwicklung
il sipario, pl -ri	der Vorhang *(theat)*
la prima visione	die Erstaufführung
lo schermo	die Filmleinwand
la sala di proiezione	der Vorführungsraum
l'uscita f (di sicurezza)	der (Not)Ausgang
la diapositiva	das Dia(positiv)
lo sportello	der Schalter
applaudire (qn)	(jdm) Beifall spenden, applaudieren
sviluppare	entwickeln
recitare	vortragen; spielen *(Theaterstück)*
apparire	erscheinen
filmare	filmen; verfilmen
decorare	schmücken, verzieren
'tragico, a pl 'tragici, 'tragiche	tragisch
'comico, a, pl 'comici, 'comiche	komisch, lustig, komödienhaft
dram'matico, a, pl dram'matici, dram'matiche	dramatisch
decorativo, a	schmückend, verzierend
foto'grafico, a, pl foto'grafici, foto'grafiche	photographisch
foto'genico, a, pl foto'genici, foto'geniche	photogen
solenne	feierlich
'splendido, a	glänzend, prächtig, fabelhaft

Sätze und Redewendungen: *proibito ai minori di 'sedici anni* für Jugendliche unter 16 Jahren verboten — *il sipario si alza/cala* der Vorhang geht auf/fällt — *'recita solo una 'piccola parte* er spielt nur eine kleine Rolle — *chiamare alla ribalta* herausrufen — *la scena si svolge a Verona* das Stück spielt in Verona — *recitare bene/male una parte* eine Rolle gut/schlecht spielen — *entrare in scena* auftreten — *uscire/lasciare la scena* abgehen — *andare/'essere al 'cinema* ins Kino gehen/im Kino sein — *girare un film* einen Film drehen —

realizzare un film einen Film herstellen — *fare/'prendere le foto(gra-
fie)* die Fotos/Aufnahmen machen . — *far(ne) delle copie* Abzüge
machen.

73. Rundfunk, Fernsehen

Grundwortschatz: apparecchio, bottone, onda, posto, radio,
stazione, televisione — annunciare, ascoltare, girare, guardare,
in'tendere, regolare, ri'cevere.

l'ascoltatore/l'ascoltatrice	der Zuhörer/die Zuhörerin
l'emissione f	die Sendung
la ricezione	der Empfang
la trasmissione	die Übertragung, Sendung
la radiotrasmissione/la tras missione radio	die Rundfunkübertragung
la trasmissione televisiva/ la teletrasmissione	die Fernsehübertragung
il televisore	der Fernsehapparat
la televisione a colori	das Farbfernsehen
l'altoparlante m	der Lautsprecher
la 'valvola	die Röhre
il radiodramma/la radio-commedia/ la rappre-sentazione radio'fonica	das Hörspiel
il 'video	der Bildschirm
il messaggio radio'fonico/ il radiomessaggio	der Funkspruch
le onde lunghe/corte/ co'rtissime/medie pl	die Lang-/Kurz-/Ultrakurz-/ Mittelwellen *pl*
la lunghezza d'onde	die Wellenlänge
lo studio radio'fonico	der Senderaum
tras'mettere	senden, übertragen
vedere la televisione	fernsehen
disturbare	stören *(Sender)*
teletras'mettere	im Fernsehen übertragen

Sätze und Redewendungen: *ac'cendere la radio/il televisore, la
televisione* den Rundfunk/das Fernsehen einschalten — *vedo volentieri la televisione, ma non tutte le sere/ogni sera* ich sehe gerne fern,
aber nicht jeden Abend — *sente/senti spesso la radio?* hören Sie/
hörst du oft Radio/Rundfunk? — *io ascolto sempre il giornale radio*
ich höre immer die Nachrichten — *lo ha/hai sentito alla radio?* haben

Sie/hast du das im Rundfunk gehört? — *l'ho appreso dalla radio* ich habe es durch/über den Rundfunk erfahren — *quante stazioni può/ puoi 'prendere?* wie viele Stationen/Sender können Sie/kannst du hören/empfangen? — *l'im'magine non è chiara* das Bild ist nicht deutlich — *il Ministro parla stasera/questa sera alla radio/alla televisione* der Minister spricht heute abend im Rundfunk/im Fernsehen.

comp(e)rare una radio nuova/ un televisore nuovo ein neues Radio-/ Fernsehgerät kaufen — *dare/presentare un radiodramma/una radio- commedia* ein Hörspiel/senden/bringen — *'spegnere la radio/il televisore* das Radio-/Fernsehgerät abstellen/aus-/abschalten.

Italienisches Register zum Aufbauwortschatz

Die Ziffern hinter den Wörtern geben die Seiten an. Wörter, die in den Sätzen und Redewendungen vorkommen, sind durch *kursiv* gedruckte Seitenangaben gekennzeichnet. Nicht aufgenommen sind die Wörter, die sich bereits im Grundwortschatz finden.

firmare 157, 161, *182*
fisarmonica *209*
fischiare 179, *179*
 184, 193
fisica 204
fisico 116, 123, 193
fisionomia 123
fissare 137, 149, 166,
 168
fisso: a prezzo ∼ *174*
foce 118
focolare 169
fontana 167
forgiare 165
forma di cortesia 139,
 140
formulario 172
forno 164, 169
forza idraulica 164
forzare 153, 154, 187
forze:
 ∼ aeree 159
 ∼ armate 157
 ∼ navali 159
 ∼ d'occupazione
 157
 ∼ di terra 157
fossile: carbone ∼
 164
fosso 180
fotogenico 210
fotografico 210
fragola 175
fragoroso 191
francese 119, 141
Francia 119
franco di porto 182
francobollo commemo-
 rativo 181
frazione 109
frenare 189, *190*
freno 188, *190*
frequentare 139, *198*,
 205
fretta 112, *170*
fucile 158, *158*, *195*
 ∼ da caccia 195
fucina 163
fulmine 116, *117*
fumai(u)olo 164

fumatori 184
funerale 125, *126*
funzione 151
fuori (di) mano 121
furto *155*, 156
futuro 112, *113*, 203

G

gabinetto federale 152
gaiezza 132
gaio 132
gala 144
galantuomo *129*
galleggiare 195
galleria 208
gallina 179
gallo 179, *179*
gamba 122, *123*, *128*
gambo 178
gara 193
garage 188, *189*
Garda 120
garofano *181*
gassosa 176
gatto 179, *179*
geloso 130
gemma 180
generale 146, *148*
 153, 158, *158*, *206*
generalmente *197*
genere 146, 201, 202
genero 138
generoso 129, 177
genio *132*, 158
genitori 138
Genova 119
gente 139, *191*
gentile 129
gentilezza 128, 139
gentiluomo 199
Germania 119
germogliare 180
gesso 165, 204
gettare *155*
gettarsi 118
Giappone 119
giapponese 119
giardini pubblici 191
giardiniere 180

giardino d'infanzia
 203
ginnastica 192, *194*,
 204, *206*
ginnico 192
ginocchio 122
giocattolo 139
gioiello 144, *144*
gioioso 132
gioire 132
giornale radio *211*
giradischi 208
giro d'affari 171
Giro d'Italia 192
Gi(u)occhi Olimpici
 193
gi(u)oco del calcio 192
giudicare *124*, 154
giudice istruttore 153
giudiziario 155
giudizio 148, *197*
 ∼ universale *136*
giurato 154
giustificare 154, 198,
 198
glorioso 161, 199
godere 209
gol *194*
golf(o) 143
golfo 118
gomito 122, *123*
gomma 165, 204
gonfiare 116, 118,
 127
governare 152
governo della casa 168
gradevole 124
gradito *181*
grado 111, 116, *117*,
 146, *165*
grammatica 202, *203*
grammo 110
Gran Sasso 120
granaio 178
grandezza 198
grandine 116
granturco 178
grato *129*
gravemente malato
 127

Deutsches Register zum Aufbauwortschatz

bejahend 203
bekannt 207
bekanntmachen 141,
157, *157*
bekehren 136
Beklemmung 133
bekräftigen 197
bekreuzigen *136*
bekunden 142
belasten 154
beleben 131
belebt 191
belegen 163
belehren 201, 205
beleuchten 169
Beleuchtung 169
Beleuchtungsanlage
169
Beleuchtungskörper
169
Belieben 137, *138*
bemerkenswert 207
bemühen: sich ～ 128,
138
benachrichtigen 141
Benehmen 139
Bengel 139
benutzen 163, 165,
197
Beobachtung 124,
196
bequem 166, 184
berechnen 109, 111
Berechnung 109
bergab *190*
bergauf *190*
Bergwerk 164
Bericht 127, 198
Beruf 151
Berufungsgericht 153,
155
Beruhigungsmittel
126
berühmt 191, 207
berühren 131
Berührung 124
Besatzung 160
Besatzungsmacht 157
beschaffen 163
Beschäftigung 162

beschämt 134
bescheiden 129
beschleunigen 184,
189
Beschluß 151
beschränkt 171
beschreiben 142
Beschreibung 142
beschuldigen 154
Beschwerde 171, 173
beseelen 131
Besen 170
besetzt 184
Besetzung 160
Besichtigung 158
besiegen 160
Besiegter 160
Besitzer 177, 178
besorgen 163
Besorgung *173*
besser 148
beständig 148
bestätigen *155*, 171,
197, *197, 203*
Bestattung 125
bestehen 109, 146,
167, 177, *177*
Bestellschein 200
bestimmen 137, 149,
158, 196
bestimmt 110, 121,
197
Bestrafung 204
bestürzt 134
besuchen 139, *198*,
205
beteuern *155*
betonen *146*, 205
betören 140
betrachten 198
Betragen 139
betreffen *149*
Betrieb 164, 171
betrüben: tief ～ 134
Bett: zu ～ gehen 145
Bettdecke 145
Bettuch 145, 168
beugen 163
beunruhigen 134
bevölkert 191

Bevölkerung 117
bewachen 179, *179*
bewährt *150*
bewegen (zu) 149
bewegt 186
Bewegung: sich in ～
setzen *185*
Bewegungskrieg 160
Beweis: zum ～ dafür
197
beweisend 198
Beweisgrund 142
Beweisstück 154
bewundernswert 207
Bezahlung 173
bezaubernd 124
bezeichnend 129
bezeugen 142, 154
beziehen: sich ～ 148,
202
bezüglich 148
Bibel 135
Bibliothek 190, *191*,
200
biegen 163
Bild 168
Bildhauerei 207
Bildnis 207
Bildschirm 211
billigen 156
Bindung 139
Bischof 135
Bitte 142
Blasinstrument 208
blaß werden 123
Blei 165
blenden 115, 140
Blitz(schlag) 116,
117
blitzen 116, *117*
bloßlegen 157
blühen 180
Blumenblatt 180
Blumenkrone 180
Blumenstrauß 180
Blüte 180
in ～ stehen 180,
181
blutend 161
Blütenkelch 180

Grundwortschatz Italienisch

Esercizi pratici

Von P. Giovannelli. Klettbuch 52365

Dieses Übungsbuch bezieht sich im Vokabular und in der Anordnung der Kapitel auf den Grundwortschatz des Werkes **Grund- und Aufbauwortschatz Italienisch** (Klettbuch 52361). Es will den Lernenden zur aktiven wie passiven Beherrschung des italienischen Grundwortschatzes hinführen.

Die Übungen sind in zwei Gruppen gegliedert: In der ersten Gruppe soll aus mehreren gegebenen Möglichkeiten der passende Ausdruck gewählt werden.
In der zweiten Gruppe muß je nach Sinn oder Stellung im Satz das richtige Wort oder der richtige Ausdruck gefunden werden.

Das Buch enthält am Ende jedes Kapitels einen Lösungsschlüssel und eine Auswertungstabelle zur Selbstkontrolle.

Klett

fehler abc

Deutsch-Italienisch

Von B. Huter. Klettbuch 51853

Der Italienischlernende stolpert über so
manche sprachliche Tücken. Das Fehler
ABC soll ihm helfen, sich seiner Irrtümer
bewußt zu werden und sie gezielt zu bekämpfen.

Die Arbeit mit dem Buch ist einfach:

● 50 Kontrollaufgaben zeigen dem Lernenden, welche typischen Fehler er macht.

● Eine Anleitung erklärt den richtigen Gebrauch der kritischen Ausdrücke. Ihre
Anwendung wird durch Übersetzen
der deutschen Beispielsätze geübt.

● Die Lösungen der Übungssätze sind
durch einen Überdruck unleserlich gemacht worden. Sie werden sichtbar,
wenn die dem Buch beigegebene Folie
auf den Text gelegt wird.

Das praktische und handliche Fehler ABC
erhalten Sie in Ihrer Buchhandlung.

Klett